本书获得以下项目资助：

1. 国家自然科学基金青年项目"产业链自主可控下中间投入的结构调整路径及其经济环境效应分析"（72203182）
2. 教育部人文社会科学研究青年基金项目"双重价值链数字化转型的实现路径与减排效应研究"（22YJC910002）
3. 成都市哲学社会科学规划一般项目"成都都市圈迁回生产助推共同富裕的作用机制与实现路径研究"（2022BS127）
4. 中央高校基本科研业务费专著出版项目"技术进步与双重价值链嵌入"（JBK2304156）
5. 光华英才工程青年教师成长项目

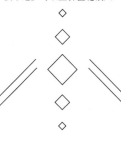

技术进步
与双重价值链嵌入

Technological Progress
and Embeddedness
of Dual Value Chain

何雅兴 ◎ 著

西南财经大学出版社

中国·成都

图书在版编目（CIP）数据

技术进步与双重价值链嵌入/何雅兴著.—成都:西南财经大学出版社,
2023.10
ISBN 978-7-5504-5875-8

Ⅰ.①技… Ⅱ.①何… Ⅲ.①技术进步—研究—中国②中国经济—
经济增长—研究 Ⅳ.①F124.3②F124

中国国家版本馆 CIP 数据核字（2023）第 195726 号

技术进步与双重价值链嵌入

JISHU JINBU YU SHUANGCHONG JIAZHILIAN QIANRU

何雅兴 著

责任编辑:石晓东
责任校对:王 琳
封面设计:墨创文化
责任印制:朱曼丽

出版发行	西南财经大学出版社(四川省成都市光华村街 55 号)
网　　址	http://cbs.swufe.edu.cn
电子邮件	bookcj@swufe.edu.cn
邮政编码	610074
电　　话	028-87353785
照　　排	四川胜翔数码印务设计有限公司
印　　刷	郫县犀浦印刷厂
成品尺寸	170mm×240mm
印　　张	15
字　　数	272 千字
版　　次	2023 年 10 月第 1 版
印　　次	2023 年 10 月第 1 次印刷
书　　号	ISBN 978-7-5504-5875-8
定　　价	78.00 元

前　言

改革开放以来，得益于经济全球化，中国凭借劳动力优势承接了来自发达国家的部分产业转移。同时，积极的对外开放政策使得中国面临着庞大的国外市场需求，在供需契合的国际循环之下，中国的进口额和出口额均实现了飞速增长，中国已成为全球第一大出口国和第二大进口国。虽然现有研究表明，跨国生产并不会损害劳动者的利益，但部分国家对中国融入全球分工的担忧和恐慌，逐渐演变为"逆全球化"思潮，使得中国的进出口面临着巨大的技术性贸易壁垒、环境壁垒和知识产权壁垒，经贸摩擦逐渐加剧。在后危机时代，经济疲软的大环境使得世界经济发展面临着不确定性和不稳定性。在外部经济发展动力不足的现实背景下，国内经济发展也面临着人民日益增长的美好生活需要和不平衡不充分的发展之间的矛盾，供需不匹配、产业结构不合理、区域发展不平衡等问题日渐突出。面对内忧外患的发展困境，党的十九届五中全会提出的"构建以国内大循环为主体、国内国际双循环相互促进的新发展格局"，为中国的高质量发展之路指明了方向。那么，随着产品分工的细化和全球价值链的国内延伸，中国各个区域在国际分工和区域间协作中到底获得了多少收益？技术进步能否改善中国各个区域的双重价值链分工格局？

回答上述问题，对正处于复杂国际形势下的中国来说尤为重要。这不仅有助于改变中国在国际贸易中的被动局面，还有利于中国形成强大的国内市场，构建新发展格局。因此，本书立足国内价值链和全球价值链的双重价值链视角，测算中国各个区域嵌入不同价值链分工的程度和位置，从全国、地区、部门、地区部门角度分析双重价值链的嵌入特征。本书进一步地从技术进步视角，系统考察了技术进步作为经济增长的内在动力对中国各区域双重价值链嵌入的影响及其在地区、部门、时间等层面的异质性。具体来说，本书的主要研究工作如下：

第一，从经济理论的分析、理论模型的推导以及数值模拟三个方面，分析技术进步对价值链嵌入的影响。首先，基于比较优势理论从理论层面分析了技术进步对价值链嵌入的影响机理。其次，基于投入产出模型，构建了技术进步与价值链嵌入的理论框架，利用理论模型论证了投入视角和产出视角下技术进步对价值链嵌入的影响关系。最后，分别从国家和地区层面，利用数值模型分析技术进步对价值链嵌入的影响。本书从理论层面解释和回答了技术进步对价值链嵌入有何影响这一问题。

第二，将区域增加值作为贸易增加值核算的起点，按照分工方式的不同，将区域增加值分解为最终产品贸易、单一国内价值链分工、单一全球价值链分工、国内价值链和全球价值链融合的双重分工带来的区域增加值。从中国各个区域参与国内和国际双重分工的增加值创造能力视角，构建价值链嵌入程度指标。同时，以区域增加值和区域最终使用作为生产分工位置核算的起点，按照生产分工方式的不同，将区域增加值或最终使用分解为同样的四个部分。基于前向生产联系和后向生产联系，提出不同分工形式的平均生产长度的测算方法，进而构造价值链嵌入位置指标。采用编制的区域嵌入国际的投入产出表进行测算，在分析中国整体嵌入双重价值链分工的程度和所处位置的基础上，进一步从区域、部门、地区部门层面分析中国双重价值链嵌入的异质性特征。

第三，在投入和产出视角下分析技术进步与价值链嵌入的理论关系的基础上，从技术进步视角，分析技术进步作为一国经济增长内在动力对中国区域嵌入双重价值链的影响及其在地区、部门、技术、时间层面的异质性。进一步地，从技术进步的内在构成出发，将技术进步分解为前沿技术进步、技术效率增长和规模效率，分析不同技术进步方式对区域嵌入双重价值链的影响。

基于上述分析，本书得出以下结论：

第一，区域内贸易是各个区域和部门增加值的主要来源，具有明显的"本地偏好"特征，中西部地区、建筑业部门和服务业部门的本地偏好特征最为突出。从价值链分工来看，中西部地区参与国内价值链分工带来的增加值大于全球价值链分工带来的增加值，而东部沿海地区和中高技术制造业部门更偏向于参与全球价值链分工。相对于其他分工形式，国内价值链和全球价值链融合的双重分工并不存在明显的区域聚集特征，能够有效缓解全球价值链分工中的"东向偏好"。对于生产分工位置，随着生产分工的复杂化，分工的平均生产长度不断增大，2002—2012 年中国在所有分工中总体处于相对下游的位置。在部门层面，中国大部分制造业部门在生产分工中处于相对下游位置，初级产品部门和部分低技术制造业部门处于相对上游位置。考虑到经济危机对价值链嵌入位置的影响，本书发现国内价值链和全球价值链融合的双重分工相对位置受经济危机影响较小。

第二，技术进步对双重价值链嵌入存在显著影响。对于双重价值链嵌入程度，东部沿海地区、其他部门、金融危机后各地区部门的技术进步有利于其更为深入地嵌入单一国内价值链分工、国内价值链和全球价值链融合的双重分工。中西部地区、低技术制造业部门、技术进步较快的地区部门的技术进步将会抑制其单一全球价值链分工的嵌入。对于双重价值链嵌入位置，东部地区和金融危机后的地区部门的技术进步将会通过单一国内价值链分工推动总的价值链分工向相对上游位置移动；同时，中部地区、高技术制造业部门的技术进步将会分别通过单一国内价值链分工和所有价值链分工促进总的价值链分工向相对下游的位置移动。

第三，技术进步通过单一全球价值链（GVC）分工对 GVC 嵌入程度产生的负向影响来自规模效率，通过单一国内价值链（NVC）分工、NVC 和 GVC 融合的双重分工对 NVC 分工嵌入程度产生的促进作用主要来自技术效率增长。各地区部门的前沿技术进步和技术效率增长通过单一 NVC 分工对 NVC 嵌入位置分别产生了负向影响和正向影响，又通过单一 GVC 分工对 GVC 嵌入位置产生了负向影响。不同技术进步方式对双重价值链嵌入程度和位置的影响在地区、部门、技术和金融危机前后等方面具有异质性。

本书从双重价值链分工视角，系统研究了区域嵌入双重价值链的程度和位置特征以及技术进步对区域双重价值链嵌入的影响。相较于以往研究，本书从以下三方面进行了可能的改进：

（1）本书构建了双重价值链视角下的区域贸易增加值和生产分工位置核算框架。①从核算起点看，本书从区域增加值角度出发进行核算，不存在从中剥离重复计算的步骤，很好地避免了从总出口出发进行核算可能存在的计算偏差问题。②从核算视角看，本书基于区域嵌入国际的投入产出表提出的区域增加值和生产分工位置核算框架，将国内价值链和全球价值链纳入统一的核算体系内，避免了单独研究国内价值链或全球价值链可能存在的内生性缺陷。③从核算内容来看，相较于以往研究，本书从国内价值链和全球价值链中剥离出两条价值链融合的双重分工部分，得到了更为细化的双重价值链测算框架。

（2）本书通过编制考虑区域异质性的区域嵌入国际的投入产出表，为后续测算提供数据基础。相较于现有投入产出表，本书编制的区域嵌入国际的投入产出表克服了部门同质和区域同质的隐含假定，有效避免了在测算和后续分析时可能存在的计算误差和错误结论。

（3）本书从技术进步视角探索技术进步对双重价值链嵌入的影响。以往研究更多地集中于对国际生产分工带来的技术进步效应的探讨，而对技术进步对价值链分工影响的研究还留有可挖掘之处，本书系统地分析了技术进步对价值链嵌入的影响。

本书以"全球价值链重塑，中国要充分发挥国内超大规模市场优势，构建以国内大循环为主体、国内国际双循环相互促进的新发展格局"为背景，以国内价值链分工和全球价值链分工作为促进"大循环、双循环"的切入点，分析了中国各区域的技术进步对双重价值链嵌入的影响。本书的研究不仅对双重价值链相关研究进行了丰富和扩展，同时在中国参与全球分工阻力增大和区域发展失衡的背景下，对通过技术进步优化区域嵌入双重价值链的分工格局，进而推动经济高质量发展提供了有益的理论支撑和实践支撑。

何雅兴

2023 年 3 月

目 录

1 绪论

1.1 研究背景

20世纪80年代以来，随着全球化进程的加快，各国（或地区）遵循比较优势理论，合理配置资源，全球贸易分工模式开始由产品间分工转向产品内分工，各国（或地区）开始专注于产品价值链的某个环节而不再是某种产品（张杰等，2013）。长期以来，中国凭借丰裕的劳动力和低廉的劳动力成本，在全球价值链分工体系中专门从事劳动密集型产品的生产，加工贸易成为我国参与国际分工的主要模式（王岚，2014），实现了货物贸易的快速增长。然而中国的对外贸易仍然以最终产品贸易为主，大多数产业位于全球价值链的低端环节，形成了高技术产业低环节化、传统产业低技术化的产业结构。为改变我国参与价值链分工时"低端锁定"的现状，协调好嵌入价值链分工与提升分工地位之间的关系，党的十九大报告不仅提出了要加快建设创新型国家，还提出了建设创新型国家的重要举措，强调基础研究和应用研究并重，以创新推动技术进步，优化国内价值链分工和全球价值链分工。

随着分工专业化和生产碎片化，"垂直专业化分工""商品链""价值链"等概念相继出现，价值链相关理论逐渐建立起来。Porter在其著作《竞争优势》中首次提出了价值链的概念，并形成了"企业价值链理论"。他认为企业内部的设计、生产、销售、配送以及辅助活动等生产环节构成了一条生产链，每一环节可以创造出相应的价值。企业与处于同产业中的上游供应商、其他制造商、下游产品分销商以及消费者之间的相互关联则构成了完整的"价值体系"。Kogut进一步提出了"价值增值"的概念，认为价值链有效地将技术、劳动力、原材料等生产要素进行组合，在区域和国家层面，国家比较优势在价值链上的体现取决于资源配置状况。企业将整个生产过程进行分割并在全球范围内进行空间重组，全球价值链得以形成。Krugman 明确了这一概念的内涵，将企业间、区域间、国家间价值链相结合，从价值链角度分析了全球化过程。随后，Gereffi 首次提出了"全球商品链"的概念，并指出节点是构成全球商品链的基本单位，每一个节点包含着原材料投入、运营组织、市场营销等环节。进入 21 世纪，Gereffi 明确提出了"全球价值链"（global value chains，GVC）的概念，Sturgeon 从组织规模、地理规模和生产性主体三个方面细化了全球价值链的概念。Arndt 和 Kierzkowski 则使用"片段化"或"碎片化"来解释全球价值链中的生产过程分割现象。2002 年，联合国工业发展组织正式对全球价值链进行了权威定义：全球价值链是指为实现商品或服务价值而连接生产、销售、回收处理等过程的全球性跨企业网络，涉及从原料采购和运输、半成品和成品的生产和分销，直至最终消费和回收处理的整个过程。按照在价值链中的功能，全球价值链的活动可以分为上游活动、中间活动和下游活动（Mudambi，2008；Mudambi & Puck，2016）。在参与全球价值链的同时，各个国家也在逐渐开始构建国内价值链，从而实现产业升级。刘志彪、张少军、黎峰指出，"国家价值链"或"国内价值链"是以国内本土企业为主要参与单位，立足于国内市场，通过整合国内产业链上游的原材料供应、零部件生产等环节，中游的成品加工与组装环节，下游的物流配送、售后服务等环节，形成专业化网络生产模式，并以本土企业为主导进行整体链条的治理。

但随着分工的复杂化，全球价值链分工逐渐向国内延伸，国内价值链分工网络也逐渐形成，单纯地从国内价值链或全球价值链分析价值链分工已不足以真实反映两条价值链融合共生的复杂分工结构，因此，关于价值链分工的研究还有待进一步细化和完善。党的十九届五中全会明确提出，"加快构建以国内大循环为主体、国内国际双循环相互促进的新发展格局"。因此立足全球价值链重塑的客观现实，协调国内分工和国际分工，是应对当下全球分工体系遭到巨大冲击的迫切之需。

当前中国面临的国内外贸易环境仍然十分严峻。近年来，中国经济发展中的贸易顺差不断扩大，因此引发了部分国家对贸易利益分配不均的担忧，对中国实施一系列反倾销等政策，形成了巨大的技术性贸易壁垒、环境壁垒和知识产权壁垒，经贸摩擦逐渐加剧。加之"后危机时代"经济疲软的窘境，中国的全球化之路举步维艰。图 1-1 绘制了 1995—2019 年中国遭受的反倾销诉讼案件数量。由图 1-1 可知，中国遭受反倾销诉讼案件数量逐渐增多，特别是在 2016 年，中国遭受的反倾销诉讼案件数量最多，接近 100 起。1995—2019 年，中国遭受的反倾销诉讼案件共计 1 392 起，居全球第一。图 1-2 绘制了 1995—2019 年各国（或地区）对中国发起的反倾销诉讼案件数量。可以发现，印度、美国、欧盟等国家（或地区）对中国的反倾销诉讼案件数量较多，接近或超过 100 起，这表明中国在参与全球化分工过程中面临的贸易阻力主要来自印度、美国、欧盟等国家（或地区）。

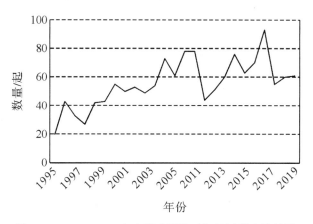

图 1-1　1995—2019 年中国遭受的反倾销诉讼案件数量

数据来源：WTO 反倾销统计，官方网址为 https://www.wto.org/english/ tratop_e/adp_e/adp_e.htm。

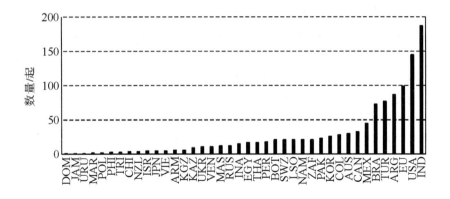

图 1-2 1995—2019 年各国（或地区）对中国的反倾销诉讼案件数量

①数据来源：https://www.wto.org/english/tratop_e/adp_e/adp_e.htm。

②符号代表：多米尼加（DOM）、牙买加（JAM）、乌拉圭（URU）、摩洛哥（MAR）、波兰（POL）、菲律宾（PHI）、特立尼达和多巴哥（TRI）、智利（CHI）、新西兰（NZL）、以色列（ISR）、日本（JPN）、越南（VIE）、亚美尼亚（ARM）、吉尔吉斯斯坦（KGZ）、哈萨克斯坦（KAZ）、乌克兰（UKR）、委内瑞拉（VEN）、马来西亚（MAS）、俄罗斯（RUS）、印度尼西亚（INA）、埃及（EGY）、泰国（THA）、秘鲁（PER）、博茨瓦纳（BOT）、斯威士兰（SWZ）、莱索托（LSO）、纳米比亚（NAM）、南非（ZAF）、巴基斯坦（PAK）、韩国（KOR）、哥伦比亚（COL）、澳大利亚（AUS）、加拿大（CAN）、墨西哥（MEX）、巴西（BRA）、土耳其（TUR）、阿根廷（ARG）、欧盟（EU）、美国（USA）、印度（IND）。

　　长期以来，中国凭借劳动力资源禀赋优势，已成为全球生产分工网络中的"世界工厂"，但与发达国家相比，中国整体的产业发展仍然处于大而不强、质量良莠不齐、核心技术缺失的尴尬境地，甚至面临被全球价值链分工体系中处于强势地位的发达国家掣肘于"低端"的风险（吕越等，2018）。图 1-3 绘制了 1995—2019 年中国各类产品遭受的反倾销诉讼案件数量。可以发现，对中国的反倾销措施主要集中在化学制品、基本金属制品、塑料橡胶及其制品、纺织品、电气机械等制造业部门，针对制造业的反倾销措施占中国所有反倾销案件的 98%以上，反倾销带来的经贸摩擦给中国参与全球价值链带来了巨大的阻力。

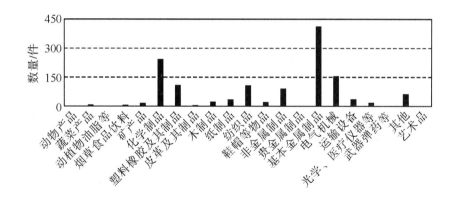

图 1-3　1995—2019 年中国各类产品遭受的反倾销诉讼案件数量

数据来源：https://www.wto.org/english/tratop_e/adp_e/adp_e.htm。

在外部动力不足的现实背景下，中国发展的内在动力也有待提升。党的十九大报告明确了新时代我国社会主要矛盾是人民日益增长的美好生活需要和不平衡不充分的发展之间的矛盾，充分强调了区域发展不平衡的现实问题。从地理位置来看，在参与国际分工时，东部沿海地区到港口的距离较近，具有便利的对外贸易条件，因此东部沿海地区成为中国对外沟通的桥梁，参与国际分工的速度远远快于中西部地区。随着改革开放政策的实施，中西部地区与东部沿海地区之间的差距逐渐拉大，形成了东强西弱的区域发展格局，客观上造成了地区差距的扩大和区域发展的失衡。

图 1-4 绘制了中国各区域经济状况、水资源量和医疗水平，以全国平均的人均水平为基准，采用各个区域人均生产总值（元/人）、人均水资源量（立方米/人）、单位人口医疗卫生机构床位数（张/千人）与全国平均水平之比反映各个地区的经济、资源禀赋和医疗卫生水平。可以发现，不论是 1995 年还是 2019 年，北京、天津、上海、江苏、浙江、广东、山东的地区人均生产总值与全国的人均 GDP 的比值大于 1，而其余地区均小于 1。1995 年，经济最为发达的上海的地区人均生产总值是经济最为落后的贵州的 9.321 8 倍；2019 年，经济最为发达的北京的地区人均生产总值是经济最落后的甘肃的 4.977 2 倍，虽然各区域在相对水平上经济差距有所缩小，但在绝对水平上从 1995 年到 2019 年各区域生产总值增长了近 10 倍，发达地区和落后地区的绝对差距逐渐增大。从资源禀赋来看，西藏、青海的人均水资源量远远高于其他地区，广西、江西、四川、贵州、甘肃等地区的人均水资源量也高于全国平均水平，经济发达的北京、上海等地

区的人均水资源量远远低于全国平均水平。随着时间的变化，人均水资源分布不均的现象仍然十分明显，甚至还存在分布不均加剧的趋势。从医疗卫生状况来看，1995—2019年各区域的医疗卫生状况发生了巨大变化，1995年北京、天津、上海、辽宁、吉林等地区的单位人口医疗卫生机构床位数远高于全国平均水平，而到了2019年，北京、天津、上海的单位人口医疗卫生机构床位数低于全国平均水平。而青海、新疆、重庆等地区的单位人口医疗卫生机构床位数始终高于全国平均水平。

从我国各区域经济、资源禀赋、医疗水平三个角度来看，对于各个区域的发展差距，资源禀赋分布不均问题最为严重，其次为经济发展差距。从时间维度来看，我国区域发展不平衡问题长期存在，特别是在经济和资源禀赋方面，各个地区的差距还有逐渐拉大的趋势。

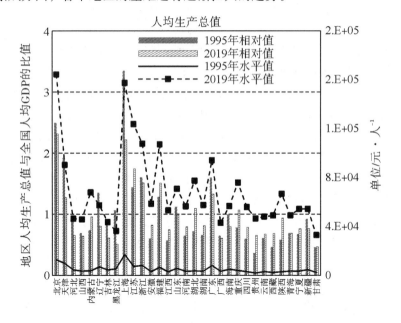

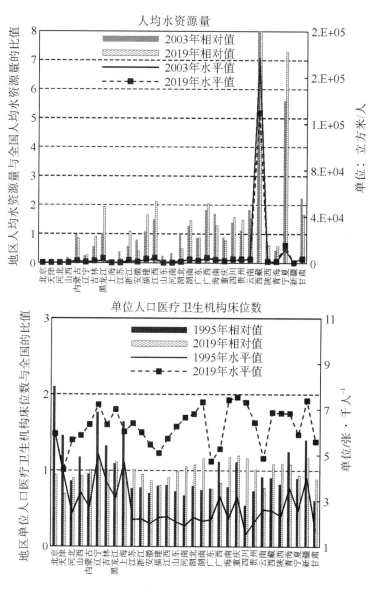

图 1-4　中国各区域经济状况、水资源量、医疗水平

上述数据论证了中国面临着内外部动力不足的现实窘境，因此国家也提出了供给侧结构性改革并推进西部大开发形成新格局，以促进形成强大的国内市场，为中国的经济高质量发展提供内生动力。从中国经济运行情况来看，在需求侧，中国面临着投资拉动经济增长的成本不断提升、中等收入群体需求不足、高等收入群体有效供给缺乏等问题；在供给侧，技

术、资源、资本大量集中于中低端产业，导致供给侧的中低端产品供给过剩，而中高端产品供应不足的问题，最终导致供给和需求无法有效匹配。因此，2015年11月，中央财经领导小组第十一次会议首次提出供给侧结构性改革，以达到三重目的：短期减管减税、降低成本、减轻企业负担，中期消除传统产业生产过剩与新兴产业生产不足同时并存的结构性难题，长期根本转变粗放型发展方式、提高全要素生产率、实现高质量发展（徐长生，2020）。从推进西部大开发形成新格局来看，在经济发展中长期处于劣势的西部地区经济发展缓慢，但其蕴含着丰富的自然资源并有巨大的潜在市场需求，因此推进西部大开发形成新格局可以通过提高西部地区的创新能力、优化能源供需结构、促进城乡融合发展、强化基础设施规划建设等措施，以激发西部地区的后发潜力，为缩小经济发展差距、扩大国内市场需求、实现经济高质量发展提供新的动力。

在经贸摩擦阻碍中国参与国际分工和区域发展失衡阻滞中国国内分工的双重背景下，供给侧结构性改革和推进西部大开发形成新格局为突破国内外双重困境提供了新的思路，在国内外面临的现实问题和政策导向的现实背景之下，为中国各个地区的进行双重价值链嵌入指明了方向。马克思的《机器、自然力和科学的应用》、亚当·斯密的《国富论》和新古典经济增长理论均指出技术进步对经济增长具有重大的贡献。消费和出口作为经济增长的重要动力，对应的产品消费和产品出口主要源于国内价值链分工和全球价值链分工，因此，国内价值链分工和全球价值链分工可能成为技术进步影响经济增长的重要路径。在外部动力不足和内部市场有待开发的现实背景下，技术进步是突破全球价值链"低端锁定"掣肘、改善国内价值链生产分工供需不匹配的重要途径。从技术进步视角研究双重价值链分工演变路径既有利于补充价值链相关研究，又具有十分重要的现实意义。

但是，部分国家对华实施的一系列反倾销政策，加之"后危机时代"经济疲软的窘境和诸多的贸易壁垒，使得中国面临着外部环境的不确定性，全球化之路阻力重重。同时，我国社会主要矛盾发生了转变，区域发展不平衡问题日益突出。在新古典经济增长理论等理论背景下以及外部动力不足、内部发展失衡的双重现实背景下，技术进步对双重价值链嵌入影响的经验证据十分匮乏。中国各区域嵌入双重价值链的真实情况如何？技术进步作为经济增长的持续动力如何影响嵌入双重价值链？回答上述问题有利于中国在未来的国内价值链分工和全球价值链分工中采取更优的分工策略，为我国经济高质量发展探索出一条可行路径。

1.2 研究意义

1.2.1 理论意义

第一，本书拓展了投入产出表的研究，编制了区域嵌入国际的投入产出表。目前，投入产出表的种类主要包括：一国整体层面的投入产出表、地区投入产出表、区域间投入产出表、国际投入产出表、拓展的投入产出表等。一国整体层面的投入产出表是基于一国整体视角，反映一国内部各个部门之间的生产联系；地区投入产出表则是国内整体层面投入产出表向地区层面微观化后的结果，反映了一国内部某一地区各个部门之间的生产联系；区域间投入产出表则刻画了一国内部各个区域之间的生产联系，反映了一国内部的生产分工过程；国际投入产出表刻画了世界主要国家之间的生产联系，充分反映了全球范围内的生产分工过程；拓展的投入产出表是指部分研究机构或学者依据自己的研究目的编制的投入产出表，如区分贸易方式的区域间投入产出表等。对于现有的投入产出表，如一国整体层面的投入产出表和国际投入产出表，均是从国家层面反映不同主体之间的生产关系，这类投入产出表存在区域同质的隐含假定，即国内不同地区具有相同的投入产出结构。但对于像中国这样的发展中大国而言，不同区域的生产分工模式差异较大，忽略区域异质性可能会导致后续分析结论错误。对于地区投入产出表和区域间投入产出表，学术界将地区与其他国家（或地区）之间的中间产品贸易和最终产品贸易笼统地归总为一列总出口或一行总进口。因此，我们无法从中得知各个地区与其他国家之间的生产分工联系，难以获取区域参与国际分工的信息。本书编制的区域嵌入国际的投入产出表很好地克服了现有投入产出表区域同质和国际分工信息欠缺的问题，丰富了投入产出表相关研究，为后续区域嵌入国内价值链和全球价值链的研究提供了基础数据。

第二，基于区域增加值视角，本书提出了新的区域贸易增加值分解框架。价值链测算的关键在于核算国家间贸易利得，但由于中间品的往复流动，传统的总值贸易统计将会面临重复计算问题，严重夸大贸易失衡（文东伟，2018）。为避免总值贸易统计带来的重复计算问题，部分学者提出了从增加值这一"净值"角度测算国家间的真实贸易利得。主要测算思想的提出经历了 Hummels 等的垂直专业化（下文简称"HIY 方法"）、Johnson 和 Noguera 的贸易增加值思想（下文简称"JN 方法"）、Koopman

等的总出口分解方法（下文简称"KWW方法"）、Los等（2016）提出的虚拟消去法（下文简称"LTV方法"）等过程。其中，HIY方法测算了一国出口中的国外成分，JN方法测算了与总值贸易统计进口和出口对应的增加值进口和增加值出口。KWW方法则在前两者的基础上，从总出口出发，将总出口分解为增加值出口、增加值折返、出口中的国外增加值、重复计算等九项，对HIY方法和JN方法进行了集成和统一。Los等提出的虚拟消去法，根据真实GDP与假设GDP（不存在与出口相关的生产活动的GDP）之差计算了出口中的国内增加值，但无法测算出口中的国外增加值，难以对国际贸易带来的增加值进行完整分解。KWW方法具有统一性，因此被普遍用于贸易增加值的测算，但也有研究指出KWW方法可能存在低估国外增加值、重复计算、部分计算错误等问题。

为克服这些问题，本书从一个全新视角，提出了区域贸易增加值分解框架，将区域增加值分解为最终产品贸易、单一NVC分工、单一GVC分工、NVC和GVC融合的双重分工带来的区域增加值。此方法避免了从总出口出发测算贸易增加值存在的出口中国外增加值含义不明和剔除重复计算的问题。同时，本书从更为微观的区域层面出发，贸易增加值测算框架既包含了对国内价值链分工的度量，又包含了对区域参与全球价值链分工的度量，在国内分工与国际分工相互交织、国际分工不断向区域延伸的现实背景下，避免了仅利用区域间投入产出表单独分析国内价值链和仅利用国际投入产出表单独分析全球价值链可能存在的内生性缺陷，为贸易增加值测算提供了新的可行思路。

第三，本书基于技术进步视角探索了价值链的演变路径。目前，对于价值链相关问题的研究主要包含以下几个方面：国内价值链与全球价值链的关系研究、中国出口中的国内增加值影响因素研究、价值链分工位置和微笑曲线相关研究。对于国内价值链与全球价值链的关系研究，二者之间到底是互补关系还是替代关系，目前仍然存在争议。对于中国出口中的国内增加值影响因素的研究，主要包含了国际贸易宏观环境、产业结构和国际分工、投入因素等对中国出口中的国内增加值或增加率的影响，具体因素包含中间品关税、贸易便利化、进口自由化、关税壁垒、中间品贸易自由化、制造业服务化、融资约束等。也有部分学者研究了价值链分工对全要素生产率、经济增长、产业升级等方面的影响。但很少有学者从技术进步视角，探索技术进步对价值链嵌入的影响。因此，本书从这一视角出发，研究二者之间的内在关系，从而对现有研究进行补充。

1.2.2 现实意义

第一，有利于准确把握中国各区域参与双重价值链分工的现状。不论是美国普渡大学的全球贸易分析数据库（GTAP），还是经济合作与发展组织（OECD）的贸易增加值数据库（TiVA），都是国外组织构建的贸易分析系统，而且这些数据库系统均从国家层面出发，研究不同国家之间的生产分工联系。中国目前还缺乏一套完整的分析体系将国内各个区域之间的生产分工联系——国内价值链、各个区域与其他国家（或地区）之间的生产分工联系——全球价值链，纳入统一的测算框架中，准确测算出各个区域参与双重价值链分工带来的区域增加值以及在不同生产分工中所处的位置，以客观分析中国各区域参与双重价值链分工的现状，探析在生产分工过程中可能存在的问题，并提出修正思路。本书结合中国区域间投入产出表、世界投入产出数据库、中国海关进出口数据，通过价格调整、行业归并、产品分类、行业对应、优化调整等步骤，编制了区域嵌入国际的投入产出表；基于此，提出新视角下的区域贸易增加值和生产分工位置核算框架，从区域层面反映中国参与国内价值链和全球价值链的分工特征。这有利于从区域层面反映中国参与双重价值链分工的现状，具有重要的现实意义。

第二，从技术进步和价值链分工视角为推进经济高质量发展提供了新思路。Krugman 指出，只有提高全要素生产率才能保证经济增长的可持续性。其中，技术进步是构成全要素生产率的重要部分，是反映一国内生增长能力的重要指标。围绕"促进经济高质量发展"这一目标，在内外部动力不足和区域发展不平衡等现实问题之下，技术进步作为一国经济增长的重要驱动力如何影响两条价值链变化？能否推动中国各个区域参与双重价值链的分工模式向更有效的方式转变？技术进步是否能够产生边际贡献，为各个区域的经济增长和区域间经济差距的缩小提供新的动力？回答这些问题对我国经济高质量发展具有重要的现实意义。

1.3 研究内容、方法及框架

1.3.1 研究内容

本书的研究目的是：基于区域异质性探索价值链的双重嵌入特征，并从技术进步视角研究其对中国双重价值链嵌入的影响。围绕这一研究目的，本书的具体研究内容包括：①构建新视角下区域贸易增加值和生产分工位置核算框架，结合国际核算准则和国民经济核算的基本理论，将国内价值链和全球价值链纳入一个统一的测算分析框架之中，实现从整体角度完整刻画中国的国家价值链的目标；②编制考虑区域异质性的国际投入产出表，为实证分析提供数据保障；③从理论和实证角度探讨技术进步对双重价值链嵌入的影响机制，从技术进步构成角度考察技术效率提升、前沿技术进步和规模效率分别对总的价值链分工、单一 NVC 分工、单一 GVC 分工、NVC 和 GVC 的双重分工等不同价值链分工形式的影响，从而为平衡区域发展、提高中国经济内生增长能力、实现经济高质量发展提出政策建议。

第一，新视角下区域贸易增加值分解框架的搭建。现有的贸易增加值测算方法主要是基于总出口的分解来分析出口带来的国内增加值，但总值贸易统计中存在"统计幻象"问题，因此，在计算时还需要剥离出重复计算部分，且以往对于重复计算的定义似乎已与现有核算准则不同。所以，本书以区域生产总值为分解基础，首先将其分解为最终产品贸易带来的区域增加值和价值链分工带来的区域增加值。进一步地，按照增加值使用去向，将最终产品贸易带来的区域增加值分解为区域内分工、区域间最终产品贸易、区域向其他国家的最终产品出口带来的区域增加值；将价值链分工带来的区域增加值分解为所有生产环节仅在中国各个区域完成的单一NVC 分工带来的区域增加值；中间产品出口后，所有生产环节仅在国外各个国家（或地区）完成的单一 GVC 分工带来的区域增加值；中间产品流出或出口后，部分生产环节在国内各个区域完成，部分生产环节在国外各个国家（或地区）完成的 NVC 和 GVC 融合的双重分工带来的区域增加值。

第二，新视角下区域生产分工位置测算框架的搭建。现有的生产分工位置测算框架主要从国家层面进行，按照生产的跨境次数将增加值和最终使用分解为不同分工形式带来的增加值和最终使用。但随着生产分工主体和形式的复杂化，对于生产分工位置的分析视角和分工方式的划分还有待细化。因此，以中国各区域为分析主体，依据与区域贸易增加值分解框架同样的思路，将区域增加值和最终使用分解为区域内分工、区域间最终产品贸易、区域向其他国家的最终产品出口、单一 NVC 分工、单一 GVC 分工、NVC 和 GVC 融合的双重分工带来的区域增加值和最终使用。

第三，考虑区域异质性的国际投入产出表的编制。现有国内和国际投入产出表存在区域同质的隐含假定、区域间投入产出表存在国际分工特征模糊等问题，因此可能造成计算结果估计误差。因此，本书采用中国海关进出口数据、中国区域间投入产出表数据、国际投入产出表数据，编制区域嵌入国际的投入产出表。本书通过价格调整、产品分类、行业归并、行业对应等步骤，以海关数据确定地区国际贸易产品和目的地的比例结构，以区域投入产出表数据确定中国各个区域的比例结构，将国际投入产出表中的中国进口和出口数据按照区域的比例结构进行拆分，并进一步对该表进行优化，保证行列平衡关系，最终形成区域嵌入国际的投入产出表。

第四，双重价值链嵌入的优化——基于技术进步视角。从经济增长路径和生产分工模式来看，某一地区的增加值既可源于本国各个区域进行生产分工带来的区域增加值，又可源于出口后其他国家（或地区）进行生产分工带来的区域增加值。某一地区通过参与不同形式的生产分工，便形成了单一 NVC 分工、单一 GVC 分工、NVC 和 GVC 融合的双重分工。但随着经贸摩擦的增加，国际贸易为中国带来的经济增长动力明显不足，中国亟待寻求新的动力以维持经济的增长。Krugman 在《亚洲奇迹的神话》和《萧条经济学的回归》中指出，一个国家的长期经济增长可以归结为两个方面：一是要素投入的增加；二是要素生产率的提高，即劳动生产率或全要素生产率的提高。单纯依靠要素投入扩张的经济增长以粗放式地消耗要素和资源为代价，从长期来看是不可持续的，只有提高全要素生产率才能保证经济增长的可持续性。技术进步是提高全要素生产率的重要部分，是反映一国内生增长能力的重要指标。那么，技术进步作为一国经济增长的重要驱动力在推动经济增长的过程中，是否会影响双重价值链分工格局转变，从而对经济增长产生边际贡献，仍有待进一步研究。因此，本书首先从理论上推导了技术进步与价值链嵌入之间的关系；其次从双重价值链嵌入程度和嵌入位置两个方面实证检验了技术进步对不同价值链嵌入方式的影响；最后从技术进步的构成角度，将技术进步分解为技术效率增长、前沿技术进步、规模效率，从而分析不同技术进步方式对双重价值链嵌入的影响，探索何种方式是优化价值链嵌入的最有效途径。

1.3.2 研究方法

本书立足于外部动力不足和区域发展失衡的现实背景，力图从技术进步角度探索构建强大国内市场和应对瞬息万变的国际市场的可行路径。本书在编制区域嵌入国际的投入产出表、测算双重价值链以及分析技术进步对价值链嵌入的影响时，采用多种方法从多个维度进行分析，以保证结果的准确性和可靠性。这些方法主要包括以下几种：

（1）凸优化技术。区域嵌入国际的投入产出表是本书测算价值链嵌入程度和嵌入位置的基础。为编制区域嵌入国际的投入产出表，需要将中国区域间投入产出表、国际投入产出表、中国海关进出口数据进行融合。由于投入产出数据需要保证行列的平衡，因此在构建区域嵌入国际的投入产出表的初值表后，还需要采用凸优化技术对初值表中的中间使用矩阵、最终使用矩阵、总产出列向量、总投入行向量、增加值行向量按照投入产出平衡关系进行优化，以保证投入产出表的基本性质得到满足。

（2）数值模拟。本书在理论层面分析了技术进步对价值链嵌入的影响之后，进一步采用数值模拟的方法，验证理论分析结论的准确性。具体地，依据二者之间的理论关系，假设技术进步变化 1 个单位，价值链嵌入将会如何变化。这一方法能够直观地将理论分析结论用数据和图形展示出来，充分反映技术进步对价值链嵌入的影响。

（3）随机前沿生产函数模型。对于技术进步的测算，本书采用随机前沿生产函数模型，用全要素生产率的增长表示技术进步。该方法还能进一步将技术进步分解为前沿技术进步、技术效率增长和规模效率。相比于采用固定生产前沿而忽视生产要素替代弹性的数据包络分析法，随机前沿生产函数模型加入了时间变化的影响，形式灵活且有效避免了生产函数误设产生的偏差。

（4）矩阵分解技术。本书在计算价值链嵌入程度时，将区域增加值进行的分解，依据最终使用地原则，将直接消耗系数矩阵分解为 A^D、A^R、A^{CR}、A^{RC}、A^C ①，以分别反映区域内部、区域间、区域与其他国家、其他国家（或地区）内部、其他国家（或地区）间的生产技术联系，也对最终使用向量进行了类似的分解。对于里昂惕夫逆矩阵，本书对分块矩阵求逆，将反映国内区域联系的 B^R 进一步分解为纯粹的国内部分（$\mathbb{L}$）和国内分工引致的复杂分工部分（$\mathbb{L}A^{RC}\,B^{CR}$）；将反映国际联系的 B^C 进一步分解为纯粹的国际部分（$\mathbb{C}$）和国际分工引致的复杂分工部分（$\mathbb{C}A^{CR}\,B^{RC}$）。本书最终将区域增加值按照不同分工方式进行分解，在计算价值链嵌入位置时也采用了类似的矩阵分解技术。

（5）网络图分析。本书在分析中国各个区域与其他国家（或地区）之间的复杂贸易关系时，采用网络图分析的方式进行可视化的呈现，以节点的

----

① 考虑到印刷清晰度的问题，本书的矩阵表达式并未采用黑斜体。

颜色区分不同地区，以节点的大小区分贸易流的大小，以连线区分主要贸易伙伴国（或地区），清晰明了地展示不同地区、不同国家之间的贸易往来关系。

（6）贝叶斯模型平均方法。贝叶斯模型平均方法是基于贝叶斯理论将模型自身不确定性考虑在内的统计分析方法，是目前最为流行的规避建模过程中模型不确定问题的建模技术。除核心解释变量外，本书还考虑了其他 $n-1$ 个控制变量，依据解释变量的不同组合，可以形成 2^n 个解释变量集，对应地可以构建 2^n 个备选模型。为缓解模型的不确定性问题，本书依据模型参数先验分布估计每个模型的后验均值、后验标准差、后验概率，以后验概率大小为标准客观选择解释变量，进一步以后验概率为权重对可能的备选模型进行加权平均，最终得到回归结果。

1.3.3 研究框架

本书的研究框架为：基于区域嵌入国际的投入产出表，测算区域的双重价值链嵌入程度和嵌入位置，并从多个视角分析各区域双重价值链的嵌入特征。进一步地，本书从技术进步角度，探索中国各区域双重价值链嵌入的优化路径。基于此，本书的研究框架如图 1-5 所示。围绕前文提及的三个研究内容，本书将其细化到以下各个章节：

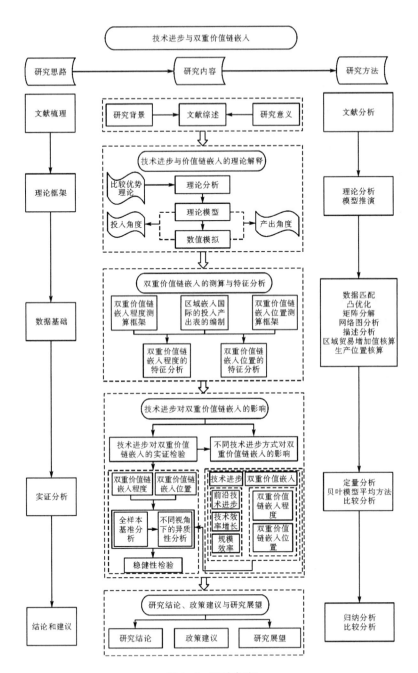

图 1-5 研究框架

第 1 章为绪论。本章主要介绍本书的研究背景，研究意义，研究内容、方法及框架，可能的创新点，以论证研究的必要性和可行性，厘清研究思路。

第 2 章为文献综述。围绕本书的研究主题，文献综述包含以下几个方面：第一，对价值链分工相关研究进行梳理，如何基于本书编制的区域嵌入国际的投入产出表测算各个区域参与不同价值链分工的程度和位置，是后续分析的基础。因此对价值链分工相关研究进行梳理有利于笔者了解前人的测算思想，发现现有价值链分工测算方法可能存在的不足和可以改进之处。第二，对技术进步相关研究进行梳理，主要包括技术进步的相关理论研究和技术进步测度研究；了解技术进步的测算方法，通过比较不同方法的优劣、使用范围，为后续本书测算技术进步提供方法依据。第三，对投入产出表相关研究进行梳理，本书测算价值链嵌入时采用的数据为本书编制的区域嵌入国际的投入产出表，因此有必要对以往关于投入产出表的研究进行梳理，以了解目前投入产出表的发展现状以及可能存在的改进之处。第四，对技术进步与价值链分工关系的研究进行梳理，围绕本书的第三个主要研究内容，回顾以往文献的研究视角和研究基础。第五，文献述评，从这四个方面对以往研究进行总结，分析可能存在的不足和可以改进之处。

第 3 章为技术进步与价值链嵌入的理论解释。本章基于投入产出关系，从投入视角和产出视角分析技术进步对价值链嵌入之间的理论关系，为后续从实证角度分析二者之间的关系奠定理论基础。

第 4 章为双重价值链嵌入的测算与特征分析。首先，说明了区域嵌入国际的投入产出表的编制思路。其次，提出了价值链嵌入程度测算框架，从区域增加值出发，依据最终使用去向对区域增加值进行分解，构建了区域价值链嵌入程度指标。基于区域嵌入国际的投入产出表和双重价值链分工的贸易增加值核算框架，测算了各个区域（部门）最终产品贸易、单一 NVC 分工、单一 GVC 分工以及 GVC 和 NVC 融合的双重分工带来的区域增加值。基于测算结果，从全国、地区、部门、地区部门层面分析不同分工形式的真实收益和特征。同时，基于前向和后向生产联系，构建了区域参与不同生产分工的上游度、下游度指标，结合上下游度指标给出了区域价值链嵌入位置指数的测算方法。基于区域嵌入国际的投入产出表，从前向和后向生产联系角度，测算不同分工形式的生产位置。基于测算结果，从全国、地区、部门、地区部门层面分析不同分工形式的生产位置特征。

第 5 章为技术进步对双重价值链嵌入影响的实证检验。本章介绍了本书所采用的实证模型、控制变量和数据，分别验证了技术进步对价值链嵌入程度和位置的影响。首先，对全样本下技术进步与价值链嵌入程度的实证关系进行检验；其次，分别从地区、部门、技术、时期等多个角度进行分析，以探析技术进步对双重价值链嵌入程度和位置影响所存在的区域异质性、部门异质性、技术差异和时期差异；最后，利用考虑产能利用率后测算的技术进步进行核心解释变量更换的稳健性检验；重新构造双重价值链嵌入程度和位置指标，进行被解释变量更换的稳健性检验。

第 6 章为不同技术进步方式对双重价值链嵌入的影响。本章将技术进步按照其内在构成分解为前沿技术进步、技术效率增长和规模效率，分别从整体层面、地区层面、部门层面、技术层面、时间层面验证了不同技术进步方式对双重价值链嵌入程度和位置的影响，以分析不同技术进步方式对优化双重价值链分工的异质性影响。

第 7 章为研究结论、政策建议与研究展望。本章根据本书的理论和实证分析，提出结论，并依据结论给出政策建议。同时，本章还对下一步的研究进行了展望。

1.4　本书的创新点

与现有文献相比，本书的创新点主要有以下几点：

第一，在核算思路上，本书构建了区域贸易增加值和生产分工位置核算框架。本书从区域增加值出发，将区域增加值按照生产分工方式的不同划分为最终产品贸易和价值链分工带来的区域增加值，进一步又按照最终使用地原则，将最终产品贸易划分为区域内分工、区域间最终产品贸易、区域与其他国家之间的最终产品贸易带来的区域增加值。本书按照参与主体的不同，将价值链分工划分为国内价值链分工和全球价值链分工带来的区域增加值。以往研究对于贸易增加值的测算主要采用 Koopman 等的总出口分解法（下文简称"KWW 方法"）。相较于以往的研究，本书存在以下几个不同点：①从核算起点来看，KWW 方法虽然在 HIY 方法和 JN 方法的基础上，将增加值出口、出口中的国外增加值等概念纳入了一个测算框架下，但目前对出口中国外增加值的重复计算部分的含义，因此可能存在计算错误（Borin 和 Mancini，2017）。但本书从区域增加值角度出发，对其进行分解，因为增加值是一个"净值"的概念，因此不存在从中剥离重复计算的步骤，同时又能将区域增加值分解为含义明确的各个部分，很好地克服了 KWW 方法存在的缺陷。②从核算视角来看，现有研究主要集中在两方面：一是从一国整体角度进行分析，关注一国参与全球价值链分工的情况，这类研究忽略了一国内部的区域异质性和国内价值链分工部分；二是借助区域间投入产出表，重点研究区域间的生产分工联系，这类研究虽然充分考虑了区域异质性，分析了国内价值链分工情况，但却无法兼顾对区域参与全球价值链分工情况的分析。而本书基于区域嵌入国际的投入产出表提出的区域增加值和生产分工位置核算框架，将国内价值链和全球价值链纳入一个统一的核算体系内，避免了单独研究国内价值链或全球价值链可能存在的内生性缺陷。③从核算内容来看，在分解区域增加值时，依据矩阵求逆过程，进一步将里昂惕夫逆矩阵分解为只有国内区域或其他国家（或地区）参与的单一分工部分与区域和国家（或地区）融合的双重分工部分，对应地将国内价值链和全球价值链中融合分工的部分进行剥离，得到了单一 NVC 分工、单一 GVC 分工以及 NVC 和 GVC 融合的双重分工部分。相较于以往的研究，本书得到了更为细化的双重价值链分析框架。

第二，在研究数据上，本书编制了区域嵌入国际的投入产出表，弥补了国际投入产出表、国内投入产出表、区域间投入产出表的不足。本书以区域间投入产出表为基础，使用此表数据获得区域间的中间产品和最终产品投入使用关系信息；采用海关进出口数据，以获得中国各个区域向不同国家（或地区）进出口不同产品的信息；采用国际投入产出表数据，以获得中国各区域与其他国家之间部门层面中间产品贸易的信息以及其他国家之间的投入使用关系信息。本书最终构建的区域嵌入国际的投入产出表，克服了国内投入产出表和国际投入产出表区域同质的隐含假定，同时也避免了区域间投入产出表或地区投入产出表中的区域国际贸易数据粗放的缺陷。

第三，在研究视角上，本书从技术进步视角，研究了不同技术进步方式对不同价值链分工嵌入程度和嵌入位置的影响。而以往相关研究主要集中于国际贸易带来的技术进步效应或全要素生产率效应，很少有研究致力于探索技术进步对价值链分工的影响。但是，从理论上讲，技术进步带来的技术创新效率提高，有利于解决中国在全球价值链分工中的"低端锁定"问题，同时在国内价值链分工中有利于改善由于技术限制带来的"中低端产品供给过剩，中高端产品供应不足"，实际需求无法得到有效供给，供给和需求无法有效匹配的现实问题。因此，在外部动力不足和内部市场有待开发的现实背景下，技术进步是突破全球价值链"低端锁定"掣肘，改善国内价值链生产分工供需不匹配的重要途径。从技术进步视角研究双重价值链分工演变路径既有利于补充价值链相关研究，又具有十分重要的现实意义。

2 文献综述

2.1 价值链分工相关研究

产品的生产过程包含了研发设计、生产制造、品牌营销等多个方面，每一方面都包含了众多工序。从国际和国内分工层面来看，这些生产工序被拆分到不同国家（或地区）进行加工生产，形成了以工序、区段、环节为对象的分工体系，分布于世界各地，进而形成了价值链（王孝松等，2017）。基于分工主体的不同，学者们提出了国内价值链、全球价值链、双重价值链等概念，并尝试从不同视角刻画价值链分工特征，如参与价值链分工的程度和位置等。

2.1.1 相关概念

2.1.1.1 国内价值链

基于不同特征，国内价值链（national value chain，NVC）存在两种定义。第一，基于属地特征，学者们将国境范围内的生产专业化分工过程定义为国内价值链分工（Meng et al.，2013；Beverelli et al.，2019）。黎峰在此基础上提出了基于内生能力的国内价值链，基于内生能力的国内价值链强调从初始投入到市场渠道的内生能力，但其本质仍然是基于属地特征做出的划分。部分学者运用区域间投入产出表，分析了国内价值链分工网络的特征（黎峰，2016），以及它与经济增长（苏丹妮等，2019）、收入差异变化（段玉婉和纪珽，2018）、区域协调发展（吴楚豪和王恕立，2019）、经济周期联动（邵朝对等，2018；李跟强和潘文卿，2019）等之间的关系。相对而言，属权贸易增加值的研究更能直接回答贸易利得的归属问题（张杰等，2013）。因此，国内价值链的第二种定义基于属权特征（刘志彪和张杰，2007），强调本国企业的生产专业化分工过程。周琢和祝坤福虽未明确定义国内价值链，但他们运用微观企业数据和投入产出表，构建了区分加工贸易和内外资企业性质的中国非竞争型投入产出表，对外资企业出口增加值中的属权要素结构进行测算。对比来看，在现有统计条件下，要严格区分属权难度较大。相对而言，基于属地特征的国内价值链定义在测算上更具有可操作性，且被广泛应用于相关的分析中，因此本书基于属地特征的国内价值链的定义进行后续分析。

2.1.1.2 全球价值链

目前，全球价值链（global value chain，GVC）主要有两种定义。第一，只要包含增加值跨境贸易即为全球价值链分工。Wang 等对部门产出进行分解，其中，全球价值链分工部分被界定为涉及增加值跨境流动的价值链。进一步按照增加值的跨境次数进行分类，全球价值链又细分为浅度全球价值链分工（增加值跨境流动一次）和深度全球价值链分工（增加值跨境流动两次及以上）。第二，增加值贸易流跨境两次及以上即为全球价值链分工，如 Hummels 等提出的垂直专业化分工和反映出口的国外增加值比重的垂直专业化指数均存在一个必要条件：至少有一个国家在生产过程中使用进口投入品，且生产的产品被出口。类似地，Beverelli 等也强调全球价值链分工意味着增加值至少跨境流动两次。第一种定义更加符合以"中心—外围"为特征的传统贸易分工内涵，而第二种定义更加契合全球价值链分工特征（黎峰，2020）。本书在进行双重价值链的测算时，存在对价值链分工的细化和分解，也存在从全球价值链中剥离出简单全球价值链分工和复杂全球价值链分工的情况。为便于分析，本书的全球价值链的界定采用第一种定义。

2.1.1.3 双重价值链

一国与其他国家的中间产品贸易形成了全球价值链分工。从一国内部来看，各个区域可以被视为独立的个体，内部区域之间也存在中间产品贸易，这就构成了以区域为节点的国内生产网络，即国内价值链分工。随着产品分工的细化，国内价值链分工与全球价值链分工并存。因此，赵桐、宋之杰、黎峰以国内区域为参与主体，将国内区域同时参与国内价值链分工和全球价值链分工称为区域参与双重价值链分工，以反映国内区域在国内价值链分工和全球价值链分工中，同时作为产品供给方和需求方的双重身份。赵桐和宋之杰利用区域间投入产出表、黎峰利用区域间投入产出表和世界投入产出表，基于 Wang 等的增加值分解框架，从区域出发，分析了区域嵌入全球价值链和国内价值链的行为。

这种定义的双重价值链本质上是国内价值链和全球价值链的统称，在实际计算和分析时，分别计算区域参与两条价值链的程度或位置，以反映区域的双重价值链分工行为。本书也基于此定义对双重价值链分工进行分析。

2.1.1.4　NVC 和 GVC 融合的双重分工

随着分工的碎片化，全球价值链分工逐渐向国内延伸，形成了国内价值链和全球价值链相互交织的复杂分工情况。但单纯地分析国内价值链和全球价值链无法真实反映这一复杂分工形式的分工特征及其对经济的影响。但在着力构建"以国内大循环为主体、国内国际双循环相互促进的新发展格局"的背景下，从两条价值链中剥离出融合国内价值链和全球价值链的双重分工有助于更为清晰地分析国内分工与国际分工相互融合的分工模式对经济可能存在的影响。本书在现有双重价值链定义的基础上，提出了 NVC 和 GVC 融合的双重分工这一概念。NVC 和 GVC 融合的双重分工表示区域产品的生产既在国内区域间进行分工又在其他国家进行分工，是融合国内价值链分工和全球价值链分工的混合分工。

2.1.1.5　价值链嵌入

以往对于价值链嵌入的研究（李跟强和潘文卿，2016；王孝松等，2017；刘志彪和吴福象，2018；黎峰，2020；段文奇和景光正，2021），虽未对价值链嵌入进行明确定义，但是对价值链嵌入的理解是基本一致的。价值链嵌入表示各个国家（或地区）融入价值链生产分工，以实现本国（或地区）的价值增值的行为。学者们为探寻一国（或地区）价值链嵌入实现获利和突破现有价值链分工模式的瓶颈的可行路径，尝试从多个角度刻画一国（或地区）的价值链嵌入特征。围绕着价值链嵌入模式的研究主要集中在嵌入程度和嵌入位置两个方面（李跟强和潘文卿，2016）。

（1）价值链嵌入程度。

价值链嵌入程度反映了一国（或地区）参与价值链分工的增加值创造能力。价值链嵌入程度通常用增加值率来反映。例如，Hummels 等提出的垂直专业化指数，采用出口中的国外增加值率来反映一国（或地区）参与垂直专业化分工的程度。Upward 等、张杰等、Koopman 等、王直等、Kee 和 Tang、沈国兵和袁征宇、刘慧等采用出口中的国内增加值率来反映一国

（或地区）的出口增值能力。

（2）价值链嵌入位置。

对于价值链分工，许多学者认为嵌入位置在企业决策中起着关键作用（Alfaro 和 Charlton，2009；Antràs 和 Chor，2013）。价值链嵌入位置反映了一国（或地区）各个产业在价值链上所处的位置（Koopman 等，2010；Antràs 等，2012；潘文卿和李跟强，2018）。由于一国（或地区）某行业在价值链分工中具有供给者和需求者的双重身份，因此完整的价值链包括产出供给链和投入需求链两个方面（Miller 和 Temurshoev，2017）。现有研究对于价值链嵌入位置的度量也主要从上游度和下游度两方面进行，以反映各个行业在价值链上的生产分工位置以及与其他行业的关联关系。具体地，上游度表示各行业在产出供给链上的嵌入位置，表征该行业与最终消费者间的平均"距离"，也反映了该行业在中间产品供给关联上的强度大小和复杂程度。下游度表示各行业在投入需求链上的嵌入位置，表征该行业与最初投入供给者间的平均"距离"，也反映了该行业在中间投入需求关联上的强度大小和复杂程度（潘文卿和李跟强，2018）。

2.1.2 价值链分工测算研究

根据研究视角的不同，关于价值链分工的测算方法可以归为垂直专业化指数、增加值贸易测算法和上下游度测算法三类。

第一，垂直专业化指数。Hummels 等采用进口中间投入在一国出口产品中的比重来衡量该国参与国际分工的程度（下文将这种测算方法简称为"HIY 方法"），其基本思想在于采用各国中间产品贸易反映各国的专业化分工过程，因此其又被称为垂直专业化指数。但由于垂直专业化指数存在进口中间产品完全由国外增加值构成以及出口和内销同比例使用进口中间产品的假设，并且对于加工贸易份额较大的国家存在适用性不足的问题。为此，Koopman、Yang 等在此基础上放松了对 HIY 方法的假设，在测算中充分考虑贸易异质性，通过加权的方式得到综合的垂直专业化指标。

第二，增加值贸易测算法。增加值贸易测算法放松了进口中间产品完全由国外增加值构成的假设，通过计算出口中间接进口和折返的增加值，准确反映一国出口对其他国家中间投入的依赖度。对全球价值链测算的关键在于核算国家间贸易利得，而核算国家间贸易利得的核心在于剥离出中间产品流动带来的增加值重复计算。纵观以往研究，从垂直专业化（Hummels 等，2001）、贸易增加值（Johnson 和 Noguera，2012）到 Koopman 等的总出口分解（KWW 方法），形成了对国际贸易中增加来源和增加值分配的基本研究脉络。Hummels 等测算了出口中的国外成分，形成了"狭义垂直专业化"的概念，Johnson 等计算了出口中的国内增加值率，以反映贸易中的增加值，为测算总值贸易中的增加值提供了重要的依据。Koopman 等对总出口进行分解，将总出口分解为增加值出口、增加值折返、出口中的国外成分、重复计算等九个部分。从一定程度上讲，KWW 方法将垂直专业化、增加值出口、出口增加值等概念纳入一个统一的框架，建立了海关总值贸易统计和国民账户增加值统计的桥梁（潘文卿和李跟强，2014）。文东伟、张会清、翟孝强等国内学者利用 Koopman 等的增加值分解方法研究了中国出口增加值率变动等问题。

大部分对贸易增加值测算的后续研究是在 Koopman 等的框架下进行扩展，主要是对总出口分解方法的进一步补充和完善。此后，Wang 等扩展了 KWW 方法，将总出口分解为更为细化的 16 个部分，提出对双边层面、双边部门层面等多个层面的总贸易流量的分解法。Los 等对出口中的国内增加值进行了明确的定义，提出了一个计算国家出口增加值的简便易行的方法。他们利用"假设提取法"（Hypothetical Extraction），根据真实 GDP 与假设 GDP（不存在与出口相关的生产活动的 GDP）之差计算出口中的国内增加值。这种方法分解得到的出口中的国内增加值与 Koopman 等的分解一致，仅基于国家投入产出表就可以实现测算，具有较强的实践性。但这种方法无法测算出口中的国外增加值，难以对国际贸易带来的增加值进行完整分解。Borin 和 Mancini 指出，KWW 方法忽略了出口中国外增加值被其他国家吸收的情况，低估了国外增加值部分。Miroudot 和 Ye 利用总产出与最终产品和再出口之间的关系，将 GDP 分解为国内消耗的国内增加值（不参与国际贸易）和出口的国内增加值两部分，基于 Ghosh 矩阵剥离出出口中国内增加值的重复计算部分。

此外，一些学者也尝试从一国增加值出发避免重复计算问题，分解得到出口的国内增加值（Miroudot 和 Ye，2017；马丹等，2019）。在这些测算框架下，可进一步测算出口中的国内增加值率、垂直专业化指数等一系列指标，用以反映一国的价值链分工的位置。还有部分学者将价值链分工视角转向更为微观的一国内部各个区域层面（倪红福和夏杰长，2016；Meng 等，2017；黎峰，2020），考虑了国内价值链的影响。此外，还有部分学者从更为微观的企业层面，测算出口中的国内增加值率（Upward 等，2013；张杰等，2013；Kee 和 Tang，2016；吕越等，2018a；高运胜等，2018；高翔等，2018、2019；诸竹君等，2018；Alfaro 等，2019；毛其淋和许家云，2019）。

第三，上下游度测算法。Dietzenbacher 等提出了"Average Propagation Length"（APL）概念，他们认为，生产链始于部门的主要投入（或增加值），如劳动力和资本，而不是总产出。生产长度的概念与之有相似之处，当从生产链的角度研究产业间的联系时，联系的强度和产业之间的距离都是有关的。（Dietzenbacher 和 Romero，2007）。Fally 提出从两方面测算 GVC 的生产长度，第一种为"到最终需求的距离"或"上游度"，即生产和最终消费之间的平均生产阶段数；第二种为"每件产品经历的平均生产阶段数"或"下游度"，即生产链条的长度和一个部门在生产链中的位置。Antràs、Miller 和 Temurshoev 基于生产长度的上游和下游指数来衡量一个部门/国家在全球生产过程中的地位。Antràs 等采用中间产品被生产为最终产品所经历的生产阶段数反映行业在价值链中所处的位置。Antràs 和 Chor 基于 Dietzenbacher 等提出的"平均传播长度"，从前向、后向生产联系提出了衡量产业在价值链中的平均位置的方法。Escaith 和 Inomata 提出了类似的想法，使用基于前后向之比衡量总的 APL 在地区和全球供应链的相对位置。Wang、Muradov 在以往研究的基础上进行改进和应用，以更准确地衡量全球价值链分工位置。Antràs 和 Gortari 进一步构建了全球价值链的多阶段一般均衡模型，研究了在存在国际贸易壁垒的情况下，全球价值链中各国的最优生产阶段问题。还有部分学者（唐宜红和张鹏杨，2018；苏丹妮等，2020）将上下游度引入企业层面，探讨企业在全球价值链的嵌入位置及变动趋势。

2.1.3 价值链分工的影响因素研究

关于价值链分工的影响因素的研究，现有文献主要从国际贸易宏观环境、产业结构、产业集聚和国际分工以及投入因素等方面，研究这些因素对价值链分工的影响。

第一，国际贸易宏观环境，包括贸易便利化、进口自由化、关税壁垒、经济危机等。Kee 和 Tang 的研究表明，中间品关税减免、贸易自由化是驱动中国企业出口增加值率变化的原因之一。贸易便利化措施促进了增加值折返（刘斌等，2018；李胜旗和毛其淋，2017），提升了中国制造业出口竞争力和企业出口国内附加值率，有利于深化价值链分工（刘斌等，2018），降低进口高质量中间产品的贸易成本和相对价格，促进企业进口中间品质量升级（施炳展和张雅睿，2016）、出口多元化（Beverelli 等，2015；Lopresti，2016）、企业规模扩张（盛斌和毛其淋，2015；吴小康和于津平，2016），削弱了企业创新活动（Liu 等，2015）。特别地，中间品贸易自由化有利于企业成长（盛斌和毛其淋，2015）、企业研发（田巍和余淼杰，2014）。其传导机制则是通过成本加成效应发挥作用（毛其淋和许家云，2019；余淼杰和袁东，2016）。同时，进口自由化——降低进口关税特别是中间品和原材料关税，有助于显著提升出口中的国内增加值率（魏悦羚和张洪胜，2019）。但贸易开放的同时将会使得大公司变得更加重要，从而提高宏观经济的波动性（Giovanni 和 Levchenko，2012）。自由贸易协定虽能提高贸易便利化程度，但使用原产地规则将导致从第三国进口的中间产品大幅减少（Conconi 等，2018）。此外，经济危机也将对增加值贸易产生重要影响。Eaton 等建立了动态的多国一般均衡模型，研究了大衰退和随后的复苏期对全球经济的影响，结果表明，2008—2009 年世界制造业贸易额下降了 29%，对应的贸易增加值也有所下降。

第二，产业结构、产业集聚和国际分工。部分研究认为产业结构和国际分工使得我国的增加值率有所降低（于春海和常海龙，2015；王金照和王金石，2012）。而张红霞和夏明却发现 1996—2007 年，随着技术和生产效率改变的国际分工会使得某些国家的制造业增加值率上升。邵朝对和苏丹妮从产业集聚视角，发现产业集聚显著提高了中国企业出口中的国内增加值率。

第三，投入因素，包括制造业服务化、融资约束、FDI。研究表明，中国制造业投入服务化与企业出口中的国内增加值率之间呈 U 形关系（许和连等，2017），融资约束与中国制造业企业国内增加值率的提升呈现倒 U 形关系（高运胜等，2018），FDI 通过推动企业全球价值链升级会促进出口附加值率提升（张鹏杨和唐宜红，2018）。

2.1.4　价值链嵌入路径研究

按照分工主体的不同，价值链可以分为国内价值链和全球价值链两类。任意一个区域既可以通过区域间协作的方式参与国内价值链，也可以通过参与国际生产分工的方式参与全球价值链。那么，两种分工方式对经济的拉动作用分别有多大？两条价值链之间又存在怎样的互动关系？部分学者对这两个问题进行了研究。

第一，国内价值链和全球价值链的经济影响。从产品内分工角度来看，全球价值链与国内价值链并无本质差别。二者的主要区别在于：链条的驱动力源于跨国企业还是本土企业，链条大部分价值是被其他国家获取还是被本国获取。在"稳外贸，扩内需"的政策指导下，如何实现国内价值链或区域价值链对全球价值链的对接耦合，是中国目前不得不解决的问题。因此，考察全球价值链与区域价值链的互动关系就具有重要意义。黎峰的研究发现，嵌套于全球价值链的国内价值链分工有利于实现区域协调发展，而基于内生能力的国内价值链分工反而拉大了区域收入差距。张杰等从微观层面分析，认为出口抑制了中国企业的增加值率。袁凯华和彭水军则指出，因国内配套政策缺失而导致嵌入 NVC 对国内增加值率的拉动效应明显弱于 GVC。与之相反，潘文卿和李跟强认为在参与价值链的增加值收益上，NVC 高于 GVC。从生产率溢出角度，邵朝对和苏丹妮指出，NVC 与 GVC 的空间互动能够增强 GVC 对地区生产率的外溢效应。

第二，国内价值链和全球价值链之间的关系。张少军和刘志彪的研究直接表明，中国国内价值链与全球价值链主要呈负相关关系。黎峰也发现，融入全球价值链能在一定程度上阻碍国家价值链分工整体发展，但同时推动了各区域国家价值链参与度的提升。Beverelli 等的研究表明，在生产分工碎片化和企业固定成本存在的情况下，国内价值链既可能成为各区域后续进入全球价值链的垫脚石，也可能成为绊脚石。

2.2 技术进步相关研究

2.2.1 技术进步相关理论研究

在分析技术进步对价值链嵌入的影响之前，我们需要明确以下问题：什么是技术进步？不同经济理论下技术进步具有怎样的特征？不同国家（或地区）之间的贸易如何促进技术进步？接下来，本书从技术进步的内涵、技术进步的分类以及技术进步路径对技术进步相关理论进行梳理。

第一，技术进步的内涵。狭义上，技术进步指利用现有产品的生产方法，通过生产工具的改进以及新生产工具的使用，并通过成果转化应用于实际生产过程中。这种具体的、可见的技术形式的产生或应用可以被称为"狭义的技术进步"。广义上，技术进步既包括了具体生产技术水平的变化，又包括了管理、文化、社会、制度等非生产技术因素的变化。因此，广义的技术进步可以理解为所有无法用资本、劳动等生产投入要素解释的影响生产函数形式和产出增加的其他变化因素（王章名，2018）。

第二，技术进步的分类。Schumpeter 从宏观的角度出发，认为技术进步是一个动态的变化过程，通过技术成果不断创新、拓展应用实现生产率的提升。将技术进步视为经济增长因素的经济增长模型主要包括内生技术增长模型和外生技术增长模型两种。

外生技术增长模型认为技术进步是经济系统外生给定的，技术因子是时间的函数，它的变化无法由经济系统中的变量去解释。Solow 提出的索洛增长模型认为，在平衡路径上，人均产出增长零利率与人均资本增长率均等于外生技术进步的变化率。

内生技术增长模型指出技术进步源于经济系统的内部。Arrow 和 Scitovsky 提出的"干中学"、Romer 构建的知识溢出模型、Lucas 强调的人力资本积累以及 Grossman 和 Helpman 建立的产品品种增加和产品质量升级模型等都是内生技术进步的探索。

第三，技术进步路径。由于各国（或地区）的要素禀赋存在差异，且具有自身的比较优势，因此关于技术进步的路径主要存在两种理论观点：基于静态比较优势理论的"要素禀赋说"和基于竞争优势理论的"技术赶超说"。

基于静态比较优势理论的"要素禀赋说"。Smith 在《国富论》中提出的绝对优势理论和 Ricardo 在其代表作《政治经济学及赋税原理》中提出的比较优势理论，分别基于劳动生产率的绝对优势和相对优势强调了不同国家（或地区）之间的专业化分工对提高劳动生产率的重要作用。此外，Heckscher 和 Ohlin 等人提出的要素禀赋理论从要素禀赋差异角度强调了专业化分工对优化要素禀赋结构的重要作用；林毅夫等进一步指出内生的要素禀赋结构是优化产业结构和技术结构的决定因素，要素禀赋结构的升级能够推动产业结构和技术结构的优化，最终实现技术进步。虽然绝对优势理论、比较优势理论以及要素禀赋理论揭示了国际贸易产生的原因，对国际贸易理论的发展做出了重大贡献，但这是一种静态分析方法。随着全球经济开放性的不断提升，绝对优势理论、比较优势理论以及要素禀赋理论需要遵循严格的理论假设并不一定会得到满足。随着各国经济环境的变化，比较优势具有内生性和动态性，这在一定程度上削弱了传统比较优势理论的适用性和解释力。

基于竞争优势理论的"技术赶超说"。竞争优势理论源于波特的钻石模型，该模型认为一国（或地区）的贸易优势并不像传统的国际贸易理论的假设简单地决定于一国的自然资源、劳动力、利率、汇率，而是在很大程度上取决于一国（或地区）的产业创新和升级的能力。如果企业试图依靠大量引进、模仿先进技术来提升其在国际分工中的地位，从长远看会使企业缺乏自主创新能力和动力，致使发展中国家陷入"比较优势陷阱"（谢锐等，2017），拉大发展中国家与发达国家之间的技术差距，不利于我国由贸易大国向贸易强国的转变。因此，我们应动态化比较优势，从价值观、文化、经济结构、历史、发展战略多个方面构建竞争优势，进而加快技术进步。

2.2.2 技术进步测算研究

依据技术进步的定义，基于内生增长理论和外生增长理论，学者们提出了多种技术进步的测算方法，主要包括基于"余值"思想的测算方法、基于"生产前沿面"思想的测算方法以及代理指标法。

2.2.2.1 基于"余值"思想的测算方法

索洛余值法的基本思想为：假定生产行为满足一定形式的生产函数，将产出和所有投入作为样本数据估计生产函数，产出增长率与全部投入要素增长之间的差值即可衡量全要素生产率的增长变化，即广义的技术进步（Solow，1957）。由于企业异质性和数据限制，传统的最小二乘法在估计中可能会面临内生性、样本选择偏误等问题导致的参数识别问题。为克服这些问题，学者们引入了工具变量法、固定效应模型、动态面板模型和结构模型等来测算全要素生产率（TFP）的增长。

（1）工具变量法。工具变量法主要用于解决内生性问题，大量研究表明要素投入价格与要素投入高度相关，要素投入价格由要素市场决定，不受企业自身 TFP 水平的影响，满足工具变量的要求。此外，天气、资本或劳动力市场的外生冲击对要素供应和产出需求具有一定影响，因此也可作为工具变量。

（2）固定效应模型。固定效应模型将 TFP 中的时间固定效应进行了剔除，假定余值跨时不变，也在一定程度上解决了内生性问题。

（3）动态面板模型。动态面板模型假设 TFP 由个体固定效应和时间个体固定效应两部分组成，使用投入要素的滞后项作为工具变量解决存在的内生性问题。

（4）结构模型。企业生产活动很大程度上取决于自身的行为与决策结构，在测算时还需要充分考虑这些信息。主要方法包括：第一，OP 模型（Olley 和 Pakes，1996），其基本思想是使用可观测的投资作为不可观测的 TFP 的代理变量来解决内生性问题，使用企业价值最大化的 Bellman 方程和生存概率来确定企业的退出准则，进而解决样本选择偏误问题。第二，LP 模型（Levinsohn 和 Petrin，2003），其基本思想是将中间投入作为 TFP 的代理变量来解决内生性问题，在投资数据缺失严重时，这一方法可以有效缓解样本量的损失。第三，ACF 模型（Ackerberg 等，2006），该模型认为企业劳动调整成本很高，企业作为自由变量的假设过于严格，因此假设劳动要素为资本要素、投资、中间投入以及 TFP 的函数。徐淑丹采用索洛余值法测算了 1992—2014 年中国城市的技术进步率，王玉燕等采用索洛余值法测算了 1999—2013 年 23 个工业行业的 TFP。张杰等采用 OP 法计算了企业生产率，李苏苏等采用 LP 方法对企业的全要素生产率进行了测算。王贵东利用 OP、LP、GMM、FE 等方法，测算了 1996—2013 年中国制造业企业的全要素生产率。

2.2.2.2 基于"生产前沿面"思想的测算方法

Farrell 从一般厂商"多投入、多产出"特点出发，提出了基于生产前沿面和合适的距离函数，衡量投入产出效率。其中，生产前沿面代表技术上的最高水平，前沿面上的投入-产出组合技术上最具效率；距离等产量线越近的组合，相对技术效率越高。根据距离函数表达方式的不同，前沿面 TFP 指数测算又可以分为：Malmquist 指数法、数据包络分析（data envelopment analysis，DEA）和随机前沿分析（stochastic frontier analysis，SFA）。

（1）Malmquist 指数法。Malmquist 指数法是以生产前沿面为基准的相对效率可转化为距离函数，成为测算 TFP 指数的基础（Shephard，1953，1970）。Malmquist 生产率变化指数可以被分解为相对技术效率的变化和技术进步的变化（Färe 和 Grosskopf，1992）。颜鹏飞、王兵、陈启斐、刘志彪就采用这种方法测算了技术进步。

（2）DEA 方法，利用数学规划，将表征相对效率的距离函数转化为线性规划目标函数，以最小投入或最大产出为目标，以生产可能集为约束，进行多目标规划求解。DEA 方法具体包含：生产单元规模收益不变的 CCR 模型（Charnes 等，1978）、生产单元规模收益可变的 BCC 模型（Banker 等，1984）等。

（3）随机前沿分析法。Meeusen、Julien、Aigner 等提出了随机前沿分析方法，此方法通过随机生产前沿函数刻画厂商生产行为，生产函数中的随机项误差项被分成表示各种随机环境因素对前沿产出影响的对称误差项和衡量技术非有效性即厂商技术效率的单边误差项。王志刚、王志平、余泳泽等采用此方法测算了中国省际层面的技术进步。

2.2.2.3 代理指标法

郝楠和李静立足于国际分工和技术扩散对技术进步与人力资本积累关系进行考察，选取高科技出口占制成品出口比重表示各国的技术进步水平。唐未兵等用研发支出占 GDP 的比例、科技经费投入占 GDP 的比例衡量技术创新，用当年实际 FDI 占全社会固定投资比例衡量技术引进。还有部分学者采用企业每年申请的专利数量衡量企业的创新水平（Aghion 等，2009；Hu 和 Jefferson，2009；Hashmi，2013；王小霞等，2018）。

2.3 投入产出表相关研究

大量的研究表明，当前以进出口贸易总值计算的国际贸易核算方法已经不能正确反映国际化分工中的各国贸易的利益格局。众多学者和国际机构都主张和推广以"贸易增加值"作为全球贸易的核算标准。而在这方面，投入产出技术是一个很好的工具，目前投入产出表主要包括：国内投入产出表、地区或区域间投入产出表、国际投入产出表和拓展的投入产出表。

2.3.1 国内投入产出表

中国的国内投入产出表每五年进行一次全国投入产出调查（逢二、逢七年份）并编制当年的投入产出表，逢零、逢五年份通过小规模调查和对基本系数表进行调整，编制投入产出简表。现有投入产出基年表包含 139 个行业，投入产出简表包含 42 个行业。国内投入产出表反映了一国内部各个部门之间的生产分工联系。

2.3.2 地区或区域间投入产出表

地区投入产出表由各省与国家同步编制，并由国家统计局出版发行。除国家统计局和各地区统计局编制的地区投入产出表外，一些科研机构也在尝试编制区域间的投入产出表，将全国不同区域的商品需求供给信息纳入一张表中，如国家信息中心和国家统计局合作编制了 2002 年和 2007 年的中国区域间投入产出表；中国科学院虚拟经济与数据科学研究中心编制了 2002 年中国区域间投入产出表；中国科学院区域可持续发展分析与模拟重点实验室编制了 2007 年、2010 年和 2012 年的中国区域间投入产出表。地区投入产出表与国内投入产出表结构基本一致，不同的是其编制视角细化至国内某一特定的省份，反映了单一地区各个部门的生产分工联系。

2.3.3 国际投入产出表

（1）UNCTAD-Eora GVC 数据库。联合国贸易和发展会议（UNCTAD）汇集了世界各国的国家投入产出表、供给使用表、各机构的国际投入产出表，构建了全球价值链数据库（UNCTAD-Eora GVC Database），该数据库覆盖 187 个国家和地区，25～500 个行业，时间跨度为 1990—2019 年，是目前覆盖范围最广、时间跨度最长的全球价值链数据库，但未对外公开。

（2）经济合作与发展组织（OECD）和世界贸易组织（WTO）联合发布的国际投入产出数据库。该数据库的最新版本（2018 版）包含 64 个国家（或地区）、36 个行业，时间跨度为 2005—2015 年。

（3）亚洲经济研究所（IDE）的亚洲国际投入产出表（Asian International Input-Output Table，AIIOT）。这一数据表包含 10 个国家（或地区）、76 个行业，时间跨度为 1975—2005 年，每 5 年编制一次。

（4）EXIOPOL 数据库。这一数据库由欧盟支持下的 11 个研究机构编制，包含 43 个国家（或地区）、129 个行业的数据，与前几个数据库不同的是该数据库包括温室效应气体（GHG）排放、水资源、土地和能源等统计。

（5）美国普渡大学的全球贸易分析数据库（Global Trade Analysis Project，GTAP）。最新的 GTAP 数据库发表于 2018 年，包含 141 个国家（或地区）、65 个行业，GTAP 数据库十分全面，但无法免费获取。

（6）欧盟的世界投入产出数据库（World Input-Output Database，WIOD）。这一数据库包含 44 个经济体、56 个行业，从 1995 年开始持续更新，目前已更新到 2014 年，是应用较为广泛的国际投入产出数据库。

（7）亚洲开发银行在 WIOD 的基础上编制多区域投入产出表（Multi-Regional Input-Output Table，ADB-MRIO），增加了泰国、越南、马来西亚等 7 个亚洲国家，同时减少了瑞士、挪威、克罗地亚 3 个欧洲国家，最新的 ADB-MRIO 包含 62 个国家（或地区）、35 个行业，时间跨度为 2000—2017 年，但目前无法免费获取。

（8）EXIOBASE3。这一数据库包含 49 个国家（或地区）、163 个行业，时间跨度为 1995—2016 年，此外还对温室气体排放等环境相关信息进行了统计。

国际投入产出表将世界主要国家的相关数据整合到一张表内，反映了各个国家（或地区）之间的投入使用关系，现有国际投入产出表汇总见表 2-1。结合以往的研究经验、笔者的研究基础、本书的研究目的和数据需求，本书在后续编制区域嵌入国际的投入产出表时，采用 WIOD 数据库作为国际部分的基础数据之一。

表 2-1　现有国际投入产出表汇总

数据库名称	构建机构	国家（或地区）数	部门或产品数	时间范围	备注
UNCTAD-Eora GVC Database	UNCTAD/Eora	187	25～500	1990—2019 年	对原始数据进行修改和补充，建立包括部分贫困国家在内的更为广泛的、统一的数据库
OECD/WTO-ICIO2018	OECD/WTO	64	36	2005—2015 年	由 OECD 调整计算
AIIOT	IDE-JETRO	10	76	1975 年/1980 年/1985 年/1990 年/1995 年/2000 年/2005 年	美国-亚洲国际投入产出表、双边国际投入产出表（包括中日双边国际投入产出表）
EXIOPOL Database（CREEA）	EU 支持下的 11 个研究机构	43	129	2000 年/2007 年	包括 GHG 排放、水资源、土地和能源等统计

表2-1（续）

数据库名称	构建机构	国家（或地区）数	部门或产品数	时间范围	备注
GTAP	Purdue University	141	65	2004年/2007年/2011年/2014年	包括能源、土地、二氧化碳排放、国际劳动力人口流动等统计
WIOD	EU支持下的11个研究机构	44	56	1995—2014年	根据国民经济核算统计、按照使用目的分类的各国之间的分配数据
ADB-MRIO	亚洲开发银行	62	35	2000—2017年	包含更多的亚洲国家（23个）
EXIOBASE3	FP7 DESIRE项目	49	163	1995—2016年	环境扩展多区域投入产出表（EE MRIO）

2.3.4 拓展的投入产出表

第一，划分贸易方式的投入产出表。①划分贸易方式的国内投入产出表。Chen、刘遵义、Koopman、刘维林、中国科学院课题组和国家统计局核算司投入产出处构建了中国划分贸易方式的投入产出表。段玉婉、Ma等还构建了区分内外资企业和贸易方式的中国非竞争型投入产出模型。②划分贸易方式的国内多区域投入产出表（MRIO表）。段玉婉和杨翠红在中国地区间投入产出模型中单独区分加工贸易，构建了区分贸易方式的国内区域投入产出（IRIOP）表。③划分贸易方式的基于全球投入产出（ICIO）表。田开兰、祝坤福和杨翠红基于中国的DPN表、WIOD表以及中国海关提供的分国别、分贸易方式的进出口数据，编制了2007年反映中国加工贸易的国际投入产出表（DPN-WIOT表）。OECD于2018年更新了国家间投入产出数据库（Inter-Country Input-Output，ICIO）数据库。

第二，区域-国际投入产出表。将地区间投入产出表嵌入国际投入产出表的方法主要分为两种，一种是将区域间投入产出表的数据作为控制数，以黎峰、余丽丽、倪红福和夏杰长为代表；另一种是将国际投入产出表的数据作为控制数，以Meng为代表。此类投入产出表主要是研究者依据自身研究目的进行编制的，并不对外公开，无法获取。

2.4 技术进步与价值链分工关系研究

新增长理论经济学家在新增长模型中考虑了贸易开放因素，揭示了贸易开放通过"干中学"对技术进步的影响，此后学者们从国际贸易、中间品贸易、制造业服务化等方面研究了这些因素对技术进步或全要素生产率的影响，这在一定程度上反映了价值链分工对技术进步的影响。同时，新古典经济增长理论阐述了技术进步对经济增长的影响，认为经济增长率取决于外生的技术进步。出口是拉动经济增长的三驾马车之一，技术进步也必然对出口产生影响。纵观以往文献，学者们主要研究了技术创新、技术升级、研发投入、全要素生产率等对进出口贸易总值、贸易增加值、价值链分工位置的影响，为技术进步影响价值链分工奠定了坚实的研究基础。

2.4.1 价值链分工对技术进步的影响

新增长理论给出了四种最受关注的影响研发部门资源投入的因素：第一，对基础科学研究的支持。第二，研发和创新的私人激励。研发活动通常会产生消费者剩余效应、研发效应和抢生意效应三种外部性。其中，前两种外部性为正，最后一种外部性为负。当净外部性为负时，更多资源会用于研发，导致经济增长率高得无效率；当净外部性为正时，研发的均衡水平会低得无效率。第三，人才可选择的机会。新增长理论认为，高智商者既可以从事具有社会生产力的活动又可以从事攫取现有财富的寻租活动。高智商者的选择直接受经济激励的影响，其中最主要的有三个因素——相关市场规模、规模报酬递减的程度、个人从其活动中保留收益的能力。第四，干中学（罗默，2009）。新增长模型揭示了经济长期增长的秘密，新增长理论经济学家并未忽略贸易开放对技术进步和长期经济增长的影响。

Grossman 等和 Rivera-Batiz 等指出，贸易开放对长期经济增长具有四种不同的效应。第一，沟通效应。贸易促进贸易主体之间进行技术交流。第二，重复效应。在没有贸易的时候，许多相同的创意和技术在不同国家进行重复研究；贸易开放则鼓励公司进行不重复的新创意和新技术的研发活动。第三，配置效应。贸易使得不同国家根据其自身的相对优势进行专门化生产。第四，整合效应。贸易对研发活动具有两方面作用，一是为研发投入拓宽市场，进而提高长期经济增长率；二是国内企业的研发面临较强的国际竞争，从而使国内企业减少研发投入，进而降低长期经济增长率。

对于价值链嵌入影响技术进步的机制，多数学者认为价值链嵌入通过种类效应、质量效应和技术溢出效应影响技术进步。关于价值链分工对技术进步影响的研究主要集中在国际贸易、中间品贸易、制造业服务化对技术进步、全要素生产率的影响。

第一，国际贸易影响技术进步。Melitz 构建了异质企业的动态模型，探讨了国际贸易如何使生产率较高的企业进入出口市场（而一些生产率较低的企业只能继续在国内市场生产），并同时迫使生产率较低的企业退出市场。虽然 Melitz 未直接探讨二者之间的关系，但结果表明，国际贸易会对不同生产率企业的异质性产生影响。这必将间接调整市场分工格局，进而影响技术进步。也有研究表明，生产要素的错误配置会大大降低总生产率（Restuccia 和 Rogerson，2008；Hsieh 和 Klenow，2009），全球要素配置带来的国际性技术外溢是促进技术进步的重要技术知识来源（Keller，2004）。Coe 等认为国际贸易能通过"干中学"效应提高技术落后国家的技术水平，也会通过要素市场结构影响技术进步。蒋仁爱和冯根福发现贸易技术外溢促进了各省份技术进步，但国内研发（R&D）投资是中国技术进步的主要推动力。开放贸易极大地加强了竞争，并将减少价格扭曲，从而显著减少了由于分配不当而造成的生产力损失（Edmond 等，2015）。同时，开放贸易通过增加出口机会并加强外国竞争，拉大了利润差距，促使企业更迅速地采用技术，并实现更快的增长（Perla 等，2021）。贸易是技术进步和经济增长的原因，但它并不能使技术进口国实现对技术出口国的反超战略；另外，贸易保护政策会阻碍技术进步，并降低经济福利（苏志庆和陈银娥，2014）。相反的是，李小平和朱钟棣研究发现，通过国际贸易渠道的 R&D 溢出促进了中国工业行业的技术进步、技术效率及全要素生产率增长，大部分情况下国内本行业 R&D 与其他行业 R&D 对行业技术进步、技术效率和全要素生产率增长起阻碍作用。McCaig 和 Pavcnik 发现，出口导致的劳动力在正式部门和非正式部门间的再分配，将会使得劳动生产率所带来的总收益和两部门之间的差距减小。Garcia-Marin 基于不受产出价格影响的效率测算，发现出口有利于提高效率，出口和技术投资之间具有互补关系。

第二，中间产品贸易影响技术进步。Romer 指出，进口贸易能够增加中间产品种类，进而推动技术的进步和中间品的垂直创新。Grossman、Helpman、Coe 等（1997）发现从发达国家进口中间产品，将产生技术外溢效应，提高发展中国家的生产效率。Evenson 和 Singh 对 1970—1993 年的 11 个国家进行研究，Madsen 对 135 个国家进行研究，刘美玲等基于中国 1999—2012 年的省际面板数据，验证了进口贸易显著地提升了中国全要素生产率、技术效率和规模效率，Goldberg 等也认为进口能够促进企业创新。具体地，进口中间产品种类多样化和质量提高有利于生产率提升（Ethier，1982；Rivera-Batiz，1991）。进出口过程也将影响技术进步技能偏向性（杨飞，2014；黄先海和刘毅群；2008），林毅夫、任若恩、赵志耘、黄先海、刘毅也发现中间品贸易不仅可以为进口国带来蕴含于资本品中的物化型技术进步，还可以带来技术先进国的生产经验、管理观念与操作手法等非物化型技术进步。李焱和原毅军认为，价值链升级可以通过集成效应、诱发效应和吸附效应引发技术创新。吕越等研究发现，企业参与全球价值链会通过中间品效应、大市场效应以及竞争效应提升生产效率。苏丹妮等也发现，GVC 分工地位越高的企业生产率也越高。王玉燕的研究则表明，全球价值链嵌入与技术进步之间存在倒 U 形关系。Alviarez 对跨国生产进行研究，也发现跨国生产对处于相对劣势的部门生产率的提升作用更大。

第三，制造业服务化分工模式转变影响技术进步。顾乃华发现，服务业可以通过完善制造业价值链带来技术效率提升。吕越等也发现，制造业服务化有利于提高全球价值链中嵌入程度更高的企业的全要素生产率。刘维刚和倪红福的研究也表明，服务化带来的企业创新和生产分工促进了制造业的技术进步。此外，也有不少研究从国外服务中间产品的角度得出：国外服务中间品的嵌入可以提高中国服务业出口复杂程度，进一步促进制造业技术创新。

2.4.2 技术进步对价值链分工的影响

马克思在其著作《机器、自然力和科学的应用》一书中，认为资产阶级在不到一百年的时间里创造的生产力比之前几个世纪的全部生产力还要多，新技术的应用、新工具的生产和对自然界的征服所产生的生产力是过去没办法想象的。马克思指出，社会经济发展的水平最终取决于生产能力，而科学技术进步带来的劳动者劳动能力的提升和生产效率的提高能够有效促进生产力的发展，因此科学技术也就成为社会发展的重要推动力量。著名经济学家亚当·斯密在其1776年出版的著作《国富论》一书中，对技术变革和经济增长的关系进行了系统的论述，指出"分工扩大、资本利用率的提高、技术进步是经济增长的三大重要驱动因素""任何社会国民财富的增加都主要取决于两种方法：第一，提高社会现有劳动力的劳动生产率；第二，增加现有劳动者的数量"。劳动生产率的提高取决于：劳动者劳动能力的提高、劳动工具和机械水平的提高。劳动能力和工具、机械性能的提升很大程度上依赖于技术进步。从亚当·斯密的经济思想中我们可以看出，他认为技术的进步为社会财富的增加和经济的发展做出了巨大贡献。新古典经济增长理论也对技术进步与经济增长之间的关系进行了阐述，经济增长率取决于外生的技术进步，但经济增长率不会影响技术变革速度。在没有技术进步的条件下，由资本聚集所带来的人均资本拥有量和人均产量的提高是有限的。因此，经济繁荣将持续下去是因为不存在引起工资下降的古典人口增长。但如果技术停止进步，增长将停止。

关于技术进步对价值链分工影响的研究主要集中在技术创新、技术升级、研发投入、全要素生产率等对进出口贸易总值、贸易增加值、价值链分工位置的影响。

第一，技术创新、技术升级、全要素生产率影响进出口。1870—1913年是第一个贸易全球化时代，蒸汽船技术的发展减少了国家间运输的成本和时间，进一步对全球贸易模式产生了重要影响（Pascali，2017）。Amiti和Khandelwal、Bas和Strauss、Fan等认为中间品贸易自由化、企业技术进步能够提高企业的生产率，提升企业出口产品质量，但对于企业出口贸易量的影响取决于其他因素。张杰等则认为进口会引致出口，该机制的内在机理为：进口→生产率提升→自我选择效应→出口。而Brady等的研究结论相反，即发展中经济体的制造业的技术进步能够增加中高端中间贸易品供应商数量，导致全球市场出现产能过剩，供大于求将会使得这类产品的出口价格降低，损害发展中经济体的出口额和出口收益。部分研究者实证检验了不同类型、不同渠道的技术进步与贸易流量之间的关系。Becker和Egger认为，加强自主创新对于出口具有明显的正向促进效应；Tombe发现，即使是相对生产率较低的国家，高进口壁垒和劳动力流动障碍仍然会带来低进口。齐俊妍和王岚通过建立理论模型和实证检验，分析了贸易转型和技术升级对不同类型行业对外出口量的影响，并识别出制约中国出口产品技术提升的因素。胡小娟和陈欣以 2001—2013 年中国制造业面板数据为样本，实证分析了技术创新模式和制造业出口贸易之间的关系。结果表明，模仿和自主创新均对中国制造业出口存在明显的正向促进影响。

第二，技术创新、技术升级、研发投入、全要素生产率影响贸易增加值、价值链分工。夏明和张红霞指出，技术和效率的提升将使得增加值率上升。诸竹君等的研究也发现自主创新产生的"加成率效应"和"相对价格效应"动态改进了企业出口的国内增加值率。李焱和原毅军认为，技术创新通过推动效应、贸易效应和选择效应带动价值链升级，耿晔强和白力芳的研究也表明，研发强度带来的技术成果转化促进了其全球价值链位置提升。唐宜红和张鹏杨的研究也表明，企业全要素生产率是影响企业全球生产链位置变动的重要原因，凌丹等从"嵌入"高端化视角验证了技术创新有利于非技术密集型制造业向高端产业演进，同时有利于避免技术型制造业高端产业低端化。肖宇等也强调，提升技术效率和全要素生产率是改善中国制造业在全球价值链中不利地位的重要路径。

2.5 文献述评

2.5.1 价值链分工测算方法

虽然学术界从垂直专业化（Hummels 等，2001）、贸易增加值（Johnson 和 Noguera，2012）到 Koopman 等的总出口分解（KWW 方法），形成了对国际贸易中增加来源和增加值分配的基本研究脉络，但已有研究是通过出口产品是否多次跨界作为判断总出口中是否存在增加值重复计算的依据。这个依据和《2008 年国民账户体系》(《SNA2008》) 的核算准则并不一致，在《SNA2008》中，经济所有权的转移替代了跨境记录货物和服务作为国际贸易的划定标准，《国际货币基金组织国际收支和国际投资头寸手册》(《BPM6》) 也相应做了修改。以出口产品是否跨境为出发点，必然以出口增加值来源作为划分增加值归属的标准，从总出口分解出发，将增加值分配矩阵作为划分贸易流的依据。由于现有方法不是以国民核算本身作为逻辑起点，无法直接测算出贸易增加值，因此会带来重复计算问题。从总出口出发的分解方法复杂，结果也难以解释，特别是出口国外增加值的重复计算部分的经济含义并不明确，可能存在错误（Borin 和 Mancini，2017）。

从现有文献来看，结合宏观投入产出表和微观企业数据研究企业价值链分工位置虽然具有一定的合理性，但其本质仍然取决于企业所处的行业价值链分工位置并且具有"同技术假设"等局限（王振国等，2019）。而基于投入产出模型的价值链分工研究已逐渐成熟（Antràs 和 Chor，2018），但对国内价值链和一国内部的区域异质性的考虑还有待完善。本书拓展了包含多国的世界投入产出表到区域层面，从区域增加值出发，构建同时包含国内价值链和全球价值链的贸易增加值核算框架，测算各个地区、各个部门的价值链嵌入程度和分工位置，这是对现有研究的有益补充和拓展。

2.5.2　价值链的分解思路

国家价值链包括国内外两条价值链，已有文献更多地对国内价值链或者全球价值链进行单独研究，且仅有较少的文献讨论了国内价值链区域间的内在差异。因此，现有研究仍然缺乏从国内外价值产生的整体角度完整刻画国家价值链。由于国内外价值链存在交叉影响，如果忽略国家价值链中的结构性变化来考察国内或者国外价值链的影响机制可能引起内生性问题。此外，对于价值链分工的分解，现有研究大多都将其笼统地分为国内价值链或全球价值链，无法有效划分里昂惕夫逆矩阵中蕴含的复杂分工部分。为克服这一问题，本书依据矩阵求逆过程，将里昂惕夫逆矩阵分解为只有国内区域或其他国家（或地区）参与的单一分工部分与区域和国家（或地区）融合的双重分工部分，对应地将国内价值链和全球价值链中双重价值链融合分工的部分进行剥离，得到了单一 NVC 分工、单一 GVC 分工以及 NVC 和 GVC 融合的双重分工部分。相较于以往研究，本书能够得到更为细化的价值链分析框架。

2.5.3　投入产出表相关研究

基于目前的一国内部整体的投入产出表（IO 表）、国际投入产出表（ICIO 表）的相关分析存在一个隐含的假定：一国内部不同区域之间具有相同的投入结构，如较为发达的沿海地区和经济发展相对较慢的西北地区均采用一国平均的投入产出结构。然而，在一国经济贸易体系中，具有竞争优势的区域在空间上通常不是均衡分布的，世界经济竞争格局已由国家之间的层面深入到国家内部各个区域层面（Porter 和 Stern，2004）。对于区域存在明显差异的大国而言，一国内部区域间生产分工形成的区域生产网络可能早于全球生产网络（倪红福和夏杰长，2016）。多区域投入产出表（MRIO）和地区投入产出表虽然充分考虑了区域异质性，但是进口和出口往往只是该表中的一行或者一列，无法更细化地反映各个区域与其他国家（或地区）之间的全球价值链分工网络。虽然部分学者也编制了区域嵌入国际的投入产出表，但并没有从理论层面把国内价值链和全球价值链纳入统一的分析框架。随着区域经济差距的缩小和市场化进程步伐的加快，产品不同的生产阶段不仅能够在不同国家或地区分工，一国内部各个区域也能承担相应生产阶段的工作，对一个区域而言，这就形成了国内价值链和全球价值链的双重嵌入。但由于区域之间存在地理、资源等多方面的差异，每个区域参与生产分工的阶段和程度各不相同。沿海地区因其优越的地理优势，是一国对外贸易的重要通道，承担了大量的进出口贸易任务；而其他非沿海区域可能扮演着向沿海区域提供中间产品或原材料的角色，形成某一产品从非沿海区域流出至沿海区域，最终以中间或最终产品形式出口的间接出口路径，从而间接参与全球价值链。因此，从区域角度探讨一国内部各个区域参与国内价值链和全球价值链的程度，不仅能够分析区域间的内在联系，还能够直接分析区域与其他国家之间的联系，对一国区域发展布局具有重要的现实意义。

2.5.4 技术进步与价值链嵌入的研究视角

目前关于技术进步与价值链嵌入关系的探讨主要集中在价值链分工对技术进步的影响，即国际贸易、中间品贸易、制造业服务化对技术进步、全要素生产率的影响。虽然有部分研究从技术创新、技术升级、研发投入等方面探讨了对进出口贸易总值、贸易增加值、价值链分工位置的影响，但技术创新、技术升级、研发投入、全要素生产率等概念与技术进步存在一定差别，技术创新、技术升级、研发投入能否转化为技术进步，还受到消化能力、吸收能力、转化能力的约束，全要素生产率与技术进步本身就是两个不同的概念，虽有联系但存在本质不同，因此现有研究仍然缺乏技术进步影响价值链嵌入的直接证据。

3 技术进步与价值链嵌入的理论解释

伴随着国际分工格局和贸易模式的变革，如前文梳理的关于技术进步与价值链嵌入的文献，大量学者更多地将研究重点放在价值链分工的生产率效应方面（苏丹妮等，2020），而对技术进步直接影响价值链分工的研究还较少。马克思、亚当·斯密和新古典经济增长理论指出，技术进步对经济的增长具有重大贡献。消费和出口作为经济增长的重要动力，对应的产品消费和产品出口主要源于国内价值链分工和全球价值链分工，因此国内价值链分工和全球价值链分工可能成为技术进步影响经济增长的重要路径。研究表明，企业使用新技术能够使得价值链分工向高端地位攀升，促进其生产绩效的提高（Amighini，2004；刘奕和夏杰长，2009）。

那么，技术进步对价值链嵌入有何影响？为回答这一问题，本章从经济理论的分析、理论模型的推导以及数值模拟三个方面进行讨论，从理论上解释技术进步对价值链嵌入的影响。

3.1 理论分析

价值链分工的基础是比较优势。比较优势是全球价值链分工得以开展的基础，某一国家（或地区）在某一生产环节的成本越低，该国家（或地区）在这一生产环节就越具有比较优势。各生产单位在资源要素的占有、分配和利用等方面的差异，就形成了比较优势，各生产单位依据自身比较优势进行生产，进而使得不同生产分工环节在全国或全球范围内的配置，由此便产生了国内价值链分工或全球价值链分工。

从技术进步的定义可知，广义的技术进步并不仅仅是指某一具体生产技术水平的变化，还包括了管理、文化、社会、制度等非生产技术因素变化。而某一具体生产技术水平的变化和管理、文化、社会、制度等非生产技术因素的变化虽然无法影响各生产单位自身的资源要素禀赋，但是必将影响其对资源要素的分配和利用，改变不同生产单位之间的比较优势，促使各生产单位依据自身比较优势动态调整生产分工策略，以保证自身利益最大化，从而使不同生产分工环节在全国或全球范围内重新配置，进而改变不同生产单位的国内价值链分工或全球价值链分工的嵌入。

技术进步对价值链嵌入的作用路径主要有三条：第一，生产分工的行为本质是产品的生产，那么，某一具体生产技术水平变化带来的技术进步可以通过影响各生产单位参与某一环节生产的比较优势，进而改变生产单位嵌入双重价值链的情况。第二，在技术进步影响各生产单位参与某一环节生产的比较优势的基础上，各生产单位将会在具有比较优势和不具有比较优势的生产环节进行有限资源要素的重新配置或生产环节的转移，改变产业比较优势，进而改变生产单位嵌入双重价值链的情况。第三，管理、文化、社会、制度等非生产技术因素变化带来的技术进步可以通过影响各地区的管理成本和沟通成本影响地区的比较优势，进而改变地区嵌入双重价值链的情况。

3.1.1　技术进步与产品比较优势

不论是国内市场还是国际市场，产品在不同国家或地区之间的流动均需要支付一定的固定成本。根据新新贸易理论，只有生产率较高的企业才能够支付出口所需的固定成本，参与国际贸易（Melitz，2003）、区域间贸易也是如此。一国（或地区）的技术进步能够提升该国（或地区）的企业生产率（罗长远和张军，2014），提高产品的技术含量，降低产品的生产成本（Lau和Tang，2018），增加单个产品的国内附加值含量，促进产品竞争力提升。同时，技术进步还能提高一国（或地区）的专业化分工水平，令其按照比较优势优化配置国内中间投入和国外中间投入的比例，从而影响一国（或地区）价值链嵌入程度和位置。

3.1.2　技术进步与产业比较优势

技术进步将会带来生产率的提升。基于比较优势理论，一国（或地区）会将资源、劳动、资本等生产要素配置于具有相对比较优势的生产活动以实现规模效应。在生产成本一定的情况下，不具有相对比较优势的生产活动对资源要素配置的比重将有所下降。随着资源要素在两类生产活动中的倾斜配置，具有相对比较优势的生产活动的相对优势将逐渐扩大，而不具有相对比较优势的生产活动的相对生产成本也将逐渐增大。当外部生产成本小于内部生产成本时，基于资源要素的优化配置和利润最大化原则，一国（或地区）将会把不具有相对比较优势的生产活动转移给其他国家（或地区）进行生产，即国内外包或国际外包。生产环节的国内外包和国际外包将引起一国（或地区）参与国内价值链分工和全球价值链分工，进而影响价值链嵌入程度和位置。

3.1.3　技术进步与地区比较优势

技术进步将会通过成本效应影响价值链分工。例如，交通制造业的技术进步有利于促进交通运输业的发展，降低国内价值链分工和国际价值链分工中的运输成本。仓储业的技术进步将有利于更高效的仓储管理，降低国内价值链分工和国际价值链分工中的仓储成本。计算机、电子产品及光学制品制造业的技术进步对各个行业的发展均具有重要意义，有利于提高各个行业的生产效率。电信服务业的发展促进了区域间、国家间的互联互通，能够有效降低管理成本、沟通成本，促进资源整合。因此，一国（或地区）各个行业的技术进步将通过成本效应推动生产过程空间分离和功能分离，改变一国（或地区）价值链嵌入程度和位置。

3.2　理论模型

本部分采用投入产出模型，分析技术进步与双重价值链之间的关系。本书以包含 G 个国家（或地区）N 个部门的投入产出表（见表 3-1）为例。$Z_{ij}(i, j = 1, 2, \cdots, G)$ 是 $N \times N$ 的中间投入矩阵，表示 i 国各部门向 j 国各部门提供的中间产品；$Y_{ij}(i, j = 1, 2, \cdots, G)$ 是 $N \times 1$ 的列向量，表示 i 国各部门生产的最终产品提供给 j 国最终使用；Va_i 是 $1 \times N$ 的行向量，$Va_i = [va_{i,1} \quad va_{i,2} \cdots \quad va_{i,N}]$，其中元素 $va_{i,k}$ 表示 i 国（或地区）k 部门创造的增加值。X_i 是 $N \times 1$ 的列向量，$X_i = [x_{i,1} \quad x_{i,2} \cdots \quad x_{i,N}]'$，其中元素 $x_{i,k}$ 是 i 国（或地区）k 部门的总产出；直接消耗系数矩阵 $A = Z\hat{X}^{-1}$，其中 $\hat{X}$ 为总投入向量对角化后的矩阵，$B = (I - A)^{-1}$ 是全球里昂惕夫逆矩

阵；增加值系数向量为 $V = Va\,\hat{X}^{-1}$，其中 $V_i = \begin{bmatrix} v_{i,\,1} & v_{i,\,2} & \cdots & v_{i,\,N} \end{bmatrix}$ 为 i 国（或地区）的增加值系数向量。

表 3-1　多国家（或地区）投入产出表

项目		中间使用				最终使用				总产出
		国家或地区 1	国家或地区 2	…	国家或地区 G	国家或地区 1	国家或地区 2	…	国家或地区 G	
中间投入	国家或地区 1	Z_{11}	Z_{12}	…	Z_{1G}	Y_{11}	Y_{12}	…	Y_{1G}	X_1
	国家或地区 2	Z_{21}	Z_{22}	…	Z_{2G}	Y_{21}	Y_{22}	…	Y_{2G}	X_2
	⋮	⋮	⋮		⋮	⋮	⋮		⋮	⋮
	国家或地区 G	Z_{G1}	Z_{G2}	…	Z_{GG}	Y_{G1}	Y_{G2}	…	Y_{GG}	X_G
增加值		Va_1	Va_2	…	Va_G					
总投入		X_1'	X_2'	…	X_G'					

投入产出模型满足总投入等于中间投入和初始投入之和、总产出等于中间使用与最终使用之和的行列平衡关系。因此，技术进步和价值链嵌入之间的关系可以拆解为三个待解决的问题：第一，在投入产出模型中，技术进步如何反映和度量；第二，基于投入产出模型的价值链嵌入度如何测算；第三，技术进步和价值链嵌入之间存在怎样的关系。对于第一个问题，在投入产出模型中直接消耗系数矩阵（A）通常反映了不同国家（或地区）之间的技术经济联系，某一国家（或地区）的技术进步将会改变 A 的内部构成，因此本书将技术进步体现在直接消耗系数矩阵（A）中。对于第二个问题，由于国家（或地区）之间直接的最终产品贸易并不涉及区域间的生产分工，因此首先需要从一国（或地区）的生产分工中划分出价值链分工部分，测算价值链分工带来的国内增加值，借鉴增加值率的测算思路，以价值链分工带来的国内增加值占总产出的比重作为价值链嵌入度。对于第三个问题，在测算价值链嵌入度环节，必然涉及国家（或地区）之间的分工联系，因此我们通过分析价值链嵌入度的内在构成，探索技术进步对价值链嵌入的影响。

为探究技术进步对价值链嵌入的影响，本部分首先分析了不存在技术进步的情况下，价值链嵌入的构成；其次从投入视角和产出视角，分析伴随技术进步的分工对价值链嵌入的影响。

3.2.1　无技术进步下的价值链嵌入

从投入产出表中的行平衡关系角度，总产出可以划分为中间产品和最

终产品，根据表 3-1 我们可以将总产出表示为

$$\begin{bmatrix} X_1 \\ X_2 \\ \vdots \\ X_G \end{bmatrix} = \begin{bmatrix} Z_{11} & Z_{12} & \cdots & Z_{1G} \\ Z_{21} & Z_{22} & \cdots & Z_{2G} \\ \vdots & \vdots & \ddots & \vdots \\ Z_{G1} & Z_{G2} & \cdots & Z_{GG} \end{bmatrix} + \begin{bmatrix} \sum_{j=1}^{G} Y_{1j} \\ \sum_{j=1}^{G} Y_{2j} \\ \vdots \\ \sum_{j=1}^{G} Y_{Gj} \end{bmatrix} = \begin{bmatrix} a_{11} & a_{12} & \cdots & a_{1G} \\ a_{21} & a_{22} & \cdots & a_{2G} \\ \vdots & \vdots & \ddots & \vdots \\ a_{G1} & a_{G2} & \cdots & a_{GG} \end{bmatrix} \begin{bmatrix} X_1 \\ X_2 \\ \vdots \\ X_G \end{bmatrix} + \begin{bmatrix} Y_1 \\ Y_2 \\ \vdots \\ Y_G \end{bmatrix}$$

$$(3-1)$$

进一步对直接消耗系数矩阵（A）进行拆分，将其划分为反映本国生产技术联系的直接消耗系数矩阵（A^D）和反映国家之间经济联系的直接消耗系数矩阵（A^F），A^D 为 A 的对角线块矩阵，A^F 为 A 的非对角线块矩阵。

$$A = A^D + A^F = \begin{bmatrix} a_{11} & 0 & \cdots & 0 \\ \vdots & \vdots & \ddots & \vdots \\ 0 & 0 & \cdots & a_{GG} \end{bmatrix} + \begin{bmatrix} 0 & a_{12} & \cdots & a_{1G} \\ \vdots & \vdots & \ddots & \vdots \\ a_{G1} & a_{G2} & \cdots & 0 \end{bmatrix} \quad (3-2)$$

对应地，式（3-1）可以表示为

$$\begin{bmatrix} X_1 \\ X_2 \\ \vdots \\ X_G \end{bmatrix} = \begin{bmatrix} a_{11} & 0 & \cdots & 0 \\ \vdots & \vdots & \ddots & \vdots \\ 0 & 0 & \cdots & a_{GG} \end{bmatrix} \begin{bmatrix} X_1 \\ X_2 \\ \vdots \\ X_G \end{bmatrix} + \begin{bmatrix} 0 & a_{12} & \cdots & a_{1G} \\ \vdots & \vdots & \ddots & \vdots \\ a_{G1} & a_{G2} & \cdots & 0 \end{bmatrix} \begin{bmatrix} X_1 \\ X_2 \\ \vdots \\ X_G \end{bmatrix} + \begin{bmatrix} Y_1 \\ Y_2 \\ \vdots \\ Y_G \end{bmatrix}$$

$$(3-3)$$

为便于表示，将式（3-3）简写为

$$X = A^D X + A^F X + Y = (I - A^D)^{-1} Y + (I - A^D)^{-1} A^F X$$

$$Va' = \widehat{V} X = \widehat{V} (I - A^D)^{-1} Y + \widehat{V} (I - A^D)^{-1} A^F X \quad (3-4)$$

其中，$\widehat{V}(I - A^D)^{-1}Y$ 表示国内外最终产品需求带来的国内增加值，此部分为国内外的最终产品使用，不涉及跨区域分工，因此不属于价值链分工部分。$\widehat{V}(I - A^D)^{-1}A^F X$ 表示的生产路径为：本国（或地区）生产中间产品后出口至其他国家（或地区）进行进一步生产，反映了中间产品的跨区域生产，属于价值链分工部分。本书将价值链分工部分带来的国内（或区域内）增加值与总产出之比作为价值链嵌入度（EMB），用于后续技术进步和价值链嵌入关系的探讨。具体计算如下：

$$EMB = (\hat{X})^{-1}(\hat{V}(I - A^D)^{-1} A^F X)$$

$$= \left[\frac{\sum\limits_{j \neq 1}^{G} V_1\, a_{1j}\, X_j}{(1 - a_{11})\, X_1} \quad \frac{\sum\limits_{j \neq 2}^{G} V_2\, a_{2j}\, X_j}{(1 - a_{22})\, X_2} \quad \cdots \quad \frac{\sum\limits_{j \neq G}^{G} V_G\, a_{Gj}\, X_j}{(1 - a_{GG})\, X_G} \right]' \qquad (3\text{-}5)$$

由式（3-5）可知，国家（或地区）1 的价值链嵌入度受到两类因素的影响：①投入因素。对本国（或地区）和其他国家（或地区）中间投入的直接消耗系数（a_{11} 和 a_{1j}）、本国（或地区）的增加值系数（V_1）以及本国（或地区）。②产出因素，其他国家（或地区）的总产出（X_1 和 X_j）。因此，接下来本书将从投入视角和产出视角分别分析技术进步对价值链嵌入的影响。

3.2.2 投入视角下考虑技术进步与价值链嵌入

从投入角度，技术进步可以表现为：在等量产出下，本国（或地区）生产过程中的中间投入将在国内市场和国际市场重新配置，依据本国（或地区）中间投入与其他国家（或地区）中间投入之间关系的不同，存在两种情况。第一种情况，如果本国（或地区）中间投入与其他国家（或地区）中间投入之间存在替代关系，相对于其他国家（或地区）的中间投入，国内（或地区内）的中间投入和初始投入比例有所增加，即本国（或地区）中间投入对其他国家（或地区）中间投入的替代效应。同时，相较于无技术进步的情况，技术进步会使等量产出下使用的所有中间投入和初始投入更少（张红霞和夏明，2018）。第二种情况，如果本国（或地区）中间投入与其他国家（或地区）中间投入之间存在互补关系，生产等量产出使用的本国（或地区）和其他国家（或地区）的中间投入同比例减少。

对于第二种情况，由于生产等量产出使用的两国（或地区）中间投入同比例减少，因此反映国家（或地区）间技术经济联系的直接消耗矩阵并不会发生变化，最终表现为技术进步并不会改变价值链嵌入度。因此，在接下来的分析中，本书仅考虑两国（或地区）中间投入存在替代关系的第一种情况。

具体地，从反映国家（或地区）间技术经济联系的直接消耗矩阵来看，假设国家（或地区）1 存在技术进步，那么此时直接消耗矩阵从 A 转变为 A_{in}：

$$A_{in} = \begin{bmatrix} s_{in,\,1}\,a_{11} & a_{12} & \cdots & a_{1G} \\ \vdots & \ddots & \vdots & \vdots \\ s_{in,\,G}\,a_{G1} & a_{G2} & \cdots & a_{GG} \end{bmatrix}; \quad s_{in,\,k} \in \begin{cases} [\,1,\,\infty)\,k = 1 \\ (0,\,1)\ k \neq 1 \end{cases} \quad (3\text{-}6)$$

其中，a_{ij} 为直接消耗系数，是指在生产经营过程中第 j 部门的单位总产出所直接消耗的部门 i 生产的货物或服务的价值量，$a_{ij} = Z_{ij}\,(\hat{X}_j)^{-1}$。$s_{in,\,k}$ 表示技术进步带来的投入修正系数。如果国家（或地区）1 存在技术进步，本国（或地区）的中间投入相对于其他国家（或地区）的中间产品的竞争力有所提升，更能有效地满足国内市场需求，对于其他国家（或地区）的中间产品产生替代作用。那么，国家（或地区）1 在生产等量产出 X 的情况下，相对于其他国家（或地区）的中间投入，对本地区的初始投入和中间投入使用比例将有所增加，因此国家（或地区）1 的技术进步将会使其对本国（或地区）的直接消耗系数有所增大，对其他国家（或地区）的直接消耗系数有所减小。当 $s_{in,\,1} \geq 1$，国家（或地区）1 的技术进步（$\dot{\mathrm{TFP}}_1$）与 $s_{in,\,1}$ 之间的关系满足 $\dfrac{\mathrm{d}\,s_{in,\,1}}{\mathrm{d}\,\dot{\mathrm{TFP}}_1} \geq 0$。同时，其他国家（或地区）的中间投入将会因为技术进步带来的替代效应有所下降，对应的 $0 < s_{in,\,k} < 1$，此时 $\dfrac{\mathrm{d}\,s_{in,\,k}}{\mathrm{d}\,\dot{\mathrm{TFP}}_1} < 0\,(k \neq 1)$。

从总投入来看，相较于无技术进步的情况下，技术进步会使得等量产出下使用的所有中间投入和初始投入更少，因此国家（或地区）1 在存在技术进步的情况下满足：$\sum\limits_{k=1}^{G} s_{in,\,k}\,a_{k,\,1} + s_{in,\,1}\,V_1 < \sum\limits_{k=1}^{G} a_{k,\,1} + V_1$。

对应地，反映本国（或地区）生产技术联系的直接消耗系数矩阵 A^D 转变为 A_{in}^D；反映国家（或地区）的直接消耗系数矩阵 A^F 转变为 A_{in}^F；初始投入对应的增加值系数矩阵 V 转变为 V_{in}。

$$A_{in}^D = \begin{bmatrix} s_{in,\,1}\,a_{11} & 0 & \cdots & 0 \\ \vdots & \ddots & \vdots & \vdots \\ 0 & 0 & \cdots & a_{GG} \end{bmatrix}; \quad A_{in}^F = \begin{bmatrix} 0 & a_{12} & \cdots & a_{1G} \\ \vdots & \ddots & \vdots & \vdots \\ s_{in,\,G}\,a_{G1} & a_{G2} & \cdots & 0 \end{bmatrix}$$

$$(3\text{-}7)$$

$$V_{in} = \begin{bmatrix} s_{in,\,1}\,V_1 & V_2 & \cdots & V_G \end{bmatrix} \quad (3\text{-}8)$$

那么，在国家（或地区）1 存在技术进步的情况下，为生产与不存在技术进步等量的产出，投入将会在一定程度上缩减，增加值向量转变为

$$Va_{in}{}' = \widehat{V_{in}}X = \widehat{V_{in}}(A_{in}^D + A_{in}^F)X + \widehat{V_{in}}Y = \widehat{V_{in}}(I - A_{in}^D)^{-1}Y + \widehat{V_{in}}(I - A_{in}^D)^{-1}A_{in}^F X$$

$$(3-9)$$

投入角度下国家（或地区）1 的技术进步，通过改变中间投入和初始投入矩阵，得到新的价值链嵌入度（EMB_{in}）为

$$\mathrm{EMB}_{in} = (\widehat{X})^{-1}(\widehat{V_{in}}(I - A_{in}^D)^{-1}A_{in}^F X) =$$

$$\left[\frac{s_{in,1}V_1\sum\limits_{j\neq 1}^{G}a_{1j}X_j}{(1 - s_{in,1}a_{11})X_1} \quad \frac{V_2(s_{in,2}a_{21}X_1 + \sum\limits_{j\neq 1,2}^{G}a_{2j}X_j)}{(1 - a_{22})X_2} \cdots \frac{V_G(s_{in,G}a_{G1}X_1 + \sum\limits_{j\neq 1,G}^{G}a_{Gj}X_j)}{(1 - a_{GG})X_G} \right]'$$

$$(3-10)$$

可以发现，国家（或地区）1 存在技术进步后，它的价值链嵌入度由

$\dfrac{\sum\limits_{j\neq 1}^{G}V_1 a_{1j}X_j}{(1 - a_{11})X_1}$ 转变为 $\dfrac{s_{in,1}V_1\sum\limits_{j\neq 1}^{G}a_{1j}X_j}{(1 - s_{in,1}a_{11})X_1}$，其他国家（或地区）的价值链嵌入

度由 $\dfrac{\sum\limits_{j\neq k}^{G}V_k a_{kj}X_j}{(1 - a_{kk})X_k}$ 转变为 $\dfrac{V_k(s_{in,k}a_{k1}X_1 + \sum\limits_{j\neq 1,k}^{G}a_{kj}X_j)}{(1 - a_{kk})X_k}$。

依据式（3-10），对技术进步带来的投入修正系数 $s_{in,k}$ 求导，可得 $\mathrm{EMB}_{in,k}$ 与 $s_{in,k}$ 之间的关系为：

$$\frac{\mathrm{d}\,\mathrm{EMB}_{in,k}}{\mathrm{d}\,s_{in,k}} = \begin{cases} \dfrac{V_1\sum\limits_{j\neq 1}^{G}a_{1j}X_j}{(1 - s_{in,1}a_{11})^2 X_1} & k = 1 \\[4mm] \dfrac{V_k a_{k1}X_1}{(1 - a_{kk})X_k} & k \neq 1 \end{cases}$$

$$(3-11)$$

从式（3-11）可以看出，任意一个国家（或地区）价值链嵌入 $\mathrm{EMB}_{in,k}$ 对技术进步带来的投入修正系数 $s_{in,k}$ 的一阶导大于 0，即 $\dfrac{\mathrm{d}\,\mathrm{EMB}_{in,k}}{\mathrm{d}\,s_{in,k}} > 0$。这表明，投入视角下，国家（或地区）1 技术进步带来的国家（或地区）间技术经济联系修正效应，将会促进各国（或地区）价值链嵌入度的提升。

那么，投入视角下，国家（或地区）1 的技术进步（$\mathrm{T\dot{F}P}_1$）与本国（或地区）和其他国家（或地区）的价值链嵌入（$\mathrm{EMB}_{in,k}$）间的关系可表

示为

$$\frac{\mathrm{d}\,\mathrm{EMB}_{in,\,k}}{\mathrm{d}\,\dot{\mathrm{TFP}}_1} = \frac{\mathrm{d}\,\mathrm{EMB}_{in,\,k}}{\mathrm{d}\,s_{in,\,k}} \frac{\mathrm{d}\,s_{in,\,k}}{\mathrm{d}\,\dot{\mathrm{TFP}}_1} = \begin{cases} \dfrac{V_1 \sum\limits_{j \neq 1}^{G} a_{1j} X_j}{(1 - s_{in,\,1} a_{11})^2 X_1} \dfrac{\mathrm{d}\,s_{in,\,1}}{\mathrm{d}\,\dot{\mathrm{TFP}}_1} k = 1 \\[4mm] \dfrac{V_k a_{k1} X_1}{(1 - a_{kk}) X_k} \dfrac{\mathrm{d}\,s_{in,\,k}}{\mathrm{d}\,\dot{\mathrm{TFP}}_1} k \neq 1 \end{cases}$$

$$(3-12)$$

对于国家（或地区）1，$\dfrac{\mathrm{d}\,\mathrm{EMB}_{in,\,1}}{\mathrm{d}\,\dot{\mathrm{TFP}}_1} = \dfrac{V_1 \sum\limits_{j \neq 1}^{G} a_{1j} X_j}{(1 - s_{in,\,1} a_{11})^2 X_1} \dfrac{\mathrm{d}\,s_{in,\,1}}{\mathrm{d}\,\dot{\mathrm{TFP}}_1} \geq 0$。对

于其他任意地区 k，$\dfrac{\mathrm{d}\,\mathrm{EMB}_{in,\,k}}{\mathrm{d}\,\dot{\mathrm{TFP}}_1} = \dfrac{V_k a_{k1} X_1}{(1 - a_{kk}) X_k} \dfrac{\mathrm{d}\,s_{in,\,k}}{\mathrm{d}\,\dot{\mathrm{TFP}}_1} < 0$。这表明，在考虑

价值链分工的情况下，某一国家（或地区）的技术进步将会通过投入缩减
效应促进本国（或地区）的价值链嵌入，而不存在技术进步的国家（或地
区）参与生产分工将会通过存在技术进步的国家（或地区）带来的投入替
代效应，降低本国（或地区）价值链嵌入度。

3.2.3 产出视角下考虑技术进步的价值链嵌入

从产出角度，技术进步可以表现为：在等量投入下，生产出的中间产
品和最终产品增多，在投入产出模型中表现为直接消耗系数矩阵和最终使
用矩阵对应系数的增大。由于最终使用矩阵并不会影响价值链分工，假设
它不会发生变化。那么，存在技术进步的国家（或地区）向其他国家（或
地区）提供中间产品对应的直接消耗系数有所增大，即产出扩张效应。

具体地，各国（或地区）的技术经济联系矩阵由 A 转变为 A_{out}：

$$A_{out} = \begin{bmatrix} a_{11} & s_{out,\,2} a_{12} & \cdots & s_{out,\,G} a_{1G} \\ \vdots & \ddots & \vdots & \vdots \\ a_{G1} & a_{G2} & \cdots & a_{GG} \end{bmatrix}; \; s_{out,\,j} > 1; \quad j = 1 \cdots G$$

$$(3-13)$$

其中，$s_{out,\,k}$ 表示技术进步带来的产出修正系数，由于国家（或地区）1 存
在技术进步，所以国家（或地区）1 在使用等量投入 $[a_{11} \quad \cdots \quad a_{G1}]'$ 的情

况下，向其他国家（或地区）的中间产品出口将有所增加，对应的 $s_{out,k}$ > 1，此时国家（或地区）1 的技术进步（TFP_1）与 $s_{out,k}$ 之间的关系满足 $\dfrac{\mathrm{d}\, s_{out,k}}{\mathrm{d}\,\text{TFP}_1} > 0$。

对应地，反映本国（或地区）生产技术联系的直接消耗系数矩阵 A^D 并未发生变化；反映国家（或地区）之间经济联系的直接消耗系数矩阵 A^F 转变为 A_{out}^F；初始投入对应的增加值系数矩阵 V 不变。具体如下式：

$$A_{out}^D = A^D\,;\ A_{out}^F = \begin{bmatrix} 0 & s_{out,2}\, a_{12} & \cdots & s_{out,G}\, a_{1G} \\ \vdots & \ddots & \vdots & \vdots \\ a_{G1} & a_{G2} & \cdots & 0 \end{bmatrix}\,;\ V_{out} = V\ (3\text{-}14)$$

那么从产出角度，使用与不存在技术进步情况下等量的中间投入和初始投入，存在技术进步的国家（或地区）的产出将会在一定程度上增加，此时各国家（或地区）的增加值向量将转变为

$$(Va_{out})' = V(I - A^D)^{-1}Y + V(I - A^D)^{-1} A_{out}^F X \qquad (3\text{-}15)$$

其中，价值链分工部分带来的国家（或地区）增加值占总产出的比重构成了产出视角下的价值链嵌入度（EMB_{out}），具体如下式：

$$\text{EMB}_{out} = (\widehat{X})^{-1}(\widehat{V(I - A^D)^{-1} A_{out}^F X})$$

$$= \left[\frac{V_1 \sum\limits_{k \neq 1}^{G} s_{out,k}\, a_{1k} X_k}{(1 - a_{11}) X_1} \quad \frac{V_2 \sum\limits_{k \neq 2}^{G} a_{2k} X_k}{(1 - a_{22}) X_2} \cdots \frac{V_G \sum\limits_{k \neq 2}^{G} a_{Gk} X_k}{(1 - a_{GG}) X_G} \right]' \qquad (3\text{-}16)$$

由式（3-16）可知，国家（或地区）1 在存在技术进步的情况下，它的价值链嵌入度由 $\dfrac{\sum\limits_{k \neq 1}^{G} V_1 a_{1k} X_k}{(1 - a_{11}) X_1}$ 转变为 $\dfrac{V_1 \sum\limits_{k \neq 1}^{G} s_{out,k}\, a_{1k} X_k}{(1 - a_{11}) X_1}$，由于 $s_{out,k} > 1$，

所以有 $\dfrac{\sum\limits_{k \neq 1}^{G} V_1 a_{1k} X_k}{(1 - a_{11}) X_1} < \dfrac{V_1 \sum\limits_{k \neq 1}^{G} s_{out,k}\, a_{1k} X_k}{(1 - a_{11}) X_1}$。这表明，在国家（或地区）1 使用等量投入进行生产时，国家（或地区）1 的技术进步将会使它的价值链嵌入度有所提升。对于不存在技术进步的国家（或地区）有：$\text{EMB}_{out,j} =$

$$\text{EMB}_j = \frac{V_j \sum\limits_{k \neq j}^{G} a_{jk} X_k}{(1 - a_{jj}) X_j}(j \neq 1)\,,\ 即某一国家（或地区）的产出视角下的技术$$

进步，并不会影响其他不存在技术进步的国家（或地区）价值链嵌入度。

对式（3-16）求导即可得产出视角下技术进步带来的产出修正系数（$s_{out,k}$）与价值链嵌入（$EMB_{out,j}$）之间的关系：

$$\frac{d\,EMB_{out,j}}{d\,s_{out,k}} = \begin{cases} \dfrac{V_1 \displaystyle\sum_{k \neq 1}^{G} a_{1k}\,X_k}{(1-a_{11})\,X_1}, & j=1 \\[2ex] 0, & j \neq 1 \end{cases} \qquad (3-17)$$

从式（3-17）可以看出，$\dfrac{d\,EMB_{out,j}}{d\,s_{out,k}} \geq 0$，产出视角下，国家（或地区）1 技术进步带来的国家（或地区）间技术经济联系修正效应，会促进该国（或地区）价值链嵌入度的提升，但对其他国家（或地区）的价值链嵌入并不会产生影响。

进一步地，产出视角下技术进步（$\dot{TFP}$）与价值链嵌入（EMB_{out}）之间的关系可表示为

$$\frac{d\,EMB_{out,j}}{d\,\dot{TFP}_1} = \frac{d\,EMB_{out,j}}{d\,s_{out,k}}\frac{d\,s_{out,k}}{d\,\dot{TFP}_1} = \begin{cases} \dfrac{V_1 \displaystyle\sum_{k \neq 1}^{G} a_{1k}\,X_k}{(1-a_{11})\,X_1}\frac{d\,s_{out,k}}{d\,\dot{TFP},\,1}, & j=1 \\[2ex] 0, & j \neq 1 \end{cases}$$

$$(3-18)$$

对于国家（或地区）1，$\dfrac{d\,EMB_{out,1}}{d\,\dot{TFP}_1} = \dfrac{V_1 \displaystyle\sum_{k \neq 1}^{G} a_{1k}\,X_k}{(1-a_{11})\,X_1}\dfrac{d\,s_{out,k}}{d\,\dot{TFP}_1} \geq 0$，对于其他任意国家（或地区）$j(j \neq 1)$，$\dfrac{d\,EMB_{out,j}}{d\,\dot{TFP}_1} = 0$。这表明，在考虑价值链分工的情况下，某一国家（或地区）的技术进步将会通过产出扩张效应促进该国（或地区）的价值链嵌入，而不存在技术进步的国家（或地区）的价值链嵌入程度并不会发生改变。

3.3 数值模拟

为验证上述关系是否成立，本部分分别从国家层面和区域层面分析技术进步对价值链嵌入度的影响是否会与理论模型一致。如果一致，则表明从国家整体视角和区域视角，技术进步与价值链嵌入之间的关系在理论和数值层面均成立。具体地，本书在国家层面的分析采用 2012 年世界投入产出数据库，在区域层面的分析采用中国科学院区域可持续发展分析与模拟重点实验室编制的 2012 年区域间投入产出表。

3.3.1 投入视角下的模拟结果

依据投入视角下技术进步和价值链嵌入之间的传导机制，需要设定的参数为 $s_{in,k} \in \begin{cases} [1, \infty] & k = 1 \\ (0, 1) & k \neq 1 \end{cases}$，在约束范围内，设定参数 p，使得 $s_{in,kp}$ 与 p 之间满足的关系为

$$s_{in,kp} = \begin{cases} 1 + \dfrac{p}{C} & k = 1 \\ \dfrac{1}{p} & k \neq 1 \end{cases} \tag{3-19}$$

由于价值链嵌入受技术进步影响的敏感度不同，针对 2012 年中国参与国际价值链和区域参与国内价值链的情况，取 $C = 250$。假设存在技术进步的国家为国家（或地区）1，那么技术进步将会使得国家（或地区）1 对自身的中间产品需求增加，对其他国家（或地区）的中间产品需求减少，对应的参数矩阵 $s_{in,p}$、国家（或地区）1 存在技术进步后的直接消耗系数矩阵 $A_{in,p}$ 可分别表示为

$$s_{in,p} = \begin{bmatrix} s_{in,1p} & 1 & \cdots & 1 \\ \vdots & \ddots & \vdots & \vdots \\ s_{in,Gp} & 1 & \cdots & 1 \end{bmatrix}; \quad A_{in,p} = s_{in,p} \cdot A = \begin{bmatrix} s_{in,1p} a_{11} & a_{12} & \cdots & a_{1G} \\ \vdots & \ddots & \vdots & \vdots \\ s_{in,Gp} a_{G1} & a_{G2} & \cdots & a_{GG} \end{bmatrix}$$

$$\tag{3-20}$$

在 [1, 25] 的范围内，以 1 为步长不断更换参数 p，依次得到每个参数 p 对应的直接消耗系数矩阵 $A_{in,p}$，将其带入投入视角下价值链嵌入的计

算公式，得到国家（或地区）1在不同技术进步程度下，国家（或地区）1自身和其他国家（或地区）价值链嵌入程度的变化情况。随着参数 p 的增大，$s_{in,\ 1p}$ 不断增大，$s_{in,\ kp}$（$k \neq 1$）不断减小，即国家（或地区）1技术进步带来的投入替代效应使得更多的中间投入需求转向国内市场，使得本国（或地区）的价值链嵌入度不断增大，其他国家或地区的价值链嵌入度有所降低。那么，预期参数 p 的增大 ［国家（或地区）1技术进步］将会使得存在技术进步的国家（或地区）1的价值链嵌入度曲线向上移动，其他国家（或地区）的价值链嵌入度曲线向下移动。为便于观测价值链嵌入程度的变化情况，将价值链嵌入程度进行倒数和负数两次负向化处理，结果如图3-1和图3-2所示。

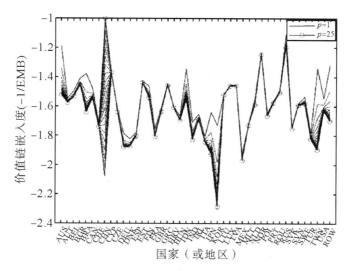

图3-1　2012年中国技术变化的模拟结果（投入视角）

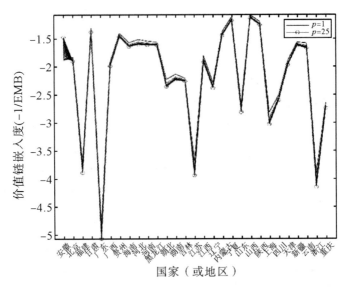

图 3-2　2012 年安徽技术变化的模拟结果（投入视角）

注：由于西藏和青海的最终使用数据为负，导致计算时 EMB 远远大于 1，与其他地区相比结果异常，因此在从区域角度分析时未将这两个区域的结果考虑在内。

由图 3-1 可知，随着参数 p 由 1 增大到 25，中国技术进步幅度不断增大，- 1/EMB 从-2.1 上升到-1，即中国的国际价值链嵌入度由 0.47 左右上升到 1。其他国家（或地区）的价值链嵌入度则存在不同的下降，特别是与中国贸易往来密切的澳大利亚、韩国、日本、印度尼西亚、巴西、美国等国家（或地区）价值链嵌入度降幅较大。由图 3-2 可知，随着参数 p 由 1 增大到 25，安徽技术进步幅度不断增大，- 1/EMB 从-1.8 左右上升到-1.5 左右，即安徽的国内价值链嵌入度由 0.56 左右上升到 0.67 左右。河北、湖北、陕西、新疆等地区的价值链嵌入度略有降低。

从投入视角和中国嵌入全球价值链和特定区域嵌入国内价值链两方面，上述结果验证了某一国家（或地区）技术进步对自身价值链嵌入的促进作用，以及对其他国家（或地区）的替代效应。

进一步绘制历年中国参与国际价值链和安徽参与国内价值链的时间趋势图，以观察在不同程度技术进步的情况下，价值链分工的程度具有怎样的变化趋势，结果图 3-3 和图 3-4 所示。

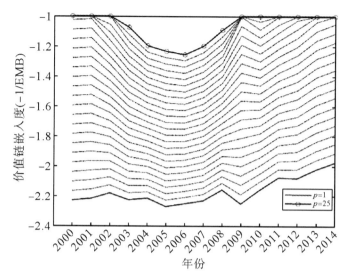

图 3-3　中国技术变化的时间趋势模拟结果（投入视角）

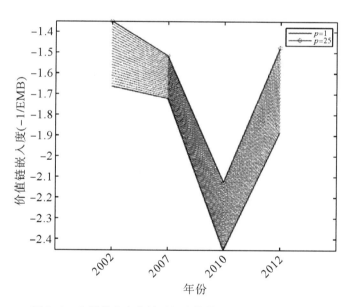

图 3-4　安徽技术变化的时间趋势模拟结果（投入视角）

由图 3-3 可知，中国参与国际价值链分工的程度随时间有波动上升的趋势，随着技术进步程度的加深，中国的价值链嵌入度逐渐演变为一个近似 U 形的曲线，2000—2006 年呈现下降趋势，2007—2014 年呈现上升趋势，这表明不同时期由于市场环境的不同，技术进步对价值链嵌入带来的促进作用存在较大差异，技术进步程度的将会使得价值链分工对市场环境的波动更加敏感，技术进步程度越大，它对价值链嵌入度变动的放大作用越大。在几乎不存在技术进步的情况下，2000—2006 年中国价值链嵌入度呈现稳中略降的趋势，而随着技术进步程度的加深，这一时期的价值链嵌入逐渐演变为大幅下降趋势。2007—2014 年，在几乎不存在技术进步的情况下，中国价值链嵌入度呈现逐渐上升的趋势，全球金融危机期间骤降后继续上升；但在存技术进步的情况下，中国价值链嵌入度的上升趋势愈发明显。图 3-4 从安徽参与国内价值链的角度验证了技术进步对价值链嵌入的放大作用。

3.3.2 产出视角下的模拟结果

依据产出视角下技术进步和价值链嵌入之间的传导机制，以国家（或地区）1 为研究对象，设定参数 $s_{out,\,k} \in [1,\,\infty]$，$k \neq 1$，在约束范围内，设定参数 p，使得 $s_{out,\,kp}$ 与 p 之间满足的关系为

$$s_{out,\,kp} = 1 + p + \frac{A_{1k}}{\max\,\{A_{1*}\}} \tag{3-21}$$

其中，$\dfrac{A_{1k}}{\max\,\{A_{1*}\}}$ 表示对 A_{1k} 进行标准化处理，以此反映国家（或地区）1 与不同国家（或地区）间差异化的生产技术联系，p 反映了技术进步的快慢，p 值越大，技术进步越快。

假设国家（或地区）1 存在技术进步，那么技术进步将会使得国家（或地区）1 向其他国家（或地区）的中间产品出口增大，对应的参数矩阵 $s_{out,\,p}$ 和国家（或地区）1 存在技术进步后的直接消耗系数矩阵 $A_{out,\,p}$ 可表示为：

$$s_{out,p} = \begin{bmatrix} 1 & s_{out,2p} & \cdots & s_{out,Gp} \\ \vdots & \ddots & \vdots & \vdots \\ 1 & 1 & \cdots & 1 \end{bmatrix}; \quad A_{out,p} = s_{out,p}A = \begin{bmatrix} a_{11} & s_{out,2p}a_{12} & \cdots & s_{out,Gp}a_{1G} \\ \vdots & \ddots & \vdots & \vdots \\ a_{G1} & a_{G2} & \cdots & a_{GG} \end{bmatrix}$$

$$\tag{3-22}$$

在 $[0.5,\,10]$ 的范围内，以 0.5 为步长不断更换参数 p，依次得到每个参数 p 对应的直接消耗系数矩阵 $A_{out,\,p}$，将其带入投入视角下价值链嵌入的计算公式，得到国家（或地区）1 存在不同技术进步程度下，国家（或地区）1 自身和其他国家（或地区）价值链嵌入程度的变化情况。随着参数 p 的增大，$s_{out,\,kp}$（$k \neq 1$）不断增大，即国家（或地区）1 技术进步

带来的产出扩张效应使得同样的中间投入能够生产出满足更多外部需求的产出，使得本国（或地区）的价值链嵌入度不断增大，其他国家或地区的价值链嵌入度不变。那么，预期参数 p 的增大［国家（或地区）1 技术进步］将会使得存在技术进步的国家（或地区）1 的价值链嵌入度曲线向上移动，其他国家（或地区）的价值链嵌入度曲线不变。为便于观测价值链嵌入程度的变化情况，将价值链嵌入程度进行倒数和负数两次负向化处理，结果如图 3-5 和图 3-6 所示。

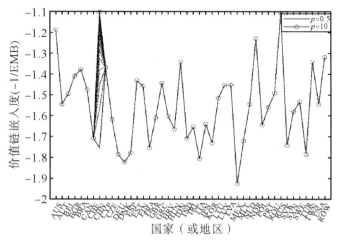

图 3-5　2012 年中国技术变化的模拟结果（产出视角）

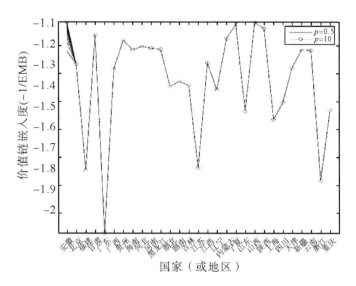

图 3-6　2012 年安徽技术变化的模拟结果（产出视角）

由图 3-5 可知，随着参数 p 由 0.5 增大到 10，中国技术进步幅度不断增大，$-1/EMB$ 从 -1.75 上升到 -1.1，即中国的国际价值链嵌入度由 0.57 左右上升到 0.9 左右。但其他国家（或地区）的价值链嵌入度并未发生任何变化。由图 3-6 可知，随着参数 p 的增大，安徽技术进步幅度不断增大，$-1/EMB$ 从 -1.6 左右上升到 -1 左右，即安徽的国内价值链嵌入度由 0.63 左右上升到 1 左右，其他区域的价值链嵌入度不变。从产出视角和中国嵌入全球价值链和特定区域嵌入国内价值链两方面，上述结论验证了某一国家（或地区）技术进步，通过产出扩张效应对自身价值链嵌入的促进作用。

从产出视角，不同技术进步设定下历年中国参与国际价值链和安徽参与国内价值链的时间趋势如图 3-7 和图 3-8 所示。由图 3-7 可知，随着中国技术进步幅度的增大，中国的价值链嵌入度越大，但价值链嵌入程度增幅和波动幅度越小。这表明中国技术进步与价值链嵌入度呈正向关系，从产出视角来看，技术进步带来的价值链嵌入深化的边际贡献逐渐衰减，同时技术进步有利于平抑市场环境波动对中国参与价值链分工的影响。图 3-8 反映了安徽参与国内价值链的情况，技术进步的边际贡献递减特征和平抑市场环境波动作用仍然成立。并且，随着参数的增大，价值链嵌入度的增量逐渐减小，收敛趋势明显。

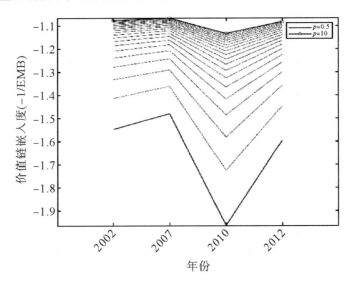

图 3-7　中国技术变化的时间趋势模拟结果（产出视角）

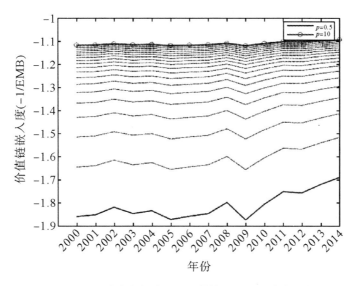

图 3-8　安徽技术变化的时间趋势模拟结果（产出视角）

3.4　本章小结

本章从理论层面解释技术进步对价值链嵌入有何影响这一问题。本章主要从经济理论的分析、理论模型的推导以及数值模拟三个方面展开研究，以分析技术进步对价值链嵌入的影响。首先，基于比较优势理论从理论层面分析了技术进步对价值链嵌入的影响机理。其次，基于投入产出模型，构建了技术进步与价值链嵌入的理论框架，从理论模型上论证了投入视角和产出视角下技术进步对价值链嵌入的影响关系。最后，分别从国家层面和地区层面，通过数值模型分析技术进步对价值链嵌入的影响。

第一，比较优势理论下技术进步对价值链嵌入的影响机理。价值链分工的基础是比较优势。某一具体生产技术水平的变化和管理、文化、社会、制度等非生产技术因素的变化带来的技术进步可能会影响其对资源要素的分配和利用，改变不同生产单位之间的比较优势，动态调整生产分工策略，进而改变不同生产单位的国内价值链分工或全球价值链分工的嵌入。从生产分工的本质和参与主体看，技术进步可以通过改变产品、产业和企业的比较优势三条路径影响生产单位嵌入双重价值链。

第二，构建技术进步对价值链嵌入影响的理论框架。首先，将同等产出下投入的减少和同等投入下产出的增多视为技术进步的表征，以各国（或地区）技术经济联系的直接消耗系数矩阵变化为载体，反映某国（或地区）的技术进步。其次，以价值链分工带来的增加值占总产出的比重作为价值链嵌入程度，反映各国（或地区）参与价值链分工的程度，同时将技术进步和价值链嵌入纳入同一个分析框架下。最后，通过二者之间的联系，分析某一国（或地区）技术进步对它自身和其他国家（或地区）价值链嵌入度的影响。从投入视角和产出视角来看，理论模型表明，对于存在技术进步的国家（或地区），技术进步将会提升其价值链嵌入程度，但对于不存在技术进步的国家（或地区），其他国家（或地区）的技术进步并不会促进其更深入地参与价值链分工，甚至还会产生抑制作用。

第三，技术进步对价值链嵌入影响的数值模拟验证。基于技术进步对价值链嵌入影响关系的理论框架，利用现有的世界投入产出数据库和中国区域间投入产出表，通过改变核心参数的取值来反映某一国家（或地区）的技术进步，观察对应的价值链嵌入变化，以分析二者之间的数值关系。不论是从中国整体参与全球价值链来看，还是从中国某一特定区域参与国内价值链来看，投入视角和产出视角下技术进步对价值链嵌入的影响关系得到验证，结论与理论模型推导一致。投入视角下，中国整体或者特定区域（安徽）技术进步将会通过投入替代效应提升自身的价值链嵌入度，同时降低其他国家（或地区）的价值链嵌入度；从技术进步引起的中国价值链嵌入的时间趋势来看，技术进步对价值链嵌入具有放大效应。产出视角下，技术进步将会通过产出扩张效应提升自身的价值链嵌入度，其他国家（或地区）的价值链嵌入度并不会受到影响；对存在技术进步的目标国（或地区）而言，技术进步具有边际贡献递减和平抑市场波动影响的作用。

4 双重价值链嵌入的测算与特征分析

经济的全球化和生产分工的碎片化，使得货物和服务的生产不再局限于一国内部，而是分布在全球多个国家或地区。产品的每一中间生产环节分布在不同国家或地区，并形成价值增值，从而形成了复杂的全球生产网络。此外，对于存在明显产业分工差异的大国而言，一国内部的区域生产网络可能比全球生产网络更早形成（倪红福和夏杰长，2016）。随着区域经济差距的缩小、运输成本的降低和市场化进程步伐的加快，产品的不同生产环节不仅能够在不同国家或地区分布，而且一国内部各个区域也可以参与产品的不同生产环节。对于一个区域而言，这就形成了国内价值链和全球价值链的双重嵌入。但由于区域之间在地理、资源等多方面的差异，每个区域参与生产分工的阶段和程度各不相同。沿海地区因其地理优势，是一国对外贸易的重要通道，承担了大量的进出口贸易；而其他非沿海区域可能扮演着向沿海区域提供中间产品或原材料的角色，从而使某一产品从非沿海区域流出至沿海区域，最终以中间产品或最终产品间接出口的方式参与全球价值链。

随着全球化和国内市场一体化进程的加快，贸易壁垒逐渐减少且通信成本逐渐下降，中国积极参与全球生产分工并在出口方面取得了较快的发展。同时，区域贸易、国际贸易和生产格局也发生了较大的变化，生产变得更加工序化和碎片化，产品的生产通常涉及不同区域、不同国家的不同阶段。"价值链"代表在生产过程中带来增加值的各个阶段，如研发和设计、最终产品消费，大多数产品或服务都是由全球价值链上的各个区域生产，各国嵌入全球价值链的环节和相对位置存在明显差异（唐宜红和张鹏杨，2018）。从中国参与全球生产分工的模式来看，在以往的国际分工中，中国凭借劳动力成本优势以代工和加工贸易为主的形式参与全球生产分工，出口增加值率较低。

因此，实现中国国际分工角色的转变和价值链位置的提升，是实现经济高质量发展的重要路径之一。为应对生产分工模式的转变和中国经济发展的现实要求，中国亟须新的统计方法以捕捉贸易格局变化的新特性。围绕价值链嵌入模式的研究主要集中在嵌入程度和嵌入位置两个方面（李跟强和潘文卿，2016）。因此，本章从区域角度出发，从嵌入程度和嵌入位置两方面分析中国各个区域参与国内价值链分工和全球价值链分工的特征。价值链分工对一国区域发展布局具有重要的现实意义。本章不仅分析了区域间价值链分工的内在联系，还分析了区域与其他国家之间的价值链分工联系。

4.1 区域嵌入国际的投入产出表的编制

本书尝试将中国区域间投入产出表和世界投入产出数据库进行链接，克服现有投入产出表区域同质的隐含假定，从而形成区域嵌入国际的投入产出表。

拓展的区域间投入产出表采用的基本数据包含三种。第一，中国科学院虚拟经济与数据科学研究中心编制的 2002 年中国区域间投入产出表，中国科学院区域可持续发展分析与模拟重点实验室编制的 2007 年、2010 年和 2012 年的中国区域间投入产出表①。第二，世界投入产出数据库（World Input-Output Database，WIOD）中的 2016 年版世界投入产出表②，涉及年份为 2002 年、2007 年、2010 年和 2012 年。第三，2002 年、2007 年、2010 年和 2012 年的中国海关进出口数据，源于国务院发展研究中心信息网（以下简称"国研网"）。

我们在编制区域嵌入国际的投入产出表时需要对上述三类数据进行充分融合，以反映中国与世界各主要国家的生产分工特征。中国区域间投入产出表能够反映中国各个区域之间的经济联系，但是该表的国际贸易数据

---

① 2002 年中国区域间投入产出表可联系中国科学院虚拟经济与数据科学研究中心获取，2007 年、2010 年、2012 年中国区域间投入产出表可联系中国科学院区域可持续发展分析与模拟重点实验室获取。

② 世界投入产出数据库中的 2016 年版世界投入产出表的时间跨度为 1995—2014 年。

体现为出口列向量和进口中间投入行向量，无法细致地反映中国与世界主要国家之间的贸易联系。世界投入产出数据库能够对此进行有益的补充，从国家层面反映中国与世界各主要国家之间的贸易往来和经济联系。而对于中国这样的大国而言，区域之间存在较大差异，东部和沿海发达地区凭借优越的地理位置优势成为中国与世界贸易往来的桥梁，而西部等经济较为落后的地区主要通过东部和沿海发达地区与世界其他国家间接进行贸易。为充分结合中国区域间投入产出表和世界投入产出数据库的优势，弥补两表的不足，本书编制了区域嵌入国际的投入产出表，主要逻辑如下：将国际投入产出表中涉及中国的部分，即中国各地区、中国与其他国家之间的中间使用和最终使用，以及中国的增加值、总产出和总投入，按照中国区域间投入产出表和中国海关数据库提供的比例关系，拓展到区域层面，形成既能够反映区域间经济联系，又能够反映区域与其他国家间经济联系的区域嵌入国际的投入产出表（见图4-1）。

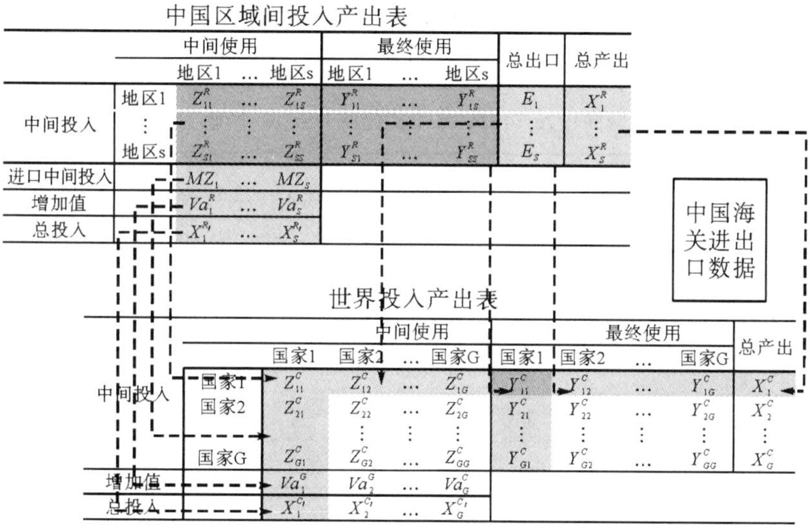

图4-1　中国区域间投入产出表和世界投入产出表对接逻辑

4.1.1　基础数据的处理

（1）行业部门归并、最终消耗分类统一及增加值合计。2002年中国区域间投入产出表包含30省（自治区、直辖市）21个部门，2007年和2010

年中国区域间投入产出表包含 30 省（自治区、直辖市）的 30 个部门，采用的分类标准为国民经济行业分类 GB/T 4754-2002，2012 年的中国区域间投入产出表包含 31 省（自治区、直辖市）的 42 个部门，采用的分类标准为国民经济行业分类 GB/T 4754-2011。

首先需要将中国区域间投入产出表的部门进行统一，2002 年 21 部门区域间投入产出表、2007 年和 2010 年的 30 个部门区域间投入产出表以及 2012 年的 42 个部门区域间投入产出表的主要差异集中在对服务业的细分。2012 年的中国区域间投入产出表新增服务部门包括：废品废料、金属制品、机械和设备修理服务、信息传输、软件和信息技术服务、金融、房地产、科学研究和技术服务、水利、环境和公共设施管理、居民服务修理和其他服务、教育卫生和社会工作、文化体育和娱乐、公共管理、社会保障和社会组织等部门。同时，各表也存在部门界定差异，如 2010 年的区域间投入产出表中的研究与无法试验发展业在 2012 年的中国区域间投入产出表准确对应，因此基于各表的部门划分，本书将研究与试验发展业和其他服务业合并，形成包括 18 个部门国内区域间投入产出表（见表 4-1）①。

表 4-1　区域间投入产出表 42 个部门统一到 18 个部门的对应关系

部门编号	国内 42 个部门	18 个部门
1	农林牧渔产品和服务	1
2	煤炭采选产品	2
3	石油和天然气开采产品	2
4	金属矿采选产品	2
5	非金属矿和其他矿采选产品	2
6	食品和烟草	3
7	纺织品	4
8	纺织服装鞋帽皮革羽绒及其制品	4
9	木材加工品和家具	5
10	造纸、印刷和文教体育用品	5
……	……	……

① 区域间投入产出表 42 个部门统一到 18 个部门的完整对应关系详见附录 1。

表4-1(续)

部门编号	国内 42 个部门	18 个部门
41	文化、体育和娱乐	18
42	公共管理、社会保障和社会组织	18

其次结合世界投入产出数据库（WIOD），将煤炭开采和洗选业、石油和天然气开采业、金属矿采选业、非金属矿和其他矿采选业合并，将木材加工及家具制造业、造纸印刷及文教体育用品、其他制造业合并，将制造业（纺织业）、纺织服装鞋帽皮革羽绒及其制品业合并，将通信设备、计算机及其他电子设备制造业和仪器仪表及文化办公用机械制造业合并，将电力（热力）的生产和供应业、燃气及水的生产与供应业合并，最终形成包含 18 个部门的区域间投入产出表（见表 4-2)①。

表4-2 WIOD 的 56 部门统一到 18 部门的对应关系

部门编号	WIOD 行业		18 个部门
1	Crop and animal production, hunting and related service activities	农业	1
2	Forestry and logging	林业	1
3	Fishing and aquaculture	渔业	1
4	Mining and quarrying	采矿和采石业	2
5	Manufacture of food products, beverages and tobacco products	食品、饮料和烟草制品的制造	3
6	Manufacture of textiles, wearing apparel and leather products	纺织品、服装和皮革制品的制造	4
7	Manufacture of wood and of products of wood and cork, except furniture; manufacture of articles of straw and plaiting materials	木材和木材、软木制品的制造（家具除外）；稻草制品和编织材料的制造	5
……	……	……	……
53	Human health and social work activities	人类健康和社会工作活动	18

① WIOD 的 56 个部门统一到 18 个部门的完整对应关系详见附录 2。

表4-2(续)

部门编号	WIOD 行业		18 个部门
54	Other service activities	其他服务活动	18
55	Activities of households as employers; undifferentiated goods-and services-producing activities of households for own use	家庭作为雇主的活动；家庭自用的未分化商品和服务生产活动	18
56	Activities of extraterritorial organizations and bodies	领土外组织和机构的活动	18

对于最终使用的划分，本书将 2002 年的区域间投入产出表的 5 类、2007 年的区域间投入产出表的 4 类、2012 年的区域间投入产出表的 5 类、世界投入产出数据库的 5 类最终使用统一合并为与 2010 年中国区域间投入产出表统一的两类：最终消费支出和资本形成总额。两类投入产出表的初始投入的划分也存在差异，为简化计算，本书均将初始投入合并为一行，形成增加值行向量（见表4-3）。

表4-3　区域间投入产出表和世界投入产出数据库最终使用类别

投入产出表类型	所含类别
2007 年区域间投入产出表	农村居民消费、城镇居民消费、政府消费支出、固定资本形成总额
2010 年区域间投入产出表	**最终消费支出、资本形成总额**
2002 年和 2012 年区域间投入产出表	农村居民消费、城镇居民消费、政府消费、固定资本形成总额、存货增加
世界投入产出数据库（WIOD）	居民最终消费、非营利组织最终消费、政府最终消费、固定资本形成总额、存货增加

（2）进出口中间产品识别。我们需要依据经济大类对进出口产品进行识别，将其划分为中间品、消费品和资本品。各大投入产出表将产品分为中间产品和最终产品两类，本书结合联合国的"广义经济类别分类"（broad economic categories，BEC）和 HS 代码之间的对应关系，将产品分为中间产品、消费品和资本品。首先，国研网对外贸易数据库提供的产品编码为 4 位 HS 编码，按照 4 位 HS 编码与 BEC 编码对应匹配。由于 BEC 编码体系中 51、321、7 这三类产品并没有明确的划分，因此还需要根据实际情况对其进行处理。随着时间的推移，HS 编码的版本也在不断更新，

经历了 HS1992→HS1996→HS2002→HS2007→HS2012→HS2017 的变化历程。因此在与 BEC 编码进行匹配时，需要构建不同版本与 BEC 编码之间的对应关系，目前联合国统计司官方发布了不同版本的 HS、SITC、BEC 对照表①。产品划分后，中间产品为投入产出表中的中间产品矩阵部分的编制提供了数据支持，消费品为最终消费支出部分的编制提供了数据，资本品为最终使用中的资本形成总额部分的编制提供了数据。

（3）产品到部门的转换。依据位 HS4 编码，我们将进出口产品对应到国民经济的不同部门。由于投入产出表的中间投入和中间使用细分到部门（或行业），因此我们还需要对海关数据进行中间产品、最终产品以及部门的划分。关于产品与部门的对应，由于统计准则不断变化，本书以联合国公布的 HS 代码对照表和 ISIC 代码对照表②、WITS（World Integrated Trade Solution）公布的 HS 综合编码与 ISIC3 对照表③、ISIC 代码与 WIOD 对照表为依据。具体地，国研网对外贸易数据库提供的产品编码为 4 位 HS 编码，共计 22 个大类 98 章。产品编码在 2007 年和 2010 年采用 HS2007 标准，2012 年采用 HS2012 标准，2016 年版的世界投入产出数据库采用 ISIC4 标准。本书首先提取海关产品 HS 前 4 位编码并结合 HS 综合编码与 ISIC3 对照表，将产品对应到 ISIC3 的 3 位编码，进一步结合联合国公布的 ISIC 代码对照表，将 ISIC3 对照表对应到 ISIC4 对照表，进而对应到 WIOD 的 56 个部门。为进行两类投入产出表的对应，考虑到 WIOD 分类更细且部门对应时"少拆分易合并"的特征，本书根据国家统计局公布的国民经济行业分类（GB/T 4754-2002）与 ISIC3 对照表，将 WIOD 对应到国民经济行业分类（GB/T 4754-2002）。国民经济行业分类也经历了 GB/T 4754-1994→GB/T 4754-2002→GB/T 4754-2011→GB/T 4754-2017 等版本的变化，需要将所有年份的部门分类标准统一对应到 GB/T 4754-2002，最终实现微观进出口数据、国家区域投入产出数据和世界投入产出数据库的连通。

（4）价格调整。由于中国区域间投入产出表和世界投入产出数据库的计价方式存在差异，中国区域间投入产出表采用生产者价格，世界投入产

---

① 联合国统计司（UN Trade Statistics Division，UNSD）官方发布的不同版本 HS、SITC、BEC 对照表详见 https://unstats.un.org/unsd/trade/classifications/correspondence-tables.asp。

② 联合国经济统计分类标准详见 https://unstats.un.org/unsd/classifications/econ/。

③ WITS 产品对照表详见 https://wits.worldbank.org/product_concordance.html。

出数据库采用基本价格，两者间相差产品税（产品补贴）。因此，本书采用世界投入产出数据库中的产品税（产品补贴）对世界投入产出数据库进行调整，再利用当年汇率将世界投入产出数据库调整为人民币计价，以保证两类投入产出表价格统一。

4.1.2 编制的原则和步骤

对于区域嵌入国际的投入产出表的编制，现有文献主要采取的方法可归为三类：①Hummels 等采用的比例拆分法，该方法对资料要求较低，但是进口产品与国内产品具有同质性的严格假设，往往会导致结果误差较大。②Chen 等以海关贸易统计数据为基础，结合投入产出调查资料和政府非公开资料，确定各种进口产品的各项中间使用及最终使用，该处理方法较为精细，但需要基于专项调查资料，且具体的划分标准和详尽过程处于"黑箱"状态，难以推广。③Koopman 等提出的约束优化法，该方法将 HS 编码与国家统计局的投入产出表产业编码、联合国的 BEC 编码进行匹配，从而得到进口产品的基本分配去向，再利用二次规划模型给出符合加工贸易分配特征和投入产出表流量均衡关系的最佳系数组合（刘维林，2015）。基于可操作性和结果的合理性，本书采用 Koopman 和 Meng 提出的约束优化法，构建考虑中国区域异质性的区域嵌入国际的投入产出表。

本书编制区域嵌入国际的投入产出表的主要目的是研究中国各个区域与世界主要国家或地区的贸易关系。WIOD 中的数据包含香港和澳门的贸易数据（Dietzenbacher 等，2013），中国区域间投入产出表与 WIOD 存在总量数据不一致的情况。在编制拓展的区域间投入产出表时，本书以中国区域间投入产出表中的数据作为控制数。借鉴倪红福和夏杰长的做法，本书以海关数据中的进出口中间产品、消费品和资本品比例推算中国各区域（各部门）与世界主要国家或地区的中间产品、消费品和资本品的贸易往来数据。本书将 WIOD 中的中国各区域各部门对世界主要国家或地区各个部门进出口的结构比例关系作为中国各区域各部门对世界主要国家或地区进出口的部门比例系数，将 WIOD 中其他国家间的中间产品、消费品和资本品数据作为其他国家间的结构比例系数。这样做既能够保证进出口数据结构与海关统计一致，又能够保证其他国家间贸易流与国际投入产出表一致。

本书编制的区域嵌入国际的投入产出表存在以下隐含假定：①各区域部门与其他国家之间的进出口结构与海关进出口统计中的区域与其他国家之间的进出口结构一致。②中间产品出口至其他国家各部门的比例与WIOD中国向其他国家各个部门出口中间产品的比例一致。实际上这种比例系数不变的假设在构建区域间投入产出表或非竞争性投入产出表的研究中也经常用到，如 Johnson 和 Noguera 利用各国投入产出表编制国际的全球投入产出表，倪红福、夏杰长、余丽丽、彭水军以及黎峰在编制区域嵌入国际的投入产出表时均使用了固定比例系数分配方法。

对于区域嵌入国际的投入产出表，各个部分数值计算如下：第一，区域间中间使用矩阵和最终使用矩阵保持不变，数值为原始区域间投入产出表数值。第二，对于出口和进口最终使用矩阵，其数值为根据海关的进出口消费品和资本品比例推算的中国各区域各部门向世界主要国家或地区进出口的消费品和资本品数据。第三，对于进出口中间使用矩阵，其数值采用根据海关数据推算的中国各区域各部门向世界主要国家或地区进出口的中间产品和根据 WIOD 计算的中国进出口中对世界主要国家或地区的部门比例系数推算的中国各区域矩阵各部门对世界主要国家或地区各部门进出口中间产品数据。第四，对于国家间中间矩阵和最终使用矩阵，由于这部分数据只有 WIOD 能够提供，因此采用 WIOD 中的原始数据。第五，确定投入产出表各部分初值之后，进行优化调整，以使行和、列和相等，即总投入等于总产出。值得注意的是，由于无法直接获得中国各区域与世界其他国家的进出口数据，对于这一部分数据的处理，本书采用海关总进出口数据与世界主要国家或地区进出口数据之间的差值表示。此外，中国区域间投入产出表中存在其他项这一列，在编制拓展的区域间投入产出表调整行列平衡时，我们不对这一列进行约束，而将误差主要集中在其他误差项，这样做主要参考了国家统计局发布的中国投入产出表和所获得的中国区域间投入产出表，均将误差处理为其他误差项。因此本书在调整行列平衡时把误差项归为其他误差项具有一致性和合理性（具体编制过程详见附录3）。

通过优化，即可得到行列平衡的区域嵌入国际的投入产出表，从而为后续分析提供数据准备。最终本书编制的区域嵌入国际的投入产出表如表4-4所示。其中，上标 R 表示国内区域，C 表示其他经济体。投入产出表由四个部分构成：第一部分为中间投入使用矩阵，包含区域间中间产品矩阵（Z^R）、区域与其他国家的中间产品出口矩阵（Z^{RC}）、区域与其他国家的中间产品进口矩阵（Z^{CR}）、其他国家间的中间产品矩阵（Z^C）。第二部分为最终使用矩阵，为便于表示，将最终品和消费品在区域或国家层面合并为一列。最终使用矩阵包含区域间最终使用矩阵（Y^R）、区域与其他国家的最终使用出口矩阵（Y^{RC}）、区域与其他国家的最终使用进口矩阵（Y^{CR}）、其他国家间的最终使用矩阵（Y^C）。第三部分为增加值行向量，包含区域、其他国家或地区的增加值行向量（Va^R和Va^C）。第四部分，总产出向量和总投入向量，总产出向量包含区域、其他国家或地区的总产出向量（X^R和X^C），总投入向量为总产出向量的转置（$X^{R'}$和$X^{C'}$）。

表4-4包含 N（$N=18$）个部门[①]、S（$S=30$）个区域[②]、其他 $G-1$（$G-1=43$）个国家（或地区）[③]。为方便表示，Z^R_{ij} 和 Z^{RC}_{ig} 分别表示区域 i 向区域 j 和国家 g 提供的中间使用；Y^R_{ij} 和 Y^{RC}_{ig} 分别表示区域 i 向区域 j 和国家 g 提供的最终使用；Z^C_{mg} 和 Z^{CR}_{mr} 分别表示国家 m 向国家 g 和区域 r 提供的中间使用，Y^C_{mg} 和 Y^{CR}_{mr} 分别表示国家 m 向国家 g 和区域 r 提供的最终使用。X^R_j 和 X^C_g 分别为区域 j 和国家 g 的总产出，Va^R_j 和 Va^C_g 分别为区域 j 和国家 g 的增加值。根据投入产出表各部分之间的关系，可得直接消耗系数矩阵 A。其中，

---

① 包含的18个部门及其编号如下。初级产品部门：1为农林牧渔业，2为采掘业；制造业部门，3为食品加工业，4为纺织服装业，5为木制品业，6为燃料加工业，7为化学制品业，8为非金属制品业，9为金属加工业，10为金属制品业，11为通专用设备业，12为运输设备业，13为电气机械业，14为电子通信业。其他工业部门：15为水电等能源业，16为建筑业。服务业部门：17为运输仓储邮政业，18为服务业。

② 包含的30个区域及其简写如下：安徽（AH）、北京（BJ）、福建（FJ）、甘肃（GS）、广东（GD）、广西（GX）、贵州（GZ）、海南（HI）、河北（HE）、河南（HA）、黑龙江（HL）、湖北（HB）、湖南（HN）、吉林（JL）、江苏（JS）、江西（JX）、辽宁（LN）、内蒙古（NM）、宁夏（NX）、青海（QH）、山东（SD）、山西（SX）、陕西（SN）、上海（SH）、四川（SC）、天津（TJ）、新疆（XJ）、云南（YN）、浙江（ZJ）、重庆（CQ）。由于西藏数据缺失严重，因此本书暂未将西藏纳入分析中。

③ 包含的43个国家（或地区）及其简写如下：澳大利亚（AUS）、加拿大（CAN）、德国（DEU）、法国（FRA）、英国（GBR）、意大利（ITA）、日本（JPN）、韩国（KOR）、奥地利（AUT）、中国台湾（TWN）、保加利亚（BGR）、塞浦路斯（CYP）、捷克（CZE）、爱沙尼亚（EST）、希腊（GRC）、克罗地亚（HRV）、匈牙利（HUN）、印度尼西亚（IDN）、印度（IND）、立陶宛（LTU）、拉脱维亚（LVA）、波兰（POL）、罗马尼亚（ROU）、俄罗斯（RUS）、斯洛伐克（SVK）、斯洛文尼亚（SVN）、土耳其（TUR）、比利时（BEL）、瑞士（CHE）、丹麦（DNK）、西班牙（ESP）、芬兰（FIN）、爱尔兰（IRL）、卢森堡（LUX）、荷兰（NLD）、挪威（NOR）、葡萄牙（PRT）、瑞典（SWE）、巴西（BRA）、墨西哥（MEX）、马耳他（MLT）、其他经济体（ROW）。

区域 j 各部门单位生产直接消耗的区域 i 各部门产品的量为：$A_{ij}^R = Z_{ij}^R (\widehat{X_j^R})^{-1}$，$\widehat{X_j^R}$ 为 X_j^R 的对角矩阵。全球里昂惕夫逆矩阵为 $B = (I - A)^{-1}$，I 是与 A 同维度的单位矩阵。增加值系数向量为 $[V_1^R, \cdots, V_s^R, V_2^C, \cdots, V_G^C]'$，其中，$j$ 区域的增加值系数向量为 $V_j^R = Va_j^R (\widehat{X_j^R})^{-1}$。

表 4-4　区域嵌入国际的投入产出表

变量名	中间使用						最终使用						总产出
	地区 1	…	地区 s	国家 2	…	国家 G	地区 1	…	地区 s	国家 2	…	国家 G	
中间投入　地区 1	Z_{11}^R	…	Z_{1s}^R	Z_{12}^{RC}	…	Z_{1G}^{RC}	Y_{11}^R	…	Y_{1s}^R	Y_{12}^{RC}	…	Y_{1G}^{RC}	X_1^R
…	…	…	…	…	…	…	…	…	…	…	…	…	…
地区 s	$^sZ_1^R$	…	$^sZ_s^R$	Z_{s2}^{RC}	…	Z_{sG}^{RC}	$^sY_1^R$	…	$^sY_s^R$	Y_{s2}^{RC}	…	Y_{sG}^{RC}	$^sX^R$
国家 2	Z_{21}^{CR}	…	Z_{2s}^{CR}	Z_{22}^C	…	Z_{2G}^C	Y_{21}^{CR}	…	Y_{2s}^{CR}	Y_{22}^C	…	Y_{2G}^C	X_2^C
…	…	…	…	…	…	…	…	…	…	…	…	…	…
国家 G	Z_{G1}^{CR}	…	Z_{Gs}^{CR}	Z_{G2}^C	…	$^GZ^C$	Y_{G1}^{CR}	…	Y_{Gs}^{CR}	Y_{G2}^C	…	$^GY^C$	X_G^C
增加值	Va_1^R	…	$^sVa^R$	Va_2^C	…	Va_G^C							
总投入	$X_1^{R'}$	…	$^sX^{R'}$	$X_2^{C'}$	…	$X_G^{C'}$							

4.2 双重价值链嵌入程度的测算与特征分析

价值链嵌入程度反映了一国（或地区）参与价值链分工的增加值创造能力，通常采用增加值率来反映。目前，测算价值链嵌入程度的方法存在以下缺陷：第一，大量研究是基于一国内部整体的投入产出表（IO 表）、国际投入产出表（ICIO 表）进行测算的，并假定一国内部不同区域之间具有相同的投入产出结构。第二，现有的增加值分解框架主要是基于Koopman 等的总出口分解方法的拓展，仍然面临出口国外增加值的重复计算部分经济含义不明确、计算错误的问题（Borin 和 Mancini，2017）。第三，现有的价值链分析框架更多对国内价值链或者全球价值链进行单独度量，且对于国内价值链中区域间的内在差异探讨较少，没有从国内外价值产生的整体角度刻画国家价值链，可能引起内生性问题。

为克服目前大部分测算方法存在的三大缺陷，本书编制了区域嵌入国际的投入产出表，从区域层面，以区域增加值为核算起点，提出了同时考虑国内价值链和全球价值链的增加值分解框架，并据此测算价值链嵌入程度指标。本书提出的价值链嵌入程度测算方法从研究主体、核算起点、测算思路三个方面进行了改进，有效地克服了现有研究存在的缺陷。

本节的主要研究工作如下：第一，结合区域间投入产出表、世界投入产出数据库、中国海关进出口数据编制了区域嵌入国际的投入产出表，为后续研究提供数据基础。第二，以区域增加值为核算起点，提出区域增加值分解框架，构建价值链嵌入程度指标。第三，采用区域嵌入国际的投入产出表，利用区域增加值分解框架，分析全国、地区、部门、地区部门的价值链嵌入特征。

4.2.1 双重价值链嵌入程度的测算

价值链嵌入程度反映了一国（或地区）参与价值链分工的增加值创造能力，通常采用增加值率来反映。因此，在计算价值链嵌入程度之前，需要测算中国各区域参与不同分工带来的区域增加值。现有研究关于增加值贸易的测算框架主要是基于 Koopman 等的总出口分解方法的拓展，仍然面临出口国外增加值的重复计算部分经济含义不明确、计算错误的问题

（Borin 和 Mancini，2017）。为克服这一缺陷，本部分以区域增加值为核算起点，以不同的生产分工形式，将区域增加值分解为最终产品贸易和价值链分工带来的区域增加值两部分。进一步地，本部分依据参与价值链分工主体的不同，将价值链分工分解为单一国内价值链分工、单一全球价值链分工以及 NVC 和 GVC 融合的双重分工。至此，本书构建了同时考虑国内价值链和全球价值链的增加值分解框架（见图 4-2），并依据区域增加值分解结果计算价值链嵌入程度指标。

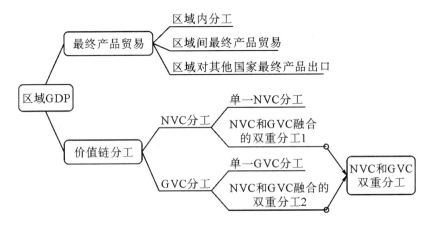

图 4-2　区域增加值分解框架

按照直接消耗系数矩阵反映的关联关系，我们可将 A 分解为 5 部分 A^D、A^R、A^{CR}、A^{RC}、A^C，其中上标 D 表示本区域，上标 R 表示区域，上标 C 表示其他国家。A^D 和 A^R 分别反映了区域内部和区域间的生产技术联系，A^{CR} 和 A^{RC} 反映了各区域与其他国家（或地区）的生产技术联系，A^C 反映了其他国家（或地区）内部以及国家（或地区）间的生产技术联系。其矩阵表达式如下：

$$A = \begin{bmatrix} A^D + A^R & A^{RC} \\ A^{CR} & A^C \end{bmatrix}$$

$$A^D = \begin{bmatrix} A^R_{11} & \cdots & 0 \\ \vdots & \ddots & \vdots \\ 0 & \cdots & A^R_{ss} \end{bmatrix}; \quad A^R = \begin{bmatrix} 0 & A^R_{12} & \cdots & A^R_{1s} \\ \vdots & \vdots & \ddots & \vdots \\ A^R_{s1} & A^R_{s2} & \cdots & 0 \end{bmatrix};$$

$$A^{CR} = \begin{bmatrix} A_{21}^{CR} & \cdots & A_{2s}^{CR} \\ \vdots & \ddots & \vdots \\ A_{G1}^{CR} & \cdots & A_{Gs}^{CR} \end{bmatrix};$$

$$A^{RC} = \begin{bmatrix} A_{12}^{RC} & \cdots & A_{1G}^{RC} \\ \vdots & \ddots & \vdots \\ A_{s2}^{RC} & \cdots & A_{sG}^{RC} \end{bmatrix}; \quad A^{C} = \begin{bmatrix} A_{22}^{C} & \cdots & A_{2G}^{C} \\ \vdots & \ddots & \vdots \\ A_{G2}^{C} & \cdots & A_{GG}^{C} \end{bmatrix} \qquad (4-1)$$

类似地，最终使用列向量 Y 也可分解为 Y^D、Y^R、Y^{CR}、Y^{RC}、Y^C 五部分，$Y = \begin{bmatrix} Y^D + Y^R & Y^{RC} \\ Y^{CR} & Y^C \end{bmatrix}$。$Y^D$ 和 Y^R 分别表示各区域生产的产品供本区域和

其他区域的最终使用，$Y^D = \begin{bmatrix} Y_{11}^R & \cdots & Y_{ss}^R \end{bmatrix}'$，$Y^R = \begin{bmatrix} \sum\limits_{i \neq 1}^{s} Y_{1i}^R & \cdots & \sum\limits_{i \neq s}^{s} Y_{si}^R \end{bmatrix}'$；

Y^{CR} 和 Y^{RC} 表示区域向其他国家（或地区）进口和出口的最终使用，$Y^{CR} = \begin{bmatrix} \sum\limits_{i=1}^{s} Y_{2i}^{CR} & \cdots & \sum\limits_{i=1}^{s} Y_{Gi}^{CR} \end{bmatrix}'$，$Y^{RC} = \begin{bmatrix} \sum\limits_{i=2}^{G} Y_{1i}^{RC} & \cdots & \sum\limits_{i=2}^{G} Y_{si}^{RC} \end{bmatrix}'$；$Y^C$ 表示其他

国家内部以及国家间的最终使用，$Y^C = \begin{bmatrix} \sum\limits_{i=2}^{G} Y_{2i}^{C} & \cdots & \sum\limits_{i=2}^{G} Y_{Gi}^{C} \end{bmatrix}'$。依据投

入产出表平衡关系，区域总产出（X^R）可以表示为

$$X^R = A^D X^R + Y^D + A^R X^R + Y^R + A^{RC} X^C + Y^{RC}$$

$$= \underbrace{(I - A^D)^{-1} Y^D}_{\text{提供给本区域最终使用}} + \underbrace{(I - A^D)^{-1} (A^R X + Y^R)}_{\text{提供给本国其他区域使用}} + \underbrace{(I - A^D)^{-1} (A^{RC} X + Y^{RC})}_{\text{提供给其他国家使用}}$$

$$= \underbrace{(I - A^D)^{-1} Y^D}_{\text{提供给本区域最终使用}} + \underbrace{(I - A^D)^{-1} Y^R}_{\text{提供给本国其他区域最终产品}} + \underbrace{(I - A^D)^{-1} Y^{RC}}_{\text{提供给其他国家最终产品}}$$

$$+ \underbrace{(I - A^D)^{-1} A^R [B^N (Y^D + Y^R + Y^{RC}) + B^{RC} (Y^{CR} + Y^C)]}_{\text{提供给本国其他区域中间产品}}$$

$$+ \underbrace{(I - A^D)^{-1} A^{RC} [B^{CR} (Y^D + Y^R + Y^{RC}) + B^C (Y^{CR} + Y^C)]}_{\text{提供给其他国家中间产品}} \qquad (4-2)$$

X^R 分解结果的前 3 项分别表示本区域生产产品直接供本区域、供其他区域、供其他国家（或地区）的最终使用。X^R 分解结果的第 4~5 项分别表示本区域生产产品供其他区域和其他国家（或地区）的中间使用。与 A 的分解类似，可将 B 表示为

$$B = (I - A)^{-1} = \begin{bmatrix} I - (A^D + A^R) & -A^{RC} \\ -A^{CR} & I - A^C \end{bmatrix}^{-1} = \begin{bmatrix} B^N & B^{RC} \\ B^{CR} & B^C \end{bmatrix} \qquad (4-3)$$

其中，B^{RC} 和 B^{CR}、B^N、B^C 分别反映了区域与其他国家（或地区）之间、区域间、其他国家（或地区）间的直接和间接联系。除开 B^{RC} 和 B^{CR} 明显反映了区域与国家之间存在的经济联系外，B^N、B^C 也可能涉及全球范围内的联动关系。因此，还需要进一步对 B 进行分解，以分离出不同分工形式带来的增加值。对分块矩阵求逆可得

$$B^N = [I-(A^D+A^R)]^{-1}+[I-(A^D+A^R)]^{-1}A^{RC}B^CA^{CR}[I-(A^D+A^R)]^{-1}$$
$$= \mathbb{L}+\mathbb{L}A^{RC}B^{CR} \tag{4-4}$$

$$B^{RC} = \mathbb{L}A^{RC}(I-A^C-A^{CR}\mathbb{L}A^{RC})^{-1} = \mathbb{L}A^{RC}B^C = \mathbb{L}A^{RC}\mathbb{C}+\mathbb{L}A^{RC}\mathbb{C}A^{CR}B^{RC}$$
$$=L^RA^{RC}\mathbb{C}+\mathbb{L}A^RL^RA^{RC}\mathbb{C}+\mathbb{L}A^{RC}\mathbb{C}A^{CR}B^{RC}$$
$$=(I-\mathbb{L}A^{RC}\mathbb{C}A^{CR})^{-1}(L^RA^{RC}\mathbb{C}+\mathbb{L}A^RL^RA^{RC}\mathbb{C})$$
$$=(I-\gamma^?-\gamma^\nabla)^{-1}L^RA^{RC}\mathbb{C}+(I-\gamma)^{-1}\mathbb{L}A^RL^RA^{RC}\mathbb{C}$$
$$=L^\gamma L^RA^{RC}\mathbb{C}+(L^\gamma \gamma^\nabla L^\gamma+L^\gamma \mathbb{L}A^R)L^RA^{RC}\mathbb{C} \tag{4-5}$$

$$B^C = (I-A^C-A^{CR}[I-(A^D+A^R)]^{-1}A^{RC})^{-1} = \mathbb{C}+\mathbb{C}A^{CR}B^{RC}$$
$$=\mathbb{C}+\mathbb{C}A^{CR}L^\gamma L^RA^{RC}\mathbb{C}+\mathbb{C}A^{CR}(L^{\gamma\Delta}\gamma^\nabla L^\gamma+L^\gamma \mathbb{L}A^R)L^RA^{RC}\mathbb{C} \tag{4-6}$$

$$B^{CR} = (I-A^C-A^{CR}\mathbb{L}A^{RC})^{-1}A^{CR}\mathbb{L} = B^CA^{CR}\mathbb{L}$$
$$=(I+\mathbb{C}A^{CR}L^{\gamma\Delta}L^RA^{RC})\mathbb{C}A^{CR}L^R$$
$$+[\mathbb{C}A^{CR}(L^{\gamma\Delta}\gamma^\nabla L^\gamma+L^\gamma \mathbb{L}A^R)L^RA^{RC}\mathbb{C}]A^{CR}L^R+B^CA^{CR}\mathbb{L}A^RL^R \tag{4-7}$$

其中，$\mathbb{L}=[I-(A^D+A^R)]^{-1}$，$\mathbb{C}=(I-A^C)^{-1}$，$L^R=(I-A^D)^{-1}$，$\gamma=\mathbb{L}A^{RC}\mathbb{C}A^{CR}=\gamma^\Delta+\gamma^\nabla$，$L^\gamma=(I-\gamma)^{-1}$，$\gamma^\Delta$ 表示 γ 的对角线部分，反映了某一区域与其他国家之间的联系，γ^∇ 为 γ 的非对角线部分，反映了不同区域与其他国家之间的联系。至此，反映国内区域联系的 B^N 被进一步分解为纯粹的国内部分（$\mathbb{L}$）和国内分工引致的复杂分工（$\mathbb{L}A^{RC}B^{CR}$）。反映全球范围内联动关系的 B^C 被进一步分解为纯粹的国际部分（$\mathbb{C}$）和国际分工引致的复杂分工（$\mathbb{C}A^{CR}B^{RC}$）。将式（4-4）~式（4-7）带入各区域的总产出向量（X^R）可得

$$X^R = L^RY^D+L^RY^R+L^RY^{RC}$$
$$+L^RA^R\mathbb{L}(Y^D+Y^R+Y^{RC})$$
$$+L^RA^{RC}\mathbb{C}(Y^{CR}+Y^C)$$
$$+L^RA^R[\mathbb{L}A^{RC}B^{CR}(Y^D+Y^R+Y^{RC})+B^{RC}(Y^{CR}+Y^C)]$$
$$+L^RA^{RC}[B^{CR}(Y^D+Y^R+Y^{RC})+\mathbb{C}A^{CR}B^{RC}(Y^{CR}+Y^C)] \tag{4-8}$$
$$L^RA^{RC}[B^{CR}(Y^D+Y^R+Y^{RC})+\mathbb{C}A^{CR}B^{RC}(Y^{CR}+Y^C)]$$

按照生产分工形式的不同，可将式（4-8）进一步分解如下：

$$L^RA^{RC}B^{CR}(Y^D+Y^R+Y^{RC})$$

$$= L^R A^{RC} \{ (I + \mathbb{C} A^{CR} L^{\gamma^\Delta} L^R A^{RC}) \mathbb{C} A^{CR} L^R$$

$$+ [\mathbb{C} A^{CR} (L^{\gamma^\Delta} \gamma^\nabla \mathbb{L}^\gamma + \mathbb{L}^\gamma \mathbb{L} A^R) L^R A^{RC} \mathbb{C}] A^{CR} L^R + B^C A^{CR} \mathbb{L} A^R L^R \} (Y^D$$

$$+ Y^R + Y^{RC}) = L^R \{ \mathbb{K}^\Delta + (A^{RC} B^{CR} - \mathbb{K}^\Delta) \} (Y^D + Y^R + Y^{RC}) \qquad (4\text{-}9)$$

令 $\mathbb{K} = A^{RC} (I + \mathbb{C} A^{CR} L^{\gamma^\Delta} L^R A^{RC}) \mathbb{C} A^{CR} L^R = \mathbb{K}^\Delta + \mathbb{K}^\nabla$，$\mathbb{K}^\Delta$ 表示 $\mathbb{K}$ 的对角线部分，仅为单一区域参与生产分工，是构成单一 GVC 分工的部分。$\mathbb{K}^\nabla$ 表示 $\mathbb{K}$ 的非对角线部分，存在两个及以上的区域参与生产分工，是构成双重价值链融合分工的部分。

$$L^R A^{RC} \mathbb{C} A^{CR} B^{RC} (Y^{CR} + Y^C)$$

$$= \qquad\qquad L^R \qquad\qquad A^{RC} \qquad\qquad \mathbb{C}$$

$$A^{CR} \{ L^{\gamma^\Delta} L^R A^{RC} \mathbb{C} + (L^{\gamma^\Delta} \gamma^\nabla \mathbb{L}^\gamma + \mathbb{L}^\gamma \mathbb{L} A^R) L^R A^{RC} \mathbb{C} \} (Y^{CR} + Y^C)$$

$$= L^R \{ \mathbb{Q}^\Delta + (A^{RC} \mathbb{C} A^{CR} B^{RC} - \mathbb{Q}^\Delta) \} (Y^{CR} + Y^C) \qquad (4\text{-}10)$$

令 $\mathbb{Q} = A^{RC} \mathbb{C} A^{CR} L^{\gamma^\Delta} L^R A^{RC} \mathbb{C} = \mathbb{Q}^\Delta + \mathbb{Q}^\nabla$，$\mathbb{Q}^\Delta = \mathbb{H}^\Delta L^{\gamma^\Delta} L^R A^{RC} \mathbb{C}$，$\mathbb{H}^\Delta$ 为 $A^{RC} \mathbb{C} A^{CR}$ 的对角线部分，仅为单一区域参与生产分工，是构成单一 GVC 分工的部分。$\mathbb{Q}^\nabla = \mathbb{H}^\nabla L^{\gamma^\Delta} L^R A^{RC} \mathbb{C}$，$\mathbb{H}^\nabla$ 为 $A^{RC} \mathbb{C} A^{CR}$ 的非对角线部分，存在两个及以上的区域参与生产分工，是构成双重价值链融合分工的部分。

各区域的总产出向量（X^R）可进一步改写为

$$X^R = L^R Y^D + L^R Y^R + L^R Y^{RC}$$

$$+ L^R A^R \mathbb{L} (Y^D + Y^R + Y^{RC})$$

$$+ L^R [(A^{RC} \mathbb{C} + \mathbb{Q}^\Delta) (Y^{CR} + Y^C) + \mathbb{K}^\Delta (Y^D + Y^R + Y^{RC})]$$

$$+ L^R A^R [\mathbb{L} A^{RC} B^{CR} (Y^D + Y^R + Y^{RC}) + B^{RC} (Y^{CR} + Y^C)]$$

$$+$$

$$L^R [(A^{RC} B^{CR} - \mathbb{K}^\Delta) (Y^D + Y^R + Y^{RC}) + L^R (A^{RC} \mathbb{C} A^{CR} B^{RC} - \mathbb{Q}^\Delta) (Y^{CR} + Y^C)]$$

$$(4\text{-}11)$$

令式（4-11）乘以增加值系数，对于某一特定区域 j，按照分工形式的不同，可将它的增加值 Va_j^R 表示为

$$Va_j^R = \underbrace{ V_j^R L_{jj}^R Y_{jj*1}^R + V_j^R L_{jj}^R \sum_{r=1,\ r \neq j}^{s} Y_{jr*2}^R + V_j^R L_{jj}^R \sum_{C=2}^{s} Y_{jC*3}^{RC} }_{\text{最终产品贸易}}$$

$$+ \underbrace{ V_j^R L_{jj}^R \sum_{r=1,\ r \neq j}^{s} \sum_{k=1}^{s} A_{jr}^R \mathbb{L}_{rk} Y_{k*4} }_{\text{单—NVC分工}}$$

$$+ \underbrace{ V_j^R L_{jj}^R \sum_{C=2}^{G} A_{jC}^{RC} \left(\sum_{J=2}^{G} \mathbb{C}_{CJ} A_{jj}^{CR} L_{jj}^R Y_j + \sum_{J=2}^{G} \sum_{L=2}^{G} \sum_{K=2}^{G} \mathbb{C}_{CL} A_{jj}^{CR} L_{jj}^{\gamma^\Delta} L^R A_{jj}^R \mathbb{C}_{JK} (A_{Kj}^{CR} L_{jj}^R Y_j + Y_K) + \sum_{K=2}^{G} \mathbb{C}_{CK} Y_K \right)_{*5} }_{\text{单—GVC分工}}$$

$$+ V_j^R L_{jj}^R \left\{ \begin{array}{l} \displaystyle\sum_{r=1,\,r\neq j}^{s} A_{jr}^R \left(\sum_{K=2}^{G} B_{rK}^{RC} Y_K + \sum_{k=1}^{s}\sum_{m=1}^{s}\sum_{J=2}^{G} B_{rJ}^{RC} A_{Jm}^{CR} \mathbb{L}_{mk} Y_k \right) \quad *6 \\[2em] + \displaystyle\sum_{C=2}^{G} A_{jC}^{RC} \left(\begin{array}{l} \displaystyle\sum_{k=1}^{G} B_{Ck}^{CR} Y_k - \left(\sum_{J=2}^{G} \mathbb{C}_{CJ} A_{jj}^{CR} L_{jj}^R + \sum_{J=2}^{G}\sum_{K=2}^{G}\sum_{C=2}^{G} \mathbb{C}_{CL} A_{Lj}^{CR} L_{jj}^{R\triangle} L_{jj}^R A_{jj}^{RC} \mathbb{C}_{JK} A_{Kj}^{CR} L_{jj}^R \right) Y_j \\[1.5em] + \displaystyle\sum_{K=2}^{G}\sum_{m=1}^{s}\sum_{L=2}^{G} \mathbb{C}_{CL} A_{Lm}^{CR} B_{mK}^{RC} Y_K - \sum_{J=2}^{G}\sum_{K=2}^{G}\sum_{C=2}^{G} \mathbb{C}_{CL} A_{Lj}^{CR} L_{jj}^{R\triangle} L_{jj}^R A_{jj}^{RC} \mathbb{C}_{JK} Y_K \end{array} \right) \quad *7 \end{array} \right\}$$

$$\underbrace{}_{\text{NVC和GVC双重分工}}$$

(4-12)

式（4-12）中，Y_K 和 Y_k 分别为国家 K 和区域 k 的最终使用向量，$Y_K = \sum_{i=1}^{s} Y_{Ki}^{CR} + \sum_{I=2}^{G} Y_{KI}^{C}$，$Y_k = \sum_{i=1}^{s} Y_{ki}^{R} + \sum_{I=2}^{G} Y_{kI}^{RC}$。$L_{jj}^R$ 为区域 j 的局部里昂惕夫矩阵，即 $L_{jj}^R = (I - A_{jj}^R)^{-1}$。其中，"$*1$"反映了区域内最终需求带来的区域增加值，属于区域内贸易；"$*2$"和"$*3$"分别为区域间最终产品贸易和区域对其他国家的最终产品贸易（也即"传统贸易"）。"$*4$"项是区域参与国内区域间中间产品贸易带来的增加值，不包含国际分工，属于单一 NVC 分工。"$*5$"项是区域生产的中间产品出口并供国外使用和折返的部分，出口后不再涉及国内 2 个及以上区域参与分工，属于单一 GVC 分工。在"$*6$"和"$*7$"项中，区域 j 既参与了中间产品在区域间的分工，也参与了中间产品在区域和国家间的流动，属于 NVC 和 GVC 融合的双重分工（为便于表示，以下简记为"NGVC 分工"）。"$*4$"~"$*7$"项均反映了中间产品贸易的过程，可统称为价值链分工（单一 NVC 分工、单一 GVC 分工、NGVC 分工之和）。

为反映区域的价值链嵌入情况，本书结合理论模型的推导，将不同类型价值链分工与总产出之比定义为价值链嵌入程度，具体计算如下：$\text{EMB}_{l,j} = Va_{l,j} (\hat{X_j})^{-1}$。其中，$\text{EMB}_{l,j}$ 表示地区 j 参与 l 类型的价值链分工对应的价值链嵌入程度，X_j 表示地区 j 的总产出，$Va_{l,j}$ 表示地区 j 参与 l 类型的价值链分工对应的区域增加值，$l = \{VC, PGVC, PNVC, NGVC\}$，分别对应价值链分工、单一 GVC 分工、单一 NVC 分工、NVC 和 GVC 融合的双重分工。特定的时期 t 地区 p 部门 s 的价值链嵌入程度可表示为

$$\text{EMB}_{l,pst} = \frac{Va_{l,pst}}{X_{pst}} \qquad (4-13)$$

4.2.2 双重价值链嵌入程度的特征分析

基于编制的区域嵌入国际的投入产出表和提出的区域增加值分解框架，本书进一步计算不同生产分工带来的区域增加值，以回答"中国各区域在参与双重价值链分工过程中到底获得了多少增加值收益？中国各个区域与其他国家或地区之间存在怎样的关系？"等问题。厘清这些问题有助于深刻分析中国嵌入双重价值链分工的模式，并有助于中国各区域提升嵌入双重价值链分工的增加值创造能力。因此，本部分分别从全国、地区、部门、地区部门层面分析中国嵌入双重价值链的特征。

（1）全国层面。

本书绘制了 2022 年、2007 年、2010 年、2012 年各区域增加值、区域增加值份额、区域增加值与区域外中间和最终使用的比值（见图 4-3）。

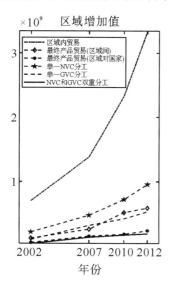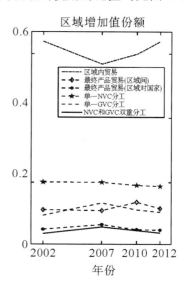

区域增加值/区域外中间和最终使用的比值

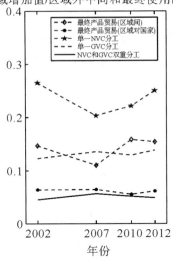

图 4-3　区域增加值构成及走势

从不同分工对应的区域增加值来看，即使是一国内部更细化的区域层面，仍然存在明显的"本地偏好"特征。进一步地，仅一各个区域参与的区域内和区域间最终产品贸易以及单一 NVC 分工带来的区域增加值远高于有其他国家参与的传统贸易、单一 GVC 分工和 NGVC 分工带来的增加值，这表明在国家层面"本地偏好"同样存在。从国际分工来看，各区域以参与单一 GVC 分工为主，NGVC 分工和传统贸易带来的区域增加值较少。

从不同分工的构成结构来看，区域内贸易是构成区域增加值最主要的部分。2002—2007 年区域内贸易带来的区域增加值占比有所下降，2007—2012 年这一比值有所回升。2002—2012 年单一 NVC 分工带来的区域增加值占比略有降低，区域间最终产品贸易对应的增加值占比也有一定程度的提升。有其他国家参与的传统贸易、单一 GVC 分工和 NGVC 分工带来的增加值所占比重与区域内贸易相反，金融危机前后呈现先升后降的趋势。这表明，在金融危机前，区域与其他国家展开的各种分工所带来的增加值对区域增加值的贡献有所增大，区域生产分工更大程度地融入国际市场，分工形式更加复杂。在金融危机后，区域与其他国家展开的各种分工所带来的增加值对区域增加值的贡献有所减小，参与国际市场分工所带来的增加值的增速放缓。

从流出和出口的增加值率来看，区域参与单一 NVC 分工对应的单位区域外使用带来的增加值最多，增加值率最高，区域间最终产品贸易次之。从时间趋势来看，2007年前后，区域间中间产品和最终产品贸易对应的增加值率呈现出先降后升的趋势，且变动幅度较大。单一GVC分工对应的增加值率略有上升趋势，区域与其他国家间的最终产品贸易（"传统贸易"）对应的增加值率的变动趋势并不明显。价值链分工中，相较于单一价值链分工这样的简单分工形式，NGVC分工对应的增加值率在金融危机后波动更加平稳。

（2）地区层面。

为分析各个区域增加值构成，本书计算了2002—2012年各个区域、各部分增加值的年平均值，还计算了6部分增加值占区域总增加值的比重（见表4-5）。

从表4-5可以发现，传统贸易和单一GVC分工存在"东部偏好"，其主要原因为东部及沿海地区交通便利，地理区位优势明显，所以参与国际生产分工的程度更深，但NGVC分工并不存在区域聚集特征。对比不同区域和分工形式，东部沿海地区参与传统贸易和单一GVC分工对应的增加值份额明显高于NGVC分工，而西部地区相反。相较于NGVC分工，传统贸易和单一GVC分工对应的增加值份额明显更低。这在一定程度上说明，西部地区与其他国家（或地区）直接进行的最终产品和中间产品贸易的比重较小，更多地通过参与国内价值链分工来间接参与全球价值链分工。

表4-5　2002—2012年区域增加值构成情况（平均）　　单位：%

区域划分	省份	区域内贸易	最终产品贸易（区域间）	最终产品贸易（区域对国家）	单一NVC分工	单一GVC分工	NVC和GVC双重分工
东部	北京	48.743 3	14.911 7	4.640 9	16.023 5	12.303 7	3.376 9
	福建	54.995 3	8.901 6	9.259 8	11.461 6	12.085 0	3.296 7
	广东	48.723 3	7.268 6	10.539 9	10.257 2	20.040 2	3.170 8
	海南	60.997 3	11.664 4	2.957 5	17.656 9	3.877 4	2.846 5
	河北	47.638 4	12.231 1	1.364 7	28.578 3	4.510 6	5.676 9
	江苏	48.971 3	11.663 2	5.511 7	12.986 5	16.828 4	4.038 9
	辽宁	58.508 1	10.273 4	3.699 8	16.009 5	8.609 3	2.899 9
	山东	60.943 0	9.949 5	5.359 8	12.188 8	8.863 4	2.695 5
	上海	35.826 8	14.522 3	7.555 6	16.445 9	21.203 0	4.446 5
	天津	38.646 0	14.364 8	3.753 1	25.042 2	12.064 8	6.129 1
	浙江	50.124 1	9.019 3	8.500 6	11.833 8	17.327 1	3.194 8

表4-5(续)

区域划分	省份	区域内贸易	最终产品贸易（区域间）	最终产品贸易（区域对国家）	单一NVC分工	单一GVC分工	NVC和GVC双重分工
西部	甘肃	63.334 1	7.898 4	1.365 9	20.047 4	3.195 3	4.158 9
	广西	63.053 2	10.935 2	1.779 3	17.446 2	3.180 6	3.605 4
	贵州	59.824 2	10.292 1	0.980 7	21.833 6	2.994 9	4.074 5
	内蒙古	47.814 4	10.875 9	0.747 6	32.126 4	2.555 0	5.880 8
	宁夏	60.248 4	6.622 6	0.753 6	23.998 6	3.741 8	4.635 0
	青海	68.882 6	1.568 5	0.823 7	21.847 8	2.226 5	4.651 0
	陕西	47.734 2	12.028 8	0.970 7	30.267 4	2.964 4	6.034 4
	四川	73.046 2	7.987 0	1.499 9	10.366 9	4.925 6	2.174 4
	新疆	53.280 2	7.442 6	3.317 9	25.878 1	5.423 9	4.657 2
	云南	65.002 4	10.087 4	1.731 4	16.205 9	3.028 7	3.944 1
	重庆	57.314 4	14.587 4	1.889 1	16.533 0	6.478 1	3.198 0
中部	安徽	54.980 1	15.006 1	2.192 8	20.039 5	3.937 4	3.844 1
	河南	61.171 5	10.277 6	1.358 8	20.454 9	3.090 2	3.647 1
	黑龙江	54.468 6	10.895 3	2.104 1	25.224 1	3.185 8	4.122 2
	湖北	73.448 3	7.401 1	1.376 8	11.039 5	4.502 6	2.231 7
	湖南	66.296 4	13.724 6	1.225 3	13.088 1	2.917 6	2.748 1
	吉林	52.549 8	16.499 4	1.388 3	23.642 9	2.508 2	3.411 3
	江西	64.236 5	7.475 6	2.348 7	17.314 0	4.681 1	3.944 0
	山西	54.140 2	3.521 3	0.878 0	31.315 9	4.048 1	6.096 4

本书根据2012年中国各个区域向其他国家的最终产品出口、区域参与单一GVC分工、区域参与NVC和GVC双重分工带来的区域增加值，绘制区域与其他国家间的网络关系图，以反映区域的国际生产联系（见图4-4）。综合来看，区域在参与"传统贸易"和单一GVC分工这样简单的价值链分工形式时，东部沿海地区凭借自身的区位优势成为对外贸易和分工的重要部分，中西部区域参与程度较小。但是融合NVC和GVC的双重分工不仅削弱了东部沿海区域和中西部区域参与国际生产分工的不平衡性，还丰富了中国各区域参与国际生产分工时贸易伙伴的多样性。

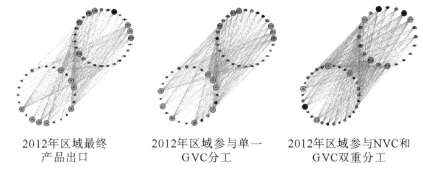

2012年区域最终产品出口　　2012年区域参与单一GVC分工　　2012年区域参与NVC和GVC双重分工

图4-4　2012年出口侧区域与国家的生产联系

（3）部门层面。

从各部门增加值构成来看，几乎所有部门生产的产品供区域内最终使用的比重最高，具有很强的本地偏好。当然也存在例外，在6种分工形式中，采掘业、燃料加工业参与单一NVC分工带来的增加值占比最高。电子通信业参与单一GVC分工带来的增加值占比最高。对大部分部门来说，参与单一NVC分工带来的增加值仅次于区域内贸易，其次为区域间最终产品贸易和单一GVC分工，区域与其他国家的最终产品贸易和NGVC分工带来的增加值占比较小。纵向对比不同部门，可以发现服务业部门、其他工业部门和初级产品部门通过区域内贸易带来的增加值占比较大，是这些部门增加值的主要来源。制造业部门区域内贸易带来的增加值占比明显低于这些部门。在所有部门中，区域间最终产品贸易为农林牧渔业、食品加工业、通用设备业、运输设备业带来的增加值占比较大；纺织服装业、木制品业等最终产品带来的增加值占比较大。对于单一NVC分工，采掘业、燃料加工业、金属加工业的参与程度较深，单一NVC分工是其增加值的主要来源。对于单一GVC分工、NGVC分工这样较为复杂的分工，中高技术制造业部门的参与程度明显高于其他部门（见表4-6）。

表4-6　2002—2012年各部门区域增加值构成情况（平均）

单位：%

编号	部门简称	区域内贸易	最终产品贸易（区域间）	最终产品贸易（区域对国家）	单一NVC分工	单一GVC分工	NVC和GVC双重分工
1	农林牧渔业	55.491 6	16.118 0	4.000 5	18.991 4	3.082 9	2.315 5
2	采掘业	28.725 7	6.899 0	2.164 6	48.165 4	4.146 2	9.899 2
3	食品加工业	57.535 6	18.879 8	5.107 2	14.732 4	2.090 9	1.654 1
4	纺织服装业	27.330 9	11.545 0	25.965 5	14.583 1	16.706 4	3.869 0
5	木制品业	38.160 3	10.222 3	16.426 1	20.909 2	10.331 7	3.950 4
6	燃料加工业	34.931 4	10.567 3	4.738 7	35.116 0	7.298 4	7.348 2
7	化学制品业	37.349 0	10.702 3	8.338 3	23.257 6	14.834 8	5.517 9
8	非金属制品业	58.244 2	5.723 6	3.929 2	22.684 8	6.477 1	2.940 9
9	金属加工业	38.510 9	7.989 6	1.887 5	31.326 0	11.755 4	8.530 5
10	金属制品业	37.351 9	10.157 3	6.429 5	21.443 8	18.973 8	5.643 7
11	通用设备业	49.351 5	16.349 4	3.029 7	12.880 4	15.218 9	3.170 1
12	运输设备业	50.447 7	20.936 8	1.497 5	13.051 3	11.474 0	2.592 6

表4-6(续)

编号	部门简称	区域内贸易	最终产品贸易（区域间）	最终产品贸易（区域对国家）	单一NVC分工	单一GVC分工	NVC和GVC双重分工
13	电气机械业	43.986 7	11.200 7	1.793 3	12.657 7	26.249 3	4.112 3
14	电子通信业	25.809 4	7.060 9	0.934 3	9.378 2	46.541 8	10.275 5
15	水电等能源业	49.350 9	8.566 8	3.455 6	25.661 1	7.707 5	5.258 0
16	建筑业	93.248 5	4.832 8	0.130 5	0.690 1	0.960 4	0.137 8
17	运输仓储邮政业	48.033 5	9.236 9	2.616 8	21.669 4	13.611 6	4.831 8
18	服务业	67.069 7	9.166 4	3.384 8	10.446 2	7.702 2	2.230 6

（4）地区部门层面。

表4-7列出了2002—2012年各区域部门嵌入NGVC分工带来的区域增加值，表中数值表示各区域部门参与NGVC分工带来的区域增加值占比情况。对所有区域而言，2002—2012年初级产品部门和服务业部门NGVC分工的嵌入程度较高。就初级产品部门来看，内蒙古、陕西、新疆、安徽、河南、黑龙江、吉林、山西等地区参与NGVC分工带来的增加值较多，可以发现这些地区主要是资源密集型区域，拥有丰富的耕地、煤炭、矿产等资源。就服务业和制造业部门而言，东部沿海地区参与NGVC分工带来的区域增加值明显高于其他区域。对所有部门而言，广东、江苏、山东、浙江参与NGVC分工的程度高于其他地区。从东部地区来看，服务业部门参与NGVC分工带来的增加值最多，海南除外。广东、江苏、浙江、北京、上海等经济发达地区的制造业部门参与NGVC分工带来的增加值高于初级产品部门。从中西部地区来看，大部分地区初级产品部门参与NGVC分工带来的增加值最多，制造业和其他工业部门参与NGVC分工带来的增加值占比较小。

表4-7 2022—2012年各区域部门嵌入NGVC分工带来的区域增加值

单位:%

区域划分	省份	初级产品部门	制造业部门	其他工业部门	服务业部门
东部	北京	0.171 2	0.214 7	0.236 3	3.199 0
	福建	0.578 9	0.453 4	0.159 3	1.669 0
	广东	0.813 8	1.591 4	0.595 9	3.510 5
	海南	0.146 0	0.031 4	0.029 5	0.239 9
	河北	3.390 8	0.870 6	0.331 3	2.946 3
	江苏	0.907 9	1.974 6	0.640 3	4.155 3
	辽宁	0.900 7	0.480 0	0.168 4	1.427 1
	山东	2.034 4	0.844 0	0.408 9	2.978 9
	上海	0.048 1	0.645 6	0.227 0	3.606 8
	天津	1.421 0	0.400 3	0.123 7	1.732 4
	浙江	0.400 5	0.876 9	0.435 2	3.029 1
西部	甘肃	0.429 5	0.130 6	0.182 9	0.401 1
	广西	0.774 5	0.241 4	0.238 9	1.033 8
	贵州	0.498 2	0.096 9	0.261 8	0.622 9
	内蒙古	2.580 9	0.332 4	0.449 1	1.670 8
	宁夏	0.209 9	0.044 9	0.089 8	0.203 0
	青海	0.239 1	0.043 9	0.033 1	0.111 5
	陕西	2.967 3	0.283 4	0.208 7	1.319 3
	四川	0.887 0	0.299 8	0.240 3	0.903 5
	新疆	1.706 4	0.071 7	0.063 1	0.468 8
	云南	0.432 1	0.219 0	0.254 3	1.010 3
	重庆	0.313 0	0.215 0	0.111 6	0.847 6
中部	安徽	1.337 8	0.330 1	0.280 0	1.198 3
	河南	2.129 3	0.710 1	0.356 2	1.632 6
	黑龙江	2.847 2	0.116 2	0.173 4	0.705 3
	湖北	0.618 2	0.244 0	0.335 7	1.237 0
	湖南	0.838 4	0.382 1	0.168 7	1.120 0
	吉林	1.108 6	0.212 5	0.088 7	0.578 7
	江西	0.667 3	0.301 7	0.180 3	1.028 0
	山西	2.295 1	0.268 8	0.484 8	1.234 6

4.3 双重价值链嵌入位置的测算与特征分析

价值链嵌入位置反映了一国（或地区）各个产业在价值链上所处的位置（Koopman 等，2010；Antràs 等，2012；潘文卿和李跟强，2018）。目前测算价值链嵌入位置的方法，充分考虑了一国（或地区）某行业在价值链分工中"供给者"和"需求者"的双重身份，从上游度和下游度两方面反映各个行业在价值链上的生产分工位置以及与其他行业的关联关系。由于从上游度和下游度的测算主要是从一国（或地区）的增加值和最终使用出发，分解出不同分工方式对应的增加值和最终使用，并根据每一生产阶段的增加值和最终使用比重对生产阶段数进行加权处理。因此，目前对于价值链嵌入位置的测算仍然面临着与价值链嵌入程度测算同样的两个缺陷：第一，大量研究是基于一国内部整体的投入产出表（IO 表）、国际投入产出表（ICIO 表）进行测算的，并假定一国内部不同区域具有相同的投入产出结构。第二，现有的价值链分析框架更多地对国内价值链或者全球价值链进行单独度量，且对于国内价值链中区域间的内在差异探讨较少，没有从国内外价值产生的整体角度完整刻画国家价值链，可能引起内生性问题。

为克服目前大部分测算方法存在的两大缺陷，本书基于编制的区域嵌入国家的投入产出表，从区域层面，以区域增加值和最终使用为分解起点，提出了同时考虑国内价值链和全球价值链的生产分工位置测算框架，并据此测算价值链嵌入上游度和下游度指标。本书提出的双重价值链嵌入位置测算方法也从研究主体、核算起点、测算思路三个方面进行了改进，有效地克服了现有研究存在的缺陷。

本节主要研究工作如下：第一，以区域增加值为核算起点，构建区域增加值分解框架，计算上游度指标，以反映各地区部门在产出供给链上的嵌入位置，表征各地区部门与最终消费者间的平均"距离"。第二，以区域最终使用为核算起点，构建区域最终使用分解框架，计算下游度指标，以反映各地区部门在投入需求链上的嵌入位置，表征各地区部门与最初投入供给者间的平均"距离"。第三，根据上游度指标和下游度指标，构建相对位置指标以反映各地区部门在不同生产分工中的相对位置。第四，采用区域嵌入国际的投入产出表，利用生产长度和相对位置测算框架，分析全国、地区、部门、地区部门嵌入价值链的生产分工位置特征。

4.3.1 双重价值链嵌入位置的测算

生产长度是衡量全球价值链的一个基本指标，它表示价值链中各个阶段的数量，反映了生产过程的复杂性。因此，本书借鉴 Wang 等关于全球价值链生产长度的测算，结合本书提出的区域增加值分解框架，将生产长度的测算拓展到更为细化的区域层面，探究区域参与最终品贸易、单一NVC 分工、单一 GVC 分工以及同时参与 GVC 和 NVC 分工的生产长度（见图 4-5）。

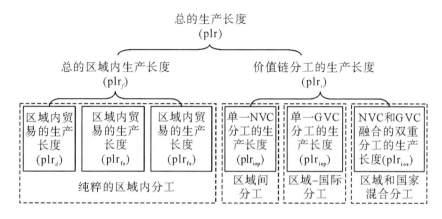

图 4-5　生产分工位置测算思路

Fally 从不同角度提出了关于全球价值链生产长度的度量，具体包含两方面：第一，"到最终需求的距离"或"上游度"，也即生产和最终消费之间的平均阶段数。第二，"每个产品经历的平均生产阶段数"或"下游度"。特定国家或地区在价值链网络中相对的"上游度"或"下游度"只能通过比较行业前向和后向联系衡量的生产长度来确定。某一特定国家（或地区）或部门的前向联系越大，该国家（或地区）或部门的上游度越高。相反，某一特定国家（或地区）或部门的后向联系越大，该国家（或地区）或部门的下游度就越高。本书基于编制的区域嵌入国际的投入产出表，提出从区域生产分工出发的生产长度度量方法，并将价值链分工细化为单一国内价值链分工、单一全球价值链分工以及双重价值链融合分工，从区域内和区域外分工视角，核算特定阶段到初始投入和最终产品经历的生产长度，并计算生产的相对位置。

4.3.1.1 前向分解——上游度

Antràs 等提出了"上游度指数"，其含义表明，一个行业在全球生产链上的位置可以表示为组成最终产品的各种中间产品与最终产品之间的加权平均距离，即通过多少环节的生产，才能成为最终产品。也可理解为，所有上游部门中特定最终产品的单位价值所需要的中间投入总量。生产链越长，某一特定最终产品在经济中所处的上游生产阶段数就越多，上游度指数越大，该生产距离最终消费品的加权平均距离越远，越接近上游。结合区域总产出（X^R）分解公式，可将区域增加值分解如下：

$$Va^R = \widehat{V^R} X^R$$

$$= \underbrace{\widehat{V^R} L^R Y^D + \widehat{V^R} L^R Y^R + \widehat{V^R} L^R Y^{RC}}_{=1\backslash \ *GB3①区域内贸易和区域外最终产品贸易} + \underbrace{\widehat{V^R} L^R A^R B_1 Y + \widehat{V^R} L^R A^{RC} B_2 Y}_{=2\backslash \ *GB3②价值链分工}$$

$$= \underbrace{\widehat{V^R} L^R Y^D}_{=1\backslash \ *GB3①_1区域内贸易} + \underbrace{\widehat{V^R} L^R Y^R}_{=1\backslash \ *GB3①_2区域间最终产品贸易} + \underbrace{\widehat{V^R} L^R Y^{RC}}_{=1\backslash \ *GB3①_3区域-国际最终产品贸易}$$

$$+ \underbrace{\widehat{V^R} L^R A^R B^{DR} \delta^R Y}_{=2\backslash \ *GB3②_1单一NVC分工} + \underbrace{\widehat{V^R} L^R A^{RC} B^{CC} \delta^C Y}_{=2\backslash \ *GB3②_2单一GVC分工}$$

$$+ \underbrace{\widehat{V^R} L^R A^R (B_1 - B^{DR} \delta^R) Y + \widehat{V^R} L^R A^{RC} (B_2 - B^{CC} \delta^C) Y}_{=2\backslash \ *GB3②_3NVC和GVC融合的双重分工}$$ 　　　(4-14)

式 4-14 中，$\widehat{V^R} L^R Y^D + \widehat{V^R} L^R Y^R + \widehat{V^R} L^R Y^{RC}$ 表示最终产品贸易，$\widehat{V^R} L^R A^R B^{DR} \delta^R Y$ 表示单一国内价值链分工，$\widehat{V^R} L^R A^{RC} B^{CC} \delta^C Y$ 表示单一全球价值链分工，$\widehat{V^R} L^R A^R (B_1 - B^{DR} \delta^R) Y + \widehat{V^R} L^R A^{RC} (B_2 - B^{CC} \delta^C) Y$ 表示同时参与国内价值链和全球价值链的双重价值链融合分工。

其中，$L^R = (I - A^D)^{-1}$ 表示内部的技术联系，$A = \begin{bmatrix} A^D + A^R & A^{RC} \\ A^{CR} & A^C \end{bmatrix}$ 为中间消耗矩阵，$B = (I - A)^{-1} = \begin{bmatrix} B^N & B^{RC} \\ B^{CR} & B^C \end{bmatrix}$ 为全球里昂惕夫逆矩阵，表示全球的技术经济联系。$B_1 = [B^N \ B^{RC}]$，表示由区域生产出发，与其他区域和国家之间的技术经济联系，$B_2 = [B^{CR} \ B^C]$，表示由国家出发，与区域和其他国家之间的技术经济联系，$B^{DR} = [I - (A^D + A^R)]^{-1}$，表示纯粹的区域内和区域间的技术经济联系；$B^{CC} = (I - A^C)^{-1} = [I - (A^{CD} + A^{CF})]^{-1}$，表示国家

内和国家间（不含目标国）的技术经济联系。$\delta^R = \begin{bmatrix} I_{s*s} & 0_{s*(G-1)} \end{bmatrix}$，$\delta^C = \begin{bmatrix} 0_{(G-1)*s} & I_{(G-1)*(G-1)} \end{bmatrix}$。$Y = \begin{bmatrix} Y_1 & Y_2 \end{bmatrix}'$ 为最终使用向量，$Y_1 = Y^D + Y^R + Y^{RC}$，表示区域内、区域间以及区域出口的最终使用之和，$Y_2 = Y^{CR} + Y^C$，表示国家向区域和其他国家出口的最终使用。

按照分工形式的不同，区域增加值可以分解为区域内分工和区域外最终产品贸易、价值链分工两部分。进一步地，最终产品贸易带来的区域增加值又可分为三部分：区域内分工带来的区域增加值（$\hat{V^R} L^R Y^D$）、区域间最终产品贸易带来的区域增加值（$\hat{V^R} L^R Y^R$）、区域–国际最终产品贸易带来的区域增加值（$\hat{V^R} L^R Y^{RC}$）。其中，第一部分反映了本区域内最终需求对区域增加值的贡献，即区域层面的"本地偏好"部分。第二部分和第三部分反映了区域外最终产品需求对区域增加值的贡献，即区域层面的"传统贸易"部分。价值链分工带来的区域增加值又可进一步分为：①单一 NVC 分工带来的区域增加值，这部分反映了中间产品仅在国内各区域反复多次流动的情况，是垂直分工体系下产品内分工在一国内部地区层面的体现；②单一 GVC 分工，这部分反映了中间产品出口后，仅在其他国家间反复多次流动的情况，是垂直分工体系下产品内分工在国家层面的体现；③NVC 和 GVC 融合的双重分工带来的区域增加值，这部分反映了中间产品在国内各区域和其他国家间反复多次流动的情况，是 NVC 和 GVC 融合的复杂分工形式。其中，提供给本国其他区域中间产品后进一步进行的双重分工部分为 $\hat{V^R} L^R A^R (B_1 - B^{DR} \delta^R) Y$，提供给其他国家中间产品后进一步进行的双重分工部分为 $\hat{V^R} L^R A^{RC} (B_2 - B^{CC} \delta^C) Y$。

（1）总体平均生产长度。

价值链的平均生产长度是指在一个连续生产过程中，一个区域部门的生产要素创造的增加值被算作总产值的平均次数。它等于累积的总产出与相应的引致总产出的增加值的比率。基于前向产业联系的特定部门的平均生产长度等于该部门的增加值和该部门增加值所引起的总产出之比。因此，基于前向产业联系的各区域各部门的平均生产长度可表示为

$$\text{plvr} = (\hat{V^R} B_1 Y)^{-1} (\hat{V^R} B_1 B Y) \tag{4-15}$$

其中，$\hat{V^R} B_1 B Y$ 表示以每一阶段的生产长度作为权重，对所有阶段进行加权

后的增加值。具体地，按照不同阶段经历的生产分工次数的不同，将各区域各部门各生产阶段的增加值 $\hat{V}^R B_1 Y$ 进行加权，若初始投入直接应用于本区域各部门的最终使用，此部分为本区域各部门总产出直接蕴含的增加值，此时生产链长度为 1；若初始投入经本区域生产后，继续由下一个区域生产为最终产品，此部分为被其他区域用作生产中间产品的本区域各部门总产出所蕴含的增加值，此时生产链长度为 2。依次类推，对应权重依次为 1、2、3…，可得由增加值引致的全部总产出的矩阵表达式为 $\hat{V}^R \delta^R Y + 2 \hat{V}^R \delta^R AY + 3 \hat{V}^R \delta^R AAY + \cdots = \hat{V}^R \delta^R (I + 2A + 3AA + \cdots) Y = \hat{V}^R \delta^R BBY = \hat{V}^R B_1 BY$。

（2）区域内分工的平均生产长度。

在区域的最终产品贸易中，所有最终产品均由本区域生产，不涉及其他区域的生产分工，因此用于本区域的最终使用、其他区域的最终使用以及出口的最终使用的最终产品贸易部分为纯粹的区域内生产分工，这三种分工带来的增加值分别记为 vr_d、vr_{fo}、vr_{fe}。其中，区域内最终需求引致的总产出为 $w\,vr_d = \hat{V}^R Y^D + 2 \hat{V}^R A^D Y^D + 3 \hat{V}^R A^D A^D Y^D + \cdots$。类似地，区域间最终使用引致的总产出为 $\hat{V}^R L^R L^R Y^R$，记为 wvr_{fo}；"传统贸易"引致的总产出为 $\hat{V}^R L^R L^R Y^{RC}$，记为 $w\,vr_{fe}$。平均生产长度为对应分工带来的增加值与引致的总产出之比（$(\widehat{vr})^{-1} w\,vr$），分别记为 $plvr_d$、$plvr_{fo}$、$plvr_{fe}$。

（3）国内价值链分工的平均生产长度。

国内各个区域参与生产分工的部分为国内价值链部分，对应的增加值可表示为 $\hat{V}^R L^R A^R B_1 Y$，记为 vr_{io}。从区域内和区域外生产分工的角度，国内价值链分工引致的总产出分别为 $\hat{V}^R L^R L^R A^R B_1 Y$ 和 $\hat{V}^R L^R A^R B_1 BY$，分别记为 wvr_{io_intra} 和 $w\,vr_{io\_inter}$。相应的区域内和区域间分工视角下，国内价值链分工的平均生产长度为对应分工带来的增加值与引致的总产出之比（$(\widehat{vr})^{-1} wvr$），分别记为 $plvr_{io\_intra}$、$plvr_{io\_inter}$。

由于国内价值链分工中存在全球里昂惕夫逆矩阵的区域块矩阵 B_1，因此国内价值链分工中可能存在其他国家参与生产分工的情况，进一步从中剥离出纯粹的国内价值链分工带来的区域增加值为 $\hat{V}^R L^R A^R B^{DR} \delta^R Y$，记为

$\mathrm{vr}_{\mathrm{io\_p}}$，以及有其他国家参与生产分工的国内价值链分工中的双重分工部分
$\hat{V}^R L^R A^R (B_1 - B^{DR} \delta^R) Y$，记为 $\mathrm{vr}_{\mathrm{io\_d}}$。从区域内和区域外生产分工角度，纯
粹的国内价值链分工引致的总产出分别为 $\hat{V}^R L^R L^R A^R B^{DR} \delta^R Y$ 和 $\hat{V}^R L^R A^R B^{DR} B^{DR} \delta^R Y$，分别记为 $w\,\mathrm{vr}_{\mathrm{io\_p\_intra}}$ 和 $w\,\mathrm{vr}_{\mathrm{io\_p\_inter}}$。国内生产分工中的双重价值
链融合分工引致的总产出分别为 $\hat{V}^R L^R L^R A^R (B_1 - B^{DR} \delta^R) Y$ 和 $\hat{V}^R L^R A^R (B_1 B - B^{DR} B^{DR} \delta^R) Y$，相应的平均生产长度为对应分工带来的增加值与引致的总
产出之比（$(\mathrm{vr})^{-1} w\mathrm{vr}$），分别记为 $\mathrm{plvr}_{\mathrm{io\_p\_intra}}$、$\mathrm{plvr}_{\mathrm{io\_p\_inter}}$、$\mathrm{plvr}_{\mathrm{io\_d\_intra}}$、
$\mathrm{plvr}_{\mathrm{io\_d\_inter}}$。

（4）全球价值链分工的平均生产长度。

从区域增加值出发，国外各个国家或地区参与生产分工的部分为全球
价值链部分，对应的增加值可表示为 $\hat{V}^R L^R A^{RC} B_2 Y$，记为 $\mathrm{vr}_{\mathrm{ie}}$。从区域内
和区域外生产分工的角度，全球价值链分工引致的总产出分别为 $\hat{V}^R L^R L^R A^{RC} B_2 Y$ 和 $\hat{V}^R L^R A^{RC} B_2 B Y$，分别记为 $w\mathrm{vr}_{\mathrm{ie\_intra}}$ 和 $w\mathrm{vr}_{\mathrm{ie\_inter}}$。相应的区域内
和区域外分工视角下，全球价值链分工的平均生产长度为对应分工带来的
增加值与引致的总产出之比（$(\mathrm{vr})^{-1} w\mathrm{vr}$），分别记为 $\mathrm{plvr}_{\mathrm{ie\_intra}}$、
$\mathrm{plvr}_{\mathrm{ie\_inter}}$。

由于全球价值链分工中存在全球里昂惕夫逆矩阵的国家块矩阵 B_2，因
此全球价值链分工中可能存在区域参与生产分工的情况，进一步从中剥离
出纯粹的全球价值链分工带来的区域增加值为 $\hat{V}^R L^R A^{RC} B^{CC} \delta^C Y$，记为
$\mathrm{vr}_{\mathrm{ie\_p}}$，以及有区域参与生产分工的全球价值链分工中的双重分工部分 $\hat{V}^R L^R A^{RC} (B_2 - B^{CC} \delta^C) Y$，记为 $\mathrm{vr}_{\mathrm{ie\_d}}$。从区域内和区域外生产分工角度，纯
粹的全球价值链分工引致的总产出分别为 $\hat{V}^R L^R L^R A^{RC} B^{CC} \delta^C Y$ 和 $\hat{V}^R L^R A^{RC} B^{CC} B^{CC} \delta^C Y$，分别记为 $w\,\mathrm{vr}_{\mathrm{ie\_p\_intra}}$ 和 $w\,\mathrm{vr}_{\mathrm{ie\_p\_inter}}$。全球生产分工中的双重
价值链融合分工引致的总产出分别为 $\hat{V}^R L^R L^R A^{RC} (B_2 - B^{CC} \delta^C) Y$ 和 $\hat{V}^R L^R A^{RC} (B_2 B - B^{CC} B^{CC} \delta^C) Y$，分别记为 $w\,\mathrm{vr}_{\mathrm{ie\_d\_intra}}$ 和 $w\,\mathrm{vr}_{\mathrm{ie\_d\_inter}}$。相应的平均
生产长度为对应分工带来的增加值与引致的总产出之比（$(\mathrm{vr})^{-1} w\mathrm{vr}$），分
别记为 $\mathrm{plvr}_{\mathrm{ie\_p\_intra}}$、$\mathrm{plvr}_{\mathrm{ie\_p\_inter}}$、$\mathrm{plvr}_{\mathrm{ie\_d\_intra}}$、$plvr_{\mathrm{ie\_d\_inter}}$。

（5）双重价值链融合分工的平均生产长度。

由上述分析可知，国内生产分工和全球生产分工均存在区域和其他国家同时参与的情况，这部分生产分工带来的增加值即为双重价值链融合分工带来的区域增加值。那么，从区域内和区域外生产分工角度，双重价值链融合分工引致的总产出分别为 $\hat{V^R} L^R L^R A^R (B_1 - B^{DR} \delta^R) Y + \hat{V^R} L^R L^R A^{RC} (B_2 - B^{CC} \delta^C) Y$ 和 $\hat{V^R} L^R \Lambda^R (B_1 B - B^{DR} B^{DR} \delta^R) Y + \hat{V^R} L^R A^{RC} (B_2 B - B^{CC} R^{CC} \delta^C) Y$，分别记为 $\mathrm{wvr}_{\mathrm{ioe\_intra}}$ 和 $\mathrm{wvr}_{\mathrm{ioe\_inter}}$。相应的平均生产长度为对应分工带来的增加值与引致的总产出之比（$(\hat{\mathrm{vr}})^{-1} \mathrm{wvr}$），分别记为 $\mathrm{plvr}_{\mathrm{ioe\_intra}}$ 和 $\mathrm{plvr}_{\mathrm{ioe\_inter}}$。

（6）价值链分工的平均生产长度。

由上述分析可知，价值链分工主要包括国内价值链分工和全球价值链分工。那么，从区域内和区域外生产分工角度，价值链分工引致的总产出分别为 $\hat{V^R} L^R L^R A^R B_1 Y + \hat{V^R} L^R L^R A^{RC} B_2 Y$ 和 $\hat{V^R} L^R A^R B_1 B Y + \hat{V^R} L^R A^{RC} B_2 B Y$，分别记为 $\mathrm{wvr}_{\mathrm{i\_intra}}$ 和 $\mathrm{wvr}_{\mathrm{i\_inter}}$。相应的平均生产长度为对应分工带来的增加值与引致的总产出之比（$(\hat{\mathrm{vr}})^{-1} \mathrm{wvr}$），分别记为 $\mathrm{plvr}_{\mathrm{i\_intra}}$ 和 $\mathrm{plvr}_{\mathrm{i\_inter}}$。

4.3.1.2 后向分解——下游度

从后向生产联系来看，平均生产长度可以表示为最终产品到初始投入的加权平均距离。平均生产长度越大，该生产距离初始投入的加权平均距离越远，越接近于生产链的下游位置。基于后向生产联系，从区域最终产品出发，可将区域最终使用向量按照生产分工路径不同分解如下：

$$(Y_1)' = \delta \hat{Y_1} = VB\hat{\mu} \hat{Y_1} = VB \hat{Y\mu} = V^R B_1 \hat{Y\mu} + V^C B_2 \hat{Y\mu}$$

$$= 1 \setminus \underbrace{V^R L^R \hat{Y^D}}_{* \, GB3①_1 区域内分工} + = 1 \setminus \underbrace{V^R L^R \hat{Y^R}}_{* \, GB3①_2 区域间最终产品贸易} + = 1 \setminus \underbrace{V^R L^R \hat{Y^{RC}}}_{* \, GB3①_3 区域-国际最终产品贸易}$$

$$+ \underbrace{V^R L^R A^R B^{DR} \delta^R \hat{Y\mu}}_{= 2 \setminus * \, GB3②_1 单—NVC分工} + \underbrace{V^C L^C A^{CR} L^R \delta^R \hat{Y\mu}}_{= 2 \setminus * \, GB3②_2 单—GVC分工}$$

$$+ \underbrace{\left\{ \begin{array}{l} V^R L^R A^R (B_1 - B^{DR} \delta^R) \hat{Y\mu} + V^R L^R A^{RC} B_2 \hat{Y\mu} \\ + V^C L^C A^{CF} B_2 \hat{Y\mu} + V^C L^C A^{CR} (B_1 - L^R \delta^R) \hat{Y\mu} \end{array} \right\}}_{= 2 \setminus * \, GB3②_3 NVC和GVC融合的双重分工} \qquad (4-16)$$

其中，$\delta = [1, \cdots, 1]$，从投入产出表中的各列来看，中间投入与初始投

入之和为总投入 $[X' = (AX)' + V\hat{X}]$，也可写为 $\delta\hat{X} = \delta A\hat{X} + V\hat{X}$，因此可得 $\delta = V(I-A)^{-1} = VB$。$L^C = (I - A^{CD})^{-1}$，表示国内技术经济联系。$\mu = \begin{bmatrix} I_{s*s} & 0_{s*C} \\ 0_{C*s} & 0_{C*C} \end{bmatrix}$，由于从区域最终产品角度，$Y_1$ 包含三种情况：供本区域的最终使用、供其他区域的最终使用以及供其他国家的最终使用，因此，进口中间产品均用于这三种最终使用的生产，对于其他国家进口中间产品生产该国最终使用的部分为 0，则有：$V^C L^C \delta^C \hat{Y}\mu = 0$、$V^R L^R A^{RC} B^{CC} \delta^C \hat{Y}\mu = 0$、$V^C L^C A^{CF} B^{CC} \delta^C \hat{Y}\mu = 0$。式（4-16）中，$V^R L^R \hat{Y^D} + V^R L^R \hat{Y^R} + V^R L^R \hat{Y^{RC}}$ 表示直接使用本区域的初始投入进行最终产品生产，分别用于满足区域内最终需求、其他区域的最终产品需求、其他国家（或地区）的最终产品需求。$V^R L^R A^R B^{DR} \delta^R \hat{Y}\mu$ 表示使用本区域的初始投入进行生产，整个生产过程不涉及其他国家（或地区）参与，记为单一 NVC 分工。$V^C L^C A^{CR} L^R \delta^R \hat{Y}\mu$ 表示使用其他国家（或地区）的初始投入和中间投入进行生产，区域进口后不涉及目标国的其他区域生产，记为单一 GVC 分工。$V^R L^R A^R (B_1 - B^{DR} \delta^R) \hat{Y}\mu + V^R L^R A^{RC} B_2 \hat{Y}\mu + V^C L^C A^{CF} B_2 \hat{Y}\mu + V^C L^C A^{CR} (B_1 - L^R \delta^R) \hat{Y}\mu$ 表示使用本区域或其他国家（或地区）的初始投入进行生产，生产过程中既有目标国的区域参与生产，也有其他国家参与生产，因此记这部分为 NVC 和 GVC 融合的双重分工。

（1）总体平均生产长度。

部门之间的后向经济联系为各部门的最终需求之间的距离，可表示为特定区域部门单位最终产品做出贡献的所有上游部门的初始投入之和。借鉴 Wang 等的做法，基于后向产业联系的特定部门的平均生产长度等于总投入与最终产品之比。因此，各区域各部门的平均生产长度可表示如下：

$$\text{plyr} = (VBB\hat{Y}\mu)(VB\hat{Y}\mu)^{-1} \tag{4-17}$$

其中，$VB\hat{Y}\mu$ 为区域的最终产品向量，$VBB\hat{Y}\mu$ 表示对所有阶段进行加权后，区域生产最终产品引致的总投入。

（2）区域内分工的平均生产长度。

区域内最终使用、区域间最终产品贸易、"传统贸易"这三种生产分工并不涉及跨境和跨区域贸易，是纯粹的区域内生产，对应的最终产品分

别记为 yr_d、yr_{fo}、yr_{fe}。与前向分解类似，这三部分引致的总投入分别记为 $w\,yr_d$、$w\,yr_{fo}$、wyr_{fe}，相应的平均生产长度为引致的总投入与最终产品之比 $(wyr\,(\hat{yr})^{-1})$，可分别记为 $plyr_d$、$plyr_{fo}$、$plyr_{fe}$。

（3）国内价值链分工的平均生产长度。

国内价值链分工对应的最终使用可表示为 $V^R L^R A^R B_1 \hat{Y}\mu$，记为 yr_{io}。从区域内和区域外生产分工的角度，国内价值链分工引致的总投入分别为 $V^R L^R L^R A^R B_1 \hat{Y}\mu$ 和 $V^R L^R A^R B_1 B \hat{Y}\mu$，分别记为 $w\,yr_{io\_intra}$ 和 $w\,yr_{io\_inter}$。相应的区域内和区域外分工视角下，国内价值链分工的平均生产长度为引致的总投入与最终产品之比 $(wyr\,(\hat{yr})^{-1})$，可分别记为 $plyr_{io\_intra}$ 和 $plyr_{io\_inter}$。

与前向分解类似，进一步从中剥离出纯粹的国内价值链分工部分 $V^R L^R A^R B^{DR} \delta^R \hat{Y}\mu$，记为 yr_{io_p}，以及有其他国家参与生产分工的国内价值链分工中的双重分工部分 $V^R L^R A^R (B_1 - B^{DR} \delta^R) \hat{Y}\mu$，记为 yr_{io_d}。从区域内和区域外生产分工角度，纯粹的国内价值链分工引致的总投入分别为 $V^R L^R L^R A^R B^{DR} \delta^R \hat{Y}\mu$ 和 $V^R L^R A^R B^{DR} B^{DR} \delta^R \hat{Y}\mu$，分别记为 $w\,yr_{io\_p\_intra}$ 和 $w\,yr_{io\_p\_inter}$。国内生产分工中的双重价值链融合分工引致的总投入分别为 $V^R L^R L^R A^R (B_1 - B^{DR} \delta^R) \hat{Y}\mu$ 和 $V^R L^R A^R (B_1 B - B^{DR} B^{DR} \delta^R) \hat{Y}\mu$，分别记为 $w\,yr_{io\_d\_intra}$ 和 $w\,yr_{io\_d\_inter}$。相应的平均生产长度为引致的总投入与最终产品之比 $(wyr\,(\hat{yr})^{-1})$，可分别记为 $pl\,yr_{io\_p\_intra}$、$plyr_{io\_p\_inter}$、$plyr_{io\_d\_intra}$、$plyr_{io\_d\_inter}$。

（4）全球价值链分工的平均生产长度。

全球价值链分工对应的最终使用可表示为 $V^R L^R A^{RC} B_2 \hat{Y}\mu + V^C L^C A^{CF} B_2 \hat{Y}\mu + V^C L^C A^{CR} B_1 \hat{Y}\mu$，记为 yr_{ie}。其中，$V^R L^R A^{RC} B_2 \hat{Y}\mu$ 表示区域中间产品出口后，由其他国家参与加工生产最终在国内区域生产为最终产品，$V^C L^C A^{CF} B_2 \hat{Y}\mu$ 表示其他国家间经过中间生产后最终在国内区域生产为最终产品，$V^C L^C A^{CR} B_1 \hat{Y}\mu$ 表示其他国家出口给本国某一区域后，进一步在区域间进行生产分工或再出口，最终在国内区域生产为最终产品。从区域内和区域外生产分工的角度，全球价值链分工引致的总产出分别为 $V^R L^R L^R A^{RC} B_2 \widehat{Y\mu} + V^C L^C L^C A^{CF} B_2 \widehat{Y\mu} + V^C L^C L^C A^{CR} B_1 \widehat{Y\mu}$ 和 $V^R L^R A^{RC} B_2 B \widehat{Y\mu} + V^C L^C A^{CF} B_2 B \widehat{Y\mu} + V^C L^C A^{CR} B_1 B \widehat{Y\mu}$，可分别记为 $w \mathrm{yr}_{\mathrm{ie\_intra}}$ 和 $w \mathrm{yr}_{\mathrm{ie\_inter}}$。相应的全球价值链分工的平均生产长度为引致的总投入与最终产品之比（$w\mathrm{yr}\,(\mathrm{yr})^{-1}$），可分别记为 $\mathrm{plyr}_{\mathrm{ie\_intra}}$、$\mathrm{plyr}_{\mathrm{ie\_inter}}$。

与前向分解类似，进一步从中剥离出纯粹的全球价值链分工带来的区域最终产品引致的总投入 $V^C L^C A^{CR} L^R \delta^R \widehat{Y\mu}$，记为 $\mathrm{yr}_{\mathrm{ie\_p}}$，以及有区域参与生产分工的全球价值链分工中的双重分工部分 $V^R L^R A^{RC} B_2 \widehat{Y\mu} + V^C L^C A^{CF} B_2 \widehat{Y\mu} + V^C L^C A^{CR}(B_1 - L^R \delta^R) \widehat{Y\mu}$，记为 $\mathrm{yr}_{\mathrm{ie\_d}}$。从区域内和区域外生产分工角度，纯粹的全球价值链分工引致的总投入分别为 $V^C L^C L^C A^{CR} L^R \delta^R \widehat{Y\mu}$ 和 $V^C L^C A^{CR} L^R L^R \delta^R \widehat{Y\mu}$，分别记为 $w \mathrm{yr}_{\mathrm{ie\_p\_intra}}$ 和 $w \mathrm{yr}_{\mathrm{ie\_p\_inter}}$。全球生产分工中的双重价值链融合分工引致的总投入分别为 $V^R L^R L^R A^{RC} B_2 \widehat{Y\mu} + V^C L^C L^C A^{CF} B_2 \widehat{Y\mu} + V^C L^C L^C A^{CR}(B_1 - L^R \delta^R) \widehat{Y\mu}$ 和 $V^R L^R A^{RC} B_2 B \widehat{Y\mu} + V^C L^C A^{CF} B_2 B \widehat{Y\mu} + V^C L^C A^{CR}(B_1 B - L^R L^R \delta^R) \widehat{Y\mu}$，分别记为 $w \mathrm{yr}_{\mathrm{ie\_d\_intra}}$ 和 $w \mathrm{yr}_{\mathrm{ie\_d\_inter}}$。相应的平均生产长度为引致的总投入与最终产品之比（$w\mathrm{yr}\,(\mathrm{yr})^{-1}$），可分别记为 $\mathrm{plyr}_{\mathrm{ie\_p\_intra}}$、$\mathrm{plyr}_{\mathrm{ie\_p\_inter}}$、$\mathrm{plyr}_{\mathrm{ie\_d\_intra}}$、$\mathrm{plyr}_{\mathrm{ie\_d\_inter}}$。

（5）双重价值链融合分工的平均生产长度。

依据上述分析，NVC 和 GVC 分工中的双重价值链融合分工带来的总投入为 $V^R L^R A^R (B_1 - B^{DR} \delta^R) \widehat{Y\mu} + V^R L^R A^{RC} B_2 \widehat{Y\mu} + V^C L^C A^{CF} B_2 \widehat{Y\mu} + V^C L^C A^{CR}(B_1 - L^R \delta^R) \widehat{Y\mu}$，记为 $\mathrm{yr}_{\mathrm{ioe}}$。从区域内和区域外生产分工角度，双重价值链融合分工引致的总投入分别为 $V^R L^R L^R A^R (B_1 - B^{DR} \delta^R) \widehat{Y\mu} + V^R L^R L^R A^{RC} B_2 \widehat{Y\mu} + V^C L^C L^C A^{CF} B_2 \widehat{Y\mu} + V^C L^C L^C A^{CR}(B_1 - L^R \delta^R) \widehat{Y\mu}$ 和 $V^R L^R A^R (B_1 B - B^{DR} B^{DR} \delta^R) \widehat{Y\mu} + V^R L^R A^{RC} B_2 B \widehat{Y\mu} + V^C L^C A^{CF} B_2 B \widehat{Y\mu} + V^C L^C A^{CR}(B_1 B - L^R L^R \delta^R) \widehat{Y\mu}$，分别记为 $w\mathrm{yr}_{\mathrm{ioe\_intra}}$ 和 $w\mathrm{yr}_{\mathrm{ioe\_inter}}$。相应的平均生产长度为引致的总投入与最终产品之比（$w\mathrm{yr}\,(\mathrm{yr})^{-1}$），可分别记为 $\mathrm{plyr}_{\mathrm{ioe\_intra}}$ 和 $\mathrm{plyr}_{\mathrm{ioe\_inter}}$。

（6）价值链分工的平均生产长度。

区域最终产品在参与 NVC 和 GVC 分工过程中引致的总投入为 $V^R L^R A^R$ $B_1 \hat{Y} \mu + V^R L^R A^{RC} B_2 \hat{Y} \mu + V^C L^C A^{CF} B_2 \hat{Y} \mu + V^C L^C A^{CR} B_1 \hat{Y} \mu$。从区域内和区域外生产分工角度，价值链分工引致的总投入分别为 $V^R L^R L^R A^R B_1 \hat{Y} \mu + V^R L^R$ $L^R A^{RC} B_2 \hat{Y} \mu + V^C L^C L^C A^{CF} B_2 \hat{Y} \mu + V^C L^C L^C A^{CR} B_1 \hat{Y} \mu$ 和 $V^R L^R A^R B_1 B \hat{Y} \mu + V^R$ $L^R A^{RC} B_2 B \hat{Y} \mu + V^C L^C A^{CF} B_2 B \hat{Y} \mu + V^C L^C A^{CR} B_1 B \hat{Y} \mu$，分别记为 w yr$_{i\_intra}$ 和 w yr$_{i\_inter}$。相应的平均生产长度为引致的总投入与最终产品之比（wyr $(\hat{yr})^{-1}$），可分别记为 plyr$_{i\_intra}$ 和 plyr$_{i\_inter}$。

4.3.1.3 生产的相对位置

特定产品从初始投入经历多个生产阶段最后被生产为最终产品，最终被消费使用。从前向生产关联来看，从初始投入到最后被生产为最终产品，经历的生产阶段越多，生产长度越长，初始投入到最终产品的距离越远，上游度越大。从后向产业关联来看，从最终产品到初始投入，经历的生产阶段越多，生产长度越长，最终产品到初始投入的距离越远，下游度越大。为衡量一个国家（或地区）或部门在国内生产网络和全球生产网络所处的相对位置，本书借鉴 Wang 等的方法，将一个国家（或地区）或部门生产的相对位置表示如下：

$$\text{posr}_{\text{Chains}} = (\widehat{\text{plyr}_{\text{Chains}}})^{-1} \text{plvr}_{\text{Chains}} \tag{4-18}$$

其中，plvr$_{\text{Chains}}$ 和 plyr$_{\text{Chains}}$ 分别为基于前向和后向生产联系，分工方式为 Chains 时对应的平均生产长度，分别反映了上游度水平和下游度水平。Chains = {All，Fin，VC，PNVC，PGVC，NGVC}，分别表示总体、区域内分工和区域外最终产品贸易、价值链分工、单一 NVC 分工、单一 GVC 分工、NVC 和 GVC 融合的双重分工。由上式可知，生产的位置指数与生产长度密切相关，但生产长度并不一定能够直接反映一个国家（或地区）或部门在生产中的位置。对一个特定的国家（或地区）或部门，基于前后生产关联测算的生产长度的比值，可以计算出国家（或地区）或部门的相对上游度，确定特定国家（或地区）或部门在国内外生产分工中的位置。

4.3.2 双重价值链嵌入位置的特征分析

本书基于编制的区域嵌入国际的投入产出表和提出的区域双重价值链

嵌入位置测算框架，进一步计算区域部门嵌入不同分工时所处的位置，以回答"中国各区域在嵌入双重价值链分工时处于什么位置"这一问题。厘清这一问题有助于明确中国嵌入双重价值链分工时所扮演的角色，并有助于中国各区域双重价值链嵌入的地位提升。因此，本部分分别从全国、地区、部门、地区部门层面分析中国嵌入双重价值链的位置特征。

（1）全国层面。

基于前向生产联系的不同生产分工模式的生产长度情况如图 4-6 所示。从前向生产联系来看，区域内分工视角下的所有分工形式的生产长度均低于平均水平，更远离上游；区域外分工视角下的所有分工形式的生产长度均高于区域内分工视角下的所有分工形式的生产长度，更接近上游；从价值链分工来看，NVC 和 GVC 融合的双重分工的生产长度远高于单一价值链分工，上游度更高。从时间上来看，大部分分工形式的生产长度均有上升趋势。基于后向生产联系的不同生产分工模式的生产长度情况如图 4-7 所示，不同分工形式的生产长度特征与前向生产联系基本一致。

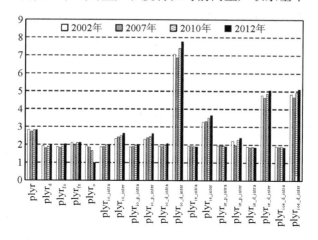

图 4-6 不同分工的前向生产联系

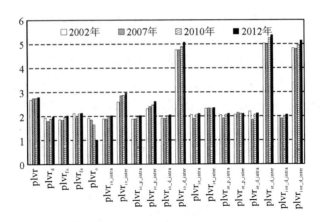

图 4-7　不同分工的后向生产联系

　　本书利用前向生产联系和后向生产联系计算的上游度指数和下游度指数，按照生产的相对位置测算思路，计算不同分工形式的相对位置。结果如表 4-8 所示，从整体层面来看，相对位置指数均小于 1，这表明从中国整体来看，中国处于相对下游的位置，这与 Wang 等得出的结论一致。区域外分工视角下，国内价值链分工部分中的 NGVC 分工、全球价值链分工中的单一 GVC 分工、NGVC 分工部分的相对位置依次增大，这表明越复杂的价值链分工形式生产的相对位置越靠近上游。

表 4-8　整体层面相对生产位置

分工形式			2002 年	2007 年	2010 年	2012 年
总体相对位置	所有分工形式	plr	0.950 8	0.999 0	0.979 5	0.989 3
区域内分工相对位置	区域内贸易	plr_d	1.000 0	1.000 0	1.000 0	1.000 0
	区域间最终产品贸易	plr_{fo}	1.000 0	1.000 0	1.000 0	1.000 0
	传统贸易	plr_{fe}	1.000 0	1.000 0	1.000 0	1.000 0
国内价值链分工相对位置	单一 NVC 分工	$plr_{io\_p\_intra}$	1.000 0	1.000 0	1.000 0	1.000 0
		$plr_{io\_p\_inter}$	1.000 0	1.000 0	1.000 0	1.000 0
	NGVC 分工	$plr_{io\_d\_intra}$	0.993 8	1.007 9	1.004 2	0.995 8
		$plr_{io\_d\_inter}$	0.673 1	0.693 2	0.661 9	0.654 6
全球价值链分工相对位置	单一 GVC 分工	$plr_{ie\_p\_intra}$	1.051 5	0.977 6	1.060 5	1.101 1
		$plr_{ie\_p\_inter}$	0.935 6	1.089 9	0.927 7	0.882 7
	NGVC 分工	$plr_{ie\_d\_intra}$	1.154 6	0.994 5	1.101 1	1.143 6
		$plr_{ie\_d\_inter}$	1.052 9	1.077 0	1.081 4	1.064 0

表4-8(续)

分工形式		2002 年	2007 年	2010 年	2012 年
总的 NGVC 分工相对位置	$plr_{ioe\_d\_intra}$	1.042 9	1.017 8	1.071 2	1.113 1
	$plr_{ioe\_d\_inter}$	0.997 8	1.027 4	1.009 5	1.007 3

（2）地区层面。

本书绘制了历年各个区域单一 NVC 分工相对位置、NVC 和 GVC 融合的双重分工（简称"NGVC 分工"）相对位置（见图4-8）、单一 GVC 分工相对位置与 NVC 和 GVC 融合的双重分工相对位置（见图4-9）。

由图4-8可知，2002 年，黑龙江、陕西、广西、贵州、新疆、安徽等中西部区域在参与单一 NVC 分工和 NGVC 分工时均处于相对上游的位置。浙江、重庆、广东、四川、湖北、湖南等区域在两条价值链分工中处于相对下游位置。随着时间的推移，各个区域逐渐向第一、第三象限聚集，到2012 年，新疆、山西、黑龙江、内蒙古、贵州、陕西等中西部地区在两条价值链分工中均处于相对上游位置，但山东、江西、辽宁、河北等区域相反。由图4-9可知，2002 年，中国 30 个区域被临界线大致分成了两部分，上海、天津、黑龙江、北京、辽宁等区域处于第一象限，在单一 GVC 分工和 NGVC 分工中均处于相对上游位置，其他大部分区域集中在第三象限。到2012 年，各个区域分布在第一、二、三象限，重庆、广西、内蒙古、云南、海南单一 GVC 分工处于相对上游，山东、江西、辽宁、河南、四川单一 GVC 分工处于相对下游。

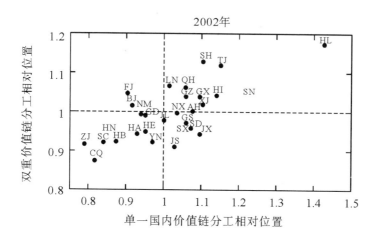

2002年

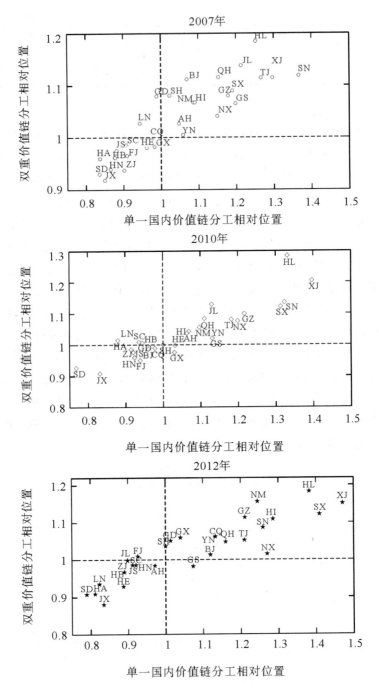

图 4-8　中国各区域单一国内价值链分工与双重价值链分工相对位置

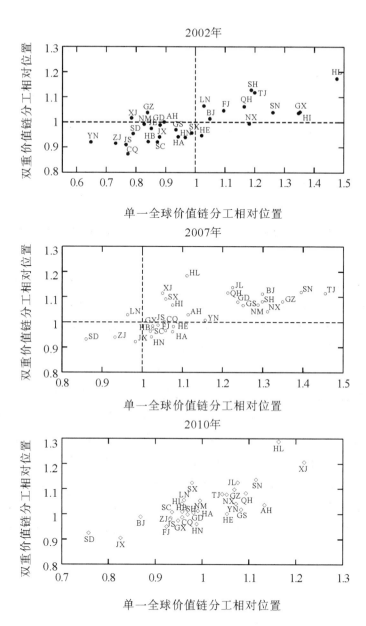

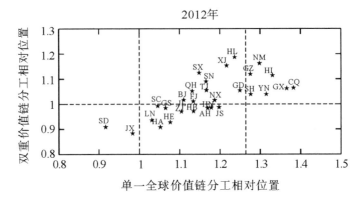

图 4-9　中国各区域单一全球价值链分工与双重价值链分工相对位置

（3）部门层面。

图 4-10 绘制了 2002 年、2007 年、2010 年、2012 年中国各个部门的相对生产位置，左侧的图表示考虑所有生产分工形式总的相对生产位置在各个部门不同年份下的情况，右侧的图表示 NGVC 分工的相对位置。可以发现，不论是从总体层面还是从 NGVC 分工层面，中国大部分制造业部门、建筑业部门在生产分工中处于相对下游的位置。对于建筑业而言，在进入消费者市场之前，建筑业需要利用大量中间产品进行生产，经历的生产环节较多，因此处于相对下游的位置。中国制造业也处于相对下游的位置，这表明中国参与生产分工多以进口（流入）—加工生产—出口（流出）的形式参与价值链分工，占据中低端的加工制造环节。初级产品部门和部分低技术制造业部门在生产分工中更多的作用在于向其他部门提供原材料或中间产品，因此处于相对上游的位置。相对 2010 年而言，从总体层面来讲，2012 年大部分部门的相对位置均向上游移动，而 NGVC 分工趋势并不明显。

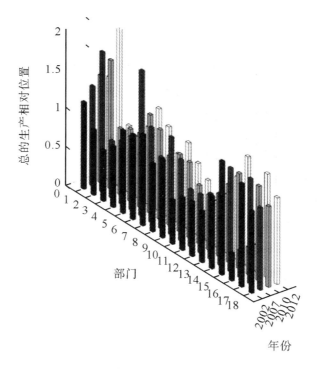

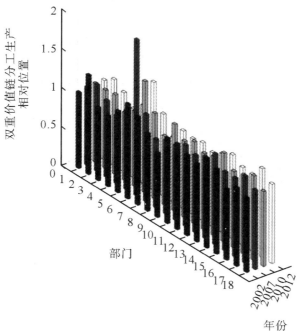

图4-10 中国各部门生产分工相对位置

（4）地区部门层面。

由于2007—2009年发生的全球金融危机影响巨大，因此本书以2007年为分界点，分析总体层面的平均相对位置变动和参与NGVC分工的相对位置变动（见图4-11）。可以发现，全球金融危机前后，各区域各部门总体相对位置变动幅度大于NGVC分工相对位置变动幅度，这表明，以传统贸易、单一的全球价值链贸易等简单分工形式参与价值链贸易受外部环境的影响较大，融合国内价值链和全球价值链分工的NGVC分工形式能够在一定程度上削弱外部冲击的负向影响。全球金融危机前的快速发展，使得中国各个区域服务业参与NGVC分工的相对位置有所提升，全球金融危机后大部分区域的制造业部门总的相对位置逐渐向相对下游的位置移动，被锁定在中低端加工生产环节，但NGVC分工并非如此，有近一半的区域向相对上游位置移动，突破了中低端锁定的困境。

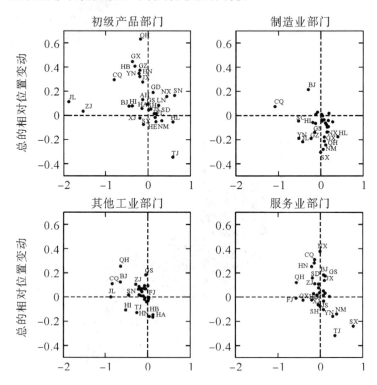

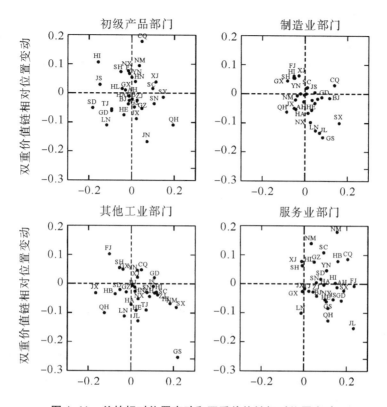

图4-11 总的相对位置变动和双重价值链相对位置变动

注：横轴表示 2002—2007 年相对位置变动，纵轴表示 2007—2012 年相对位置变动，图中虚线为相对位置变动的临界值。

4.4 本章小结

本章旨在回答"中国各区域在参与双重价值链分工过程中到底获得了多少增加值收益？中国各个区域与其他国家或地区之间存在怎样的关系？中国各区域在嵌入双重价值链分工时处于什么位置？"等问题。围绕这些问题，本书从三个方面展开研究工作：第一，编制考虑区域异质性的区域嵌入国际的投入产出表，以克服现有投入产出表区域同质的隐含假定，为后续分析奠定数据基础。第二，以区域增加值为核算起点，提出了同时考虑国内价值链和全球价值链的增加值分解框架，并据此测算价值链嵌入程度指标，避免了现有贸易增加值核算方法从总出口角度进行分解剔除重复计算的问题。本书还以区域嵌入国际的投入产出表和价值链嵌入程度测算框架，计算中国各区域参与不同分工带来的区域增加值，从全国、地区、部门、地区部门层面分析中国嵌入双重价值链的增加值特征。第三，以区域增加值和最终使用为分解起点，提出了同时考虑国内价值链和全球价值链的生产分工位置测算框架，据此测算价值链嵌入上游度和下游度指标，并以区域嵌入国际的投入产出表和价值链嵌入位置测算框架，计算中国各区域嵌入不同分工时所处的位置，从全国、地区、部门、地区部门层面分析中国嵌入双重价值链的位置特征。

对于价值链嵌入程度和嵌入位置的核算，本书从区域层面出发，避免了现有相关研究区域同质的隐含假定，同时在一定程度上避免了单独研究国内价值链和全球价值链可能存在的内生性问题，为计算价值链嵌入提供了新的测算思路。本章主要的研究内容如下：

第一，结合现有的 2002 年、2007 年、2010 年和 2012 年的中国区域间投入产出表、世界投入产出数据库以及中国海关进出口数据，编制了考虑区域异质性的区域嵌入国际的投入产出表。该表将国内区域和世界各国纳入了统一的分析体系中，将各区域参与的全球价值链贸易和区域间的国内价值链贸易进行了统一。

第二，提出区分双重价值链融合分工的贸易增加值核算框架，将国内增加值分解为最终产品贸易、单一 NVC 分工、单一 GVC 分工以及 GVC 和 NVC 融合的双重分工带来的区域增加值。与以往研究的不同之处在于，本书提出的贸易增加值测算框架充分考虑了区域异质性和区域-国际贸易联系，并得到了更为细化的价值链分工框架。本书将 NVC 和 GVC 放置于同一测算体系下，从广义的 GVC 分工和 NVC 分工中剥离得到 GVC 和 NVC 融合的双重分工部分；基于区域嵌入国际的投入产出表和贸易增加值核算框架，测算了各区域各部门最终产品贸易、单一 NVC 分工、单一 GVC 分工以及 GVC 和 NVC 融合的双重分工带来的区域增加值。基于测算结果，本书从全国层面、地区层面、部门层面、地区部门层面分析不同分工形式的嵌入特征。由结果可知，区域内贸易是各个区域各个部门增加值的主要来源，具有明显的"本地偏好"特征；从地区看，中西部地区的"本地偏好"特征比东部地区更加突出。从部门看，建筑业部门和服务业部门的本地偏好特征最为突出。从价值链分工来看，地区层面中西部地区更偏向于国内价值链分工，东部沿海地区更偏向于全球价值链分工，NVC 和 GVC 融合的双重分工并不存在明显的区域聚集特征；部门层面中高技术制造业部门参与 GVC 分工、NVC 和 GVC 融合的双重分工的程度更深。

第三，基于区域嵌入国际的投入产出表，本书提出区分双重价值链融合分工的生产位置测算框架，构建反映生产过程复杂性的生产长度指标，从前向和后向生产联系角度，测算不同分工形式的生产位置，并基于区域嵌入国际的投入产出表和价值链嵌入位置核算框架，综合前向和后向生产联系，测算了各个区域各个部门最终产品贸易、单一 NVC 分工、单一 GVC 分工以及 GVC 和 NVC 融合的双重分工的生产分工位置。从结果来看，不论是从前向生产联系角度还是后向生产联系角度，随着分工愈发复杂，平均生产长度有增加趋势。从国家层面来看，中国处于相对下游的位置，但 NGVC 分工处于相对上游的位置（2007 年除外）。对比不同价值链分工，越复杂的价值链分工形式的生产相对位置越靠近上游。从地区层面来讲，大部分地区在单一价值链嵌入位置与双重价值链嵌入位置构成的散点图中处于第一和第三象限。这表明大部分区域在参与单一价值链分工与 NVC 和 GVC 融合的双重分工时，形成了同时处于相对上游位置或同时处于相对下游位置的二元结构。从部门层面来讲，中国大部分制造业部门、建筑业部门在生产分工中处于相对下游的位置，初级产品部门和部分低技术制造业部门处于相对上游的位置。从地区部门层面来讲，全球金融危机前后，各区域各部门总体相对位置变动幅度大于 NGVC 分工相对位置变动幅度。全球金融危机后大部分区域的制造业部门总的相对位置逐渐向相对下游位置移动，但 NGVC 分工并非如此，有近一半的区域向相对上游位置移动。

5 技术进步对双重价值链嵌入影响的实证检验

　　第3章通过经济理论的分析、理论模型的推导以及数值模拟，从理论上解释技术进步对价值链嵌入的影响。从影响机理看，价值链分工的基础是比较优势，技术进步可以通过改变产品、产业和地区的比较优势这三条路径影响生产单位双重价值链的嵌入。从理论模型看，在投入产出模型的理论框架设定下，技术进步主要表现为反映国家（或地区）间经济技术联系的直接消耗系数矩阵的变化，从投入和产出两个方面影响价值链嵌入。从数值模拟看，本国（或地区）的技术进步通过重新配置生产过程中使用的国内外中间投入和增大单位投入带来的产出促进、影响本国（或地区）的双重价值链嵌入。因此，在理论上本国（或地区）的技术进步有利于促进其更深入地嵌入双重价值链，技术进步可以作为中国双重价值链分工升级的内在动力。那么，在实际数据中，技术进步到底对双重价值链嵌入具有怎样的影响？对于双重价值链的多种分工方式，技术进步对不同形式的价值链分工具有怎样的影响？技术进步通过哪种价值链分工模式影响双重价值链嵌入？回答这些问题对于加快形成强大国内市场，"加快构建以国内大循环为主体、国内国际双循环相互促进的新发展格局"具有重要意义。

　　然而，目前学者们对于技术进步与价值链分工的关系研究，主要集中于价值链分工的生产率效应研究（Gereffi，1999；Bair & Gereffi，2001；苏丹妮等，2020），对技术进步直接影响价值链分工的研究还较少。为回答上述问题，本章基于双重价值链嵌入的测算结果，分析技术进步对双重价值链嵌入的影响。由于价值链嵌入主要表现为嵌入程度和嵌入位置两个方面（李跟强和潘文卿，2016）。因此，本章从嵌入程度和嵌入位置两个方面对技术进步对双重价值链嵌入的影响展开分析。具体地，本章结构安排如下：首先，对模型的设定、变量和数据进行说明；其次，从嵌入程度视角，分析了技术进步对双重价值链嵌入的影响；最后，从嵌入位置视角，分析了技术进步对双重价值链嵌入的影响。本章在讨论技术进步对双重价值链嵌入程度和嵌入位置的影响时，还讨论了影响的区域和部门异质性、技术差异以及金融危机前后的异质性，并重新计算技术进步和改变双重价值链嵌入的构造，对结果进行更换核心解释变量和更换被解释变量的稳健性检验，以验证结果的稳健性。

5.1 模型设定、变量和数据说明

5.1.1 模型设定

运用多元回归模型刻画和描述经济事实是目前实证宏观经济研究的主要方式。然而由于经济系统的复杂性等原因，在实际计量建模过程中，往往会面临模型不确定问题。比如，在多元回归模型建模的过程中，常常会碰到在现有解释变量中加入新的解释变量时，原有解释变量变得不再显著的问题，在这种情况下，建模者将无法判定应该引入哪个解释变量到回归模型中来。这就是典型的模型不确定问题。

模型不确定问题已经是经济计量建模过程中潜在的普遍问题，影响着计量建模的科学性和稳健性，在经济问题分析、政策评价等方面可能存在严重偏误，甚至得出错误结论。随着人们对经济计量建模过程中的模型不确定问题的关注，为解决这一问题，Leamer 提出了极值边界分析方法，Levine 和 Renelt 还对这一方法进行了改进和调整，但在解决模型不确定问题时效果欠佳。之后，Draper 提出了贝叶斯模型平均方法，为解决模型不确定问题提供了统计理论基础，这一方法也得到了广泛应用和快速发展。

相较于普通多元回归模型，贝叶斯模型平均方法从解释变量的选择、模型的选择、模型的合成几方面克服了在给定解释变量集上回归时结果的不确定性，因此本书选择此方法分析技术进步与价值链嵌入之间的关系。

对于其中的任意一个备选模型 M_k，其设定形式如下：

$$Vchain_{l,pst} = \alpha_0 + \beta_1 * \text{TFP}_{pst} + \beta_2 * \text{control}_{pt} + \beta_3 * \text{control}_{st} + \beta_4 * \text{control}_{pst} + \varepsilon_{pst}$$
$$= \beta_k X_k + \varepsilon_{pst} \tag{5-1}$$

其中，p 表示地区，s 表示部门，t 表示时间，TFP_{pst} 表示 TFP 的增长，用以反映技术进步，$\text{Vchain}_{l,\,pst}$ 表示第 l 种分工形式的价值链嵌入，$l=\{\text{VC}$，PGVC，PNVC，NGVC，GVC，NVC$\}$，分别表示价值链分工、单一 GVC 分工、单一 NVC 分工、NVC 和 GVC 融合的双重分工、GVC 分工、NVC 分工。control_{pt}、control_{st}、control_{pst} 分别表示时间–地区、时间–部门、时间–地区–部门层面的控制变量。ε_{pst} 表示随机误差项，α_0、β_1、β_2、β_3、β_4 为待估参数。所有待估参数构成的向量为 β_k，TFP_{pst} 和各个层面的控制变量组成的变量集合为 X_k。

假设除 TFP_{pst} 外，还考虑了其他 $n-1$ 个控制变量，依据解释变量的不同组合，可以形成 2^n 个解释变量集 $X=\{X_1,\ X_2,\ \cdots,\ X_{2^n}\}$，并可以构建 2^n 个备选模型，模型空间为 $M=\{M_1,\ M_2,\ \cdots,\ M_{2^n}\}$，可以发现在给定解释变量集上进行的全变量回归模型 M_{2^n} 是模型空间 M 的一个子集。为缓解模型的不确定性问题，依据模型参数先验分布估计每个模型的后验均值、后验标准差、后验概率，对模型进行加权平均，最终得到回归结果。MCMC 设置为默认的 MC3 采样器，迭代绘制次数默认为 3 000 次。所有解释变量和被解释变量 $\text{Vchain}_{l,\,pst}$ 形成的数据集记为 $D=\{\text{Vchain}_{l,\,pst}$，$\text{TFP}_{pst}$，$\text{control}_{pt}$，$\text{control}_{st}$，$\text{control}_{pst}\}$，给定样本 D 下，待估参数向量 β 的条件概率密度函数如下：

$$P(\beta\mid D)=\sum_{k=1}^{2^n} P(M_k\mid D)\,P(\beta_k\mid M_k,\ D)$$

$$P(M_k\mid D)=\frac{P(D\mid M_k)\,P(M_k)}{\displaystyle\sum_{k=1}^{2^n} P(D\mid M_k)\,P(M_k)};\ P(D\mid M_k)$$

$$=\int P(D\mid \beta_k,\ M_k)\,P(\beta_k\mid M_k)\,d\beta_k \tag{5-2}$$

其中，$P(M_k\mid D)$ 表示给定样本 D 下模型 M_k 的后验概率，$P(\beta_k\mid M_k,\ D)$ 表示给定样本 D 和模型 M_k 下参数向量 β_k 的后验概率。由式（5-2）可知，参数向量 β 的后验密度分布是在模型空间条件下所有参数 β_k 后验密度分布的加权平均，权重为模型 M_k 的后验概率 $P(M_k\mid D)$。$P(D\mid M_k)$ 表示模型 M_k 对应的似然函数积分，$P(\beta_k\mid M_k)$ 为模型 M_k 对应的参数 β_k 的先验概率分布，采用 Zellner 的 g 先验表示。$P(D\mid \beta_k,\ M_k)$ 表示模型 M_k 对应的似然函数，$P(M_k)$ 表示模型 M_k 的先验分布。由式（5-2）

可计算得到参数向量 β 的后验均值 $E(\beta \mid D)$ 和后验方差 $\mathrm{Var}(\beta \mid D)$：

$$E(\beta \mid D) = \sum_{k=1}^{2^n} P(M_k \mid D) E(\beta_k \mid M_k, D)$$

$$\mathrm{Var}(\beta \mid D) = \sum_{k=1}^{2^n} P(M_k \mid D) \mathrm{Var}(\beta_k \mid M_k, D) +$$

$$\sum_{k=1}^{2^n} P(M_k \mid D) [E(\beta_k \mid M_k, D) - E(\beta_k \mid M_k)]^2 \qquad (5\text{-}3)$$

后验概率表示在所有备选模型中解释变量进入模型的概率，反映了该变量对被解释变量影响的重要程度；后验均值表示解释变量的回归系数，反映了该变量对被解释变量的影响大小，后验标准差为对应回归系数的标准误差。

5.1.2 变量说明

（1）被解释变量。

本书采用不同分工下价值链的嵌入作为被解释变量，嵌入程度的测算过程如式（4-13）所示，嵌入位置的测算过程如式（4-18）所示。

（2）核心解释变量。

本书的核心解释变量为技术进步，采用随机前沿生产函数模型测算的全要素生产率（total factor productivity，TFP）增长来表示（余泳泽，2017），选择随机前沿生产函数模型的原因在于：这一方法不仅考虑了随机误差，而且能够进一步考虑全要素生产率增长的构成，将其分解为技术效率增长、前沿技术进步和规模效率这三个具有经济意义的部分，这比传统的做减法的全要素生产率研究相比较，显得更加深入和详尽（王志平，2010）。由于生产单元技术非效率的存在，根据 Kumbhakar 和 Lovell 提出的产出导向型技术效率的定义，可以将实际产出（$\ln Y_{pst}$）由随机前沿生产函数中的确定性前沿产出部分（$\ln f(X_{pst}, t)$）和相对前沿技术效率（$v_{pst} - u_{pst}$）表示为：$\ln Y_{pst} = \ln f(X_{pst}, t) + v_{pst} - u_{pst}$，下标 p 表示地区，下标 s 表示部门，下标 t 表示年份，Y_{pst} 表示第 t 年 p 地区 s 部门的总产出，t 是时间趋势，表示技术变化，$t = 1, \cdots, T$。a 为待估计的未知参数，v_{pst} 为识别不可控影响因素的随机误差项，u_{pst} 为技术损失误差项，v_{pst} 与 u_{pst} 独立不相关。X_{pt} 为投入向量，即资本投入、劳动投入和中间投入。p 地区 s 部门在 t 年的生产效率可以表示为 $\mathrm{TE}_{pst} = \exp(-u_{pst})$。将生产函数对时间 t 求导，可得产出的增长为

$$\dot{Y}_{pst} = \frac{\mathrm{d}\ln Y_{pst}}{\mathrm{d}t} = \frac{\mathrm{d}\ln f(X_{pst}, \ t)}{\mathrm{d}t} - \frac{\mathrm{d}u_{pst}}{\mathrm{d}t}$$

$$= \frac{\partial\ln f(X_{pst}, \ t)}{\partial t} + \sum_{i \in \{K, \ L, \ M\}} \frac{\partial\ln f(X_{pst}, \ t)}{\partial\ln X_{pst, \ i}} * \frac{\mathrm{d}\ln X_{pst, \ i}}{\mathrm{d}t} - \frac{\mathrm{d}\,u_{pst}}{\mathrm{d}t}$$

$$= \frac{\partial\ln f(X_{pst}, \ t)}{\partial t} + \sum_{i \in \{K, \ L, \ M\}} e_{pst, \ i} * \dot{X}_{pst, \ i} + \dot{\mathrm{TE}}_{pst} \qquad (5\text{-}4)$$

根据传统的定义，生产率增长是产出增长和要素投入变化之间的差异，那么全要素生产率的增长（$\dot{\mathrm{TFP}}_{pst}$）可表示如下：

$$\dot{\mathrm{TFP}}_{pst} = \frac{\partial\ln f(X_{pst}, \ t)}{\partial t} + \Big(\sum_{i \in \{K, \ L, \ M\}} e_{pst, \ i} - 1 \Big) *$$

$$\sum_{i \in \{K, \ L, \ M\}} \frac{e_{pst, \ i}}{\displaystyle\sum_{i \in \{K, \ L, \ M\}} e_{pst, \ i}} * \dot{X}_{pst, \ i} + \dot{\mathrm{TE}}_{pst} \qquad (5\text{-}5)$$

（3）控制变量。

由于探讨的是不同地区不同部门的价值链嵌入，本书还从地区层面和部门层面，控制了可能影响价值链嵌入的其他因素。地区层面控制的影响因素为：①各地区的高速公路里程，高速公路建设最直接的空间经济效应是缩短地区间的时空距离（史本林等，2014）。高速公路是联系地区间生产分工和产品运输的重要渠道，高速公路里程越长，生产和贸易的时间成本越低。②各地区到港口的距离的倒数，港口作为中国各地区与国际市场进行贸易的重要通道，距离港口越远，贸易成本越高。③县域经济差距和市场分割度，县域经济差距是通过计算各个地区细化到县级边界之间的地区生产总值之比，将其控制在0~1之间；该值越大，地区经济差距越小。市场分割度参照 Parsley、Wei、盛斌、毛其淋、吕越等（2018）的价格法计算。这两个指标均能在一定程度上反映地区间的贸易成本，而地区间的贸易成本的提高将会使得国际市场发挥替代作用，影响出口效益（贺灿飞和马妍，2014）。部门层面控制了产业集中度，用于衡量产业竞争性和垄断性。研究表明，产业集中度将会通过规模效应和竞争效应对技术创新产生相反的影响（Schumpeter，1942；Acs & Audretsch，1988）。地区部门层面控制的影响因素为：①生产投入相关指标，固定资产合计、从业人数、平均工资水平；②反映部门发展成熟度的平均企业年龄（当年年份减去企业开业年份+1），企业的年龄会通过年龄效应和代际效应影响企业生产率（周黎安等，2007），进而可能对部门的生产和贸易行为产生影响；④反映政府支持力度的补贴收入，大量研究表明补贴收入对出口和出口产品质量具有显著影响（李秀芳和施炳展，2013；张杰等，2015；刘啟仁和铁瑛，2020）。为减缓可能存在的异方差问题，本书对所有变量都进行了对数化处理。

5.1.3 数据说明

价值链嵌入采用本书编制的异质性区域间投入产出表测算。

生产函数包含资本、劳动、中间投入三个投入要素，以及一个产出变量。本书采用工业增加值来表示产出，并依据对应的价格指数调整为不变价（鲁晓东和连玉君，2012；盖庆恩等，2015；李苏苏等，2020）；采用平均受教育年限以反映不同劳动力之间的内在差异，增强不同地区之间劳动力投入的可比性（王志平，2010）；采用企业固定资产净值年平均余额表示资本投入（王杰和刘斌，2014；范剑勇等，2014）；采用中间投入变量作为中间投入（余淼杰等，2018；李苏苏，2020）。对于价格因素的影响，本书采用工业购进价格指数或工业品出厂价格指数进行平减。数据源于中国工业企业数据库，本书会对极端值进行处理（余淼杰，2010；张杰等，2015；李苏苏等，2020）。受教育程度源于历年中国统计年鉴和中国劳动统计年鉴。

地区层面的控制变量源于国家统计局官方网站，技术进步、部门层面和地区部门层面的控制变量基于中国工业企业数据库计算而来。

研究样本的时间为2002年、2007年、2010年和2012年；地区层面涉及中国30个省（自治区、直辖市），西藏由于数据缺失严重暂未考虑在内。部门层面涉及采选业和制造业部门，共14个部门，但并非所有地区在所有部门均有出口，且存在数据异常的情况，因此各个地区在部门层面的维度是不一致的，最终形成的平衡面板数据共1 088个样本。

5.2 技术进步对双重价值链嵌入程度的影响

5.2.1 技术进步是否促进了双重价值链嵌入程度的提升

（1）技术进步对双重价值链嵌入程度的影响检验。

表5-1第（1）列汇报了技术进步对国内价值链和全球价值链构成的

总的价值链嵌入程度的回归结果，第（2）列汇报了技术进步对全球价值链嵌入程度的回归结果，第（3）列汇报了技术进步对国内价值链嵌入程度的回归结果。

由第（1）列回归结果可知，技术进步对价值链分工的后验概率仅为0.070 4，这表明在所考虑的所有变量中，技术进步对总的价值链嵌入的影响重要性程度并不高，县域经济差距、资本投入、平均工资水平、高速公路里程、到港口距离等因素分别从区域联系、生产投入、基础设施和地理位置等方面对总的价值链分工产生了重要影响。

由于总的价值链分工是由全球价值链分工（GVC分工）和国内价值链分工（NVC分工）两部分构成的，因此，本书进一步从这两方面探究技术进步对价值链嵌入程度可能存在的影响。由第（2）列回归结果可知，技术进步对GVC分工的嵌入程度存在负向影响，但影响的重要性程度十分有限，后验概率不足10%。此外，劳动投入、资本投入、平均工资水平、平均企业年龄、高速公路里程、县域经济差距对GVC分工的嵌入程度具有重要影响，县域经济差距越大、高速公路里程越长、平均企业年龄越大、资本投入越多，GVC分工的嵌入程度将会越低；劳动投入越多、平均工资水平越高，GVC分工的嵌入程度将会越高。由第（3）列回归结果可知，技术进步有利于NVC分工嵌入程度的提升，后验概率和后验均值分别为0.878 4和0.107 0。此外，增加资本投入将有利于NVC分工嵌入程度的提升，劳动投入增多、县域经济差距拉大、到港口的距离很近，将会降低NVC分工的嵌入程度。

综上所述，虽然技术进步对总的价值链分工嵌入程度的正向影响并不明显，但从构成总的价值链分工的全球价值链分工和国内价值链分工来看，技术进步对完整的NVC分工具有重要的促进作用，即本区域的技术进步将会促进其双重价值链分工中的国内价值链分工更大程度地嵌入，从而提升本区域嵌入国内价值链分工的程度，使其获得更强的增加值创造能力。这也表明，技术进步对加快形成强大国内市场、畅通国内大循环具有重要推动作用。

表 5-1 技术进步对双重价值链嵌入程度的回归结果

变量名称	(1)			(2)			(3)		
	价值链分工			GVC 分工			NVC 分工		
被解释变量: 价值链嵌入 程度（EMB_{pst}）	后验 概率	后验 均值	后验 标准差	后验 概率	后验 均值	后验 标准差	后验 概率	后验 均值	后验 标准差
$T\hat{F}P_{pst}$	0.070 4	0.004 3	0.022 0	0.078 5	-0.003 2	0.016 9	0.878 4	0.107 0	0.051 3
产业集中度	0.043 4	0.000 9	0.008 5	0.411 7	0.032 9	0.045 0	0.080 1	-0.003 3	0.014 5
固定资产合计	0.922 5	0.155 2	0.080 4	1.000 0	-0.693 9	0.089 3	1.000 0	0.680 9	0.069 8
从业人数	0.132 0	-0.013 2	0.061 8	1.000 0	0.698 3	0.091 4	1.000 0	-0.574 6	0.076 1
平均工资水平	0.947 6	0.141 3	0.049 7	1.000 0	0.369 8	0.043 0	0.063 3	-0.003 0	0.016 9
平均企业年龄	0.311 0	-0.023 8	0.040 0	0.995 5	-0.146 0	0.037 4	0.145 7	-0.008 3	0.023 7
补贴收入	0.090 7	-0.005 8	0.023 1	0.053 6	0.000 5	0.010 6	0.199 4	-0.016 9	0.039 0
高速公路里程	0.903 9	-0.119 7	0.052 3	0.901 0	-0.113 4	0.051 6	0.202 2	-0.017 3	0.039 5
1/到港口的 距离	0.681 5	-0.060 2	0.047 8	0.089 7	0.002 0	0.012 7	0.999 8	-0.140 5	0.028 5
县域经济差距	1.000 0	-0.191 0	0.030 6	0.898 2	-0.090 6	0.041 9	1.000 0	-0.193 5	0.029 7
市场分割度	0.036 5	0.000 2	0.008 0	0.116 0	0.006 1	0.021 9	0.039 7	0.000 1	0.007 2
常数项	1.000 0	1.521 3	—	1.000 0	3.168 9	—	1.000 0	0.580 8	—

（2）双重价值链不同嵌入方式视角的进一步考察。

本部分将深入国内价值链和全球价值链嵌入方式，更加细致和深入地考察国内各区域参与不同价值链分工（单一 GVC 分工、单一 NVC 分工以及 NVC 和 GVC 融合的双重分工）过程中，技术进步对双重价值链嵌入是否会表现出不同的影响效应和演化路径。表 5-2 第（1）列汇报了技术进步对单一全球价值链嵌入程度的回归结果，第（2）列汇报了技术进步对单一国内价值链嵌入程度的回归结果，第（3）列汇报了技术进步对 NVC 和 GVC 融合的双重分工嵌入程度的回归结果。

由第（1）列回归结果可知，技术进步对单一 GVC 分工嵌入程度的后验概率和后验均值分别为 0.223 3 和 -0.021 1，这表明技术进步对单一全球价值链嵌入程度具有一定的负向影响，相较于嵌入完整的 GVC 分工，技术进步对嵌入单一 GVC 分工的负向影响更大。此外，产业集中度、劳动力投入、平均工资水平的提高将会促进本地区更深入地嵌入单一 GVC 分工，而资本投入、平均企业年龄、高速公路里程、到港口的距离的增大将会抑制本地区嵌入单一 GVC 分工。由第（2）列回归结果可知，对于单一 NVC 分工，技术进步的后验概率和后验均值分别为 0.980 1 和 0.141 3，这表明技术进步对单一 NVC 分工的嵌入程度具有重要影响，有利于促进地区更深入地嵌入单一 NVC 分工。相较于价值链分工和单一 GVC 分工，技术进步对单一 NVC 分工的影响更大。此外，县域经济差距越大、到港口的距离越近、资本投入越少、劳动力投入越多，单一 NVC 分工的嵌入程度将会越低。由第（3）列回归结果可知，技术进步对 NVC 和 GVC 融合的双重分工的影响重要性程度略高于单一 GVC 分工，后验概率为 0.237 4。不同的是，技术进步对 NVC 和 GVC 融合的双重分工的后验均值为 0.020 7，有利于 NVC 和 GVC 融合的双重嵌入。此外，县域经济差距越大、到港口的距离越近、平均企业年龄越大、资本投入越少、劳动力投入越多，NVC 和 GVC 融合的双重嵌入程度将会越低。

综上所述，技术进步对国内价值链嵌入的促进作用主要源于两个渠道：第一，技术进步有利于中国各区域在产品、产业和企业等方面比较优势的提升和转变，促进某一产品的所有生产环节在国内各个区域分布，推动各地区更加深入地嵌入单一 NVC 分工，进一步完善整个国内价值分工网络。第二，技术进步有利于促进中国各区域间、区域与其他国家间的混合分工协作，促进某一产品的生产环节分布在国内各区域和其他国家，进而推动各地区更加深入地嵌入 NVC 和 GVC 融合的双重分工，从而完善整个国内价值分工网络。同时，虽然技术进步对完整的全球价值链分工的影响并不明显，但各地区的技术进步将会降低其单一 GVC 分工的嵌入程度，即各地区的技术进步将会促使其减少嵌入浅层全球生产分工。结果表明，技术进步有利于推动国内各地区更加深入地嵌入国内生产分工网络和更深层的全球生产分工网络，有助于加快"构建以国内大循环为主体、国内国际双循环相互促进的新发展格局"。

表 5-2　双重价值链不同嵌入方式视角的回归结果

变量名称	(1)			(2)			(3)		
	单一 GVC 分工			单一 NVC 分工			NVC 和 GVC 融合的双重分工		
被解释变量：价值链嵌入程度（EMB_{pst}）	后验概率	后验均值	后验标准差	后验概率	后验均值	后验标准差	后验概率	后验均值	后验标准差
TFP_{pst}	0.223 3	-0.021 1	0.045 1	0.980 1	0.141 3	0.038 9	0.237 4	0.020 7	0.043 4
产业集中度	0.219 3	0.015 9	0.034 2	0.103 5	-0.004 9	0.017 7	0.108 3	0.005 4	0.020 2
固定资产合计	1.000 0	-0.913 1	0.086 7	1.000 0	0.727 9	0.070 5	0.850 2	0.304 0	0.155 0
从业人数	1.000 0	0.884 5	0.090 9	1.000 0	-0.622 4	0.069 9	0.832 1	-0.267 0	0.142 5

表5-2(续)

变量名称	（1）单一 GVC 分工			（2）单一 NVC 分工			（3）NVC 和 GVC 融合的双重分工		
被解释变量：价值链嵌入程度（EMB$_{pst}$）	后验概率	后验均值	后验标准差	后验概率	后验均值	后验标准差	后验概率	后验均值	后验标准差
平均工资水平	1.000 0	0.378 5	0.044 6	0.094 4	-0.006 2	0.023 9	0.399 5	0.053 9	0.076 1
平均企业年龄	0.687 0	-0.068 5	0.054 4	0.057 3	-0.001 8	0.010 6	0.985 9	-0.133 2	0.038 6
补贴收入	0.060 9	0.002 6	0.015 1	0.197 0	-0.016 6	0.038 5	0.123 0	-0.008 3	0.027 4
高速公路里程	0.536 8	-0.058 0	0.061 8	0.104 8	-0.006 5	0.023 6	0.376 7	-0.034 4	0.050 6
1/到港口的距离	0.487 1	0.036 9	0.042 9	0.999 9	-0.146 1	0.028 3	0.784 1	-0.071 3	0.045 6
县域经济差距	0.087 8	-0.003 6	0.014 6	1.000 0	-0.191 5	0.029 3	1.000 0	-0.173 6	0.030 8
市场分割度	0.070 7	0.002 7	0.014 1	0.041 0	-0.000 6	0.007 6	0.309 0	0.024 5	0.042 2
常数项	1.000 0	2.141 7	—	1.000 0	0.296 6		1.000 0	2.491 6	—

5.2.2 异质性分析

中国各区域之间在地理、资源、经济等多方面的差异，不同部门参与分工的阶段不同，不同技术进步速度的地区部门分工角色不同，全球金融危机前后国内外分工格局的差异，使得技术进步对双重价值链嵌入的影响可能存在区域和部门异质性、技术差异以及金融危机前后的异质性。因此本部分将地区按照地理位置、将部门按照部门性质、将地区部门按照技术进步快慢和全球金融危机前后划分样本，从不同视角检验技术进步对双重价值链嵌入的异质性影响。

5.2.2.1 区域异质性分析

本书将中国各区域按照地理位置划分为东部、中部、西部三大地区，以分析技术进步对价值链嵌入影响的区域异质性。由表 5-3 第（1）列的回归结果可知，从不同地区看，技术进步对东部地区总的价值链嵌入影响最为重要。由表 5-3 第（2）列的回归结果可知，对于 GVC 分工，东部地区技术进步有利于促进东部地区 GVC 分工的嵌入程度。而中西部地区技术进步将会抑制其 GVC 分工的嵌入程度。从影响的重要性和大小来看，随经济发达程度的提高，技术进步对 GVC 分工的嵌入程度影响的重要性有所降低，作用方向由负转正，影响大小逐渐减小。由表 5-3 第（3）列的回归结果可知，各地区技术进步对 NVC 分工嵌入程度影响的重要性和影响程度高低为：东部>西部>中部。从技术进步对 NVC 分工嵌入程度的作用方向来看，东部地区和西部地区的技术进步将会促进其 NVC 分工的嵌入程度。结果表明，技术进步对价值链嵌入程度的影响具有区域异质性，对于东部地区，技术进步通过 NVC 分工和 GVC 分工促进了其更深入地嵌入总的价值链分工。对于西部地区，技术进步有利于其更深入地嵌入 NVC 分工，但对嵌入 GVC 分工产生了抑制作用，两个相异的作用彼此中和，最终表现为技术进步对西部地区价值链嵌入形成并不重要的正向影响。对于中部地区，技术进步虽未对其总的价值链分工产生影响，但对其嵌入 GVC 分工具有较小的抑制作用。

由表 5-3 第（4）～（6）列的回归结果可知，在三条价值链分工中，东部地区技术进步促进东部地区更深入地嵌入 GVC 的影响渠道为 NVC 和 GVC 融合的双重分工。对于中部地区，技术进步对其 GVC 嵌入程度的负向影响源于其对单一 GVC 分工的抑制作用以及其对嵌入 NVC 和 GVC 融合的双重分工的促进作用。两种相异的影响最终表现为中部地区技术进步对其 GVC 嵌入程度的负向影响。对于西部地区，技术进步对其嵌入 GVC 分工的抑制作用主要源于单一 GVC 分工，对其嵌入 NVC 分工的促进作用主要源于单一 NVC 分工。结果表明，东部地区技术进步带来的更深层次嵌入 NVC 和 GVC 融合的双重分工和单一 NVC 分工，不仅促进了其嵌入全球价值链分工，还促进了其嵌入国内价值链分工，最终实现双重价值链嵌入的深化。而对于中部地区，技术进步能够促进其减少单一 GVC 分工的嵌入，更大程度地融入 NVC 和 GVC 融合的双重分工，最终降低其 GVC 分工嵌入度。对于西部地区，技术进步虽然无法促使其更深入地嵌入最为复杂的 NVC 和 GVC 融合的双重分工，但能够促进其减少单一 GVC 分工的嵌入，更大程度地嵌入单一 NVC 分工。同时，经济越发达地区的技术进步对 NVC 和 GVC 融合的双重分工正向影响越大，越落后地区的技术进步对 NVC 和 GVC 融合的双重分工的促进作用越小。

上述结论也表明，经济较为发达地区的技术进步带来的产品、产业和企业比较优势的提升和转变，能够通过国内价值链和全球价值链两条路径，实现其在国内生产分工网络和全球生产分工网络中的角色转变，促进其更为深入地嵌入双重价值链。而经济较为落后地区的技术进步有利于缓解其摆脱"低端锁定"的困境，降低对浅层全球价值链分工（单一 GVC 分工）的嵌入，转向更深层次的分工（NVC 和 GVC 融合的双重分工）和国内价值链分工。因此，不同地区的技术进步有利于其双重价值链分工结构的改善，对国内大循环和国内国际双循环的构建均具有重要的推动作用。

表 5-3　分地区回归结果

变量名称		（1）			（2）			（3）		
		价值链分工			GVC 分工			NVC 分工		
被解释变量：价值链嵌入程度（EMB$_{pst}$）		后验概率	后验均值	后验标准差	后验概率	后验均值	后验标准差	后验概率	后验均值	后验标准差
东部地区	TFP$_{pst}$	0.335 2	0.057 8	0.090 4	0.110 9	0.009 6	0.035 4	0.728 9	0.108 7	0.083 4
	常数项	1.000 0	1.682 6	—	1.000 0	0.914 8	—	1.000 0	-0.270 4	—
中部地区	TFP$_{pst}$	0.040 8	-0.001 2	0.019 7	0.146 2	-0.018 9	0.058 9	0.056 5	-0.002 4	0.021 7
	常数项	1.000 0	3.606 9	—	1.000 0	4.235 7	—	1.000 0	1.009 1	—
西部地区	TFP$_{pst}$	0.037 8	0.001 2	0.015 4	0.659 2	-0.122 0	0.099 1	0.402 1	0.059 5	0.081 1
	常数项	1.000 0	1.404 9	—	1.000 0	2.201 8	—	1.000 0	-0.682 7	—
控制变量		是			是			是		

变量名称		（4）			（5）			（6）		
		单一 GVC 分工			单一 NVC 分工			NVC 和 GVC 融合的双重分工		
		后验概率	后验均值	后验标准差	后验概率	后验均值	后验标准差	后验概率	后验均值	后验标准差
东部地区	TFP$_{pst}$	0.058 0	0.003 2	0.020 4	0.561 7	0.074 4	0.081 2	0.224 3	0.033 4	0.071 4
	常数项	1.000 0	0.753 2	—	1.000 0	-1.187 5	—	1.000 0	1.052 1	—
中部地区	TFP$_{pst}$	0.137 7	-0.018 5	0.056 4	0.060 0	-0.002 5	0.022 1	0.136 9	0.016 1	0.050 4
	常数项	1.000 0	4.626 5	—	1.000 0	0.933 7	—	1.000 0	4.857 2	—
西部地区	TFP$_{pst}$	0.912 3	-0.205 0	0.089 7	0.552 3	0.093 3	0.094 6	0.035 9	0.001 8	0.017 2
	常数项	1.000 0	3.763 0	—	1.000 0	-1.231 1	—	1.000 0	1.575 4	—
控制变量		是			是			是		

5.2.2.2　部门异质性分析

进一步地，本书将各个部门按照 OECD 对制造业的技术密集程度分类标准以及中国的高技术产业（制造业）分类将部门划分为高技术制造业部门和其他部门，以分析技术进步对价值链嵌入影响的部门异质性。

由表 5-4 第（1）列的回归结果可知，技术进步对高技术制造业部门总的价值链嵌入度具有重要的负向影响，而其他部门相反。由表 5-4 第（2）列的回归结果可知，高技术制造业部门技术进步的加快将会降低该部门 GVC 分工的嵌入程度，但其他部门的影响有限。由表 5-4 第（3）列的回归结果可知，技术进步对其他部门 NVC 分工的嵌入程度具有较大的正向影响。结果表明，高技术制造业部门技术进步通过国内价值链和全球价值链两条路径同时抑制其总的价值链嵌入。与高技术制造业部门相反，其他部门的技术进步将会通过国内价值链促进其总的价值链嵌入。这表明，在形成强大国内市场时，其他部门的技术进步尤为重要。

部门层面的双重价值链的不同嵌入方式的进一步分析结果如表5-4第（4）~（6）列所示。由结果可知，高技术制造业部门和其他部门的技术进步对国内价值链嵌入的抑制作用源于单一NVC分工、NVC和GVC融合的双重分工两条路径，高技术制造业部门对全球价值链嵌入的抑制作用源于单一GVC分工、NVC和GVC融合的双重分工两条路径。其他部门技术进步还将对其嵌入单一GVC分工产生抑制作用。结果表明，高技术制造业部门的技术进步似乎并不利于提升其嵌入不同价值链的程度，其可能原因在于高技术制造业部门本身的技术水平已经较高，若要继续推动其技术进步，可能需要耗费大量的成本，无法通过嵌入双重价值链实现利润最大化。因此，高技术制造业部门的技术进步将会对其嵌入不同价值链产生负向影响。而对于其他部门，技术水平还有待提升，所以其他部门的技术进步不仅能够改变其被锁定在浅层全球价值链生产环节的现状，还能够实现全球价值链分工向更深层次转移，更多地参与NVC和GVC融合的双重分工，同时有利于促进其更深入地参与国内价值链分工，为强大国内市场做出贡献。

表5-4 分部门回归结果

变量名称		(1) 价值链分工			(2) GVC 分工			(3) NVC 分工		
被解释变量：价值链嵌入程度（EMB_{pst}）		后验概率	后验均值	后验标准差	后验概率	后验均值	后验标准差	后验概率	后验均值	后验标准差
高技术制造业部门	$TF\dot{P}_{pst}$	0.714 2	-0.181 1	0.133 0	0.245 4	-0.031 6	0.068 7	0.122 1	-0.014 4	0.050 9
	常数项	1.000 0	3.450 3	—	1.000 0	3.545 1	—	1.000 0	0.142 8	—
其他部门	$TF\dot{P}_{pst}$	0.132 6	0.011 7	0.037 8	0.081 7	-0.004 0	0.020 2	0.980 9	0.144 7	0.041 8
	常数项	1.000 0	1.386 7	—	1.000 0	3.541 1	—	1.000 0	0.576 9	—
控制变量		是			是			是		

变量名称		(4) 单一 GVC 分工			(5) 单一 NVC 分工			(6) NVC 和 GVC 融合的双重分工		
		后验概率	后验均值	后验标准差	后验概率	后验均值	后验标准差	后验概率	后验均值	后验标准差
高技术制造业部门	$TF\dot{P}_{pst}$	0.180 1	-0.020 9	0.054 1	0.118 8	-0.011 6	0.043 6	0.544 5	-0.121 7	0.126 4
	常数项	1.000 0	2.018 9	—	1.000 0	-0.237 1	—	1.000 0	4.780 0	—
其他部门	$TF\dot{P}_{pst}$	0.337 5	-0.042 7	0.067 9	0.998 1	0.168 4	0.037 3	0.335 2	0.032 5	0.053 2
	常数项	1.000 0	2.485 6	—	1.000 0	0.423 2	—	1.000 0	1.573 6	—
控制变量		是			是			是		

5.2.2.3 技术差异分析

本书按照技术进步快慢，以均值为分界值，将地区和部门划分为高技术进步组和低技术进步组，以分析技术进步对双重价值链嵌入影响在技术层面的差异。

由表 5-5 第（1）列的回归结果可知，无论是对于技术进步较快的地区和部门还是技术进步较慢的地区和部门，技术进步对其价值链嵌入影响较小。由表 5-5 第（2）列的回归结果可知，技术进步对不同技术进步速度的地区和部门的 GVC 分工嵌入程度均具有较小的负向影响。由表 5-5 第（3）列的回归结果可知，高技术进步组的技术进步将会降低其全球价值链的嵌入度，但低技术进步组的技术进步能够有效提升其在国内价值链分工中的嵌入度。

技术层面的双重价值链的不同嵌入方式的进一步分析结果如表 5-5 第（4）~（6）列所示。由结果可知，高技术进步组的技术进步对其全球价值链嵌入的负向影响主要来自单一 GVC 分工。低技术进步组的技术进步对其国内价值链嵌入的促进作用主要来自单一 NVC 分工、NVC 和 GVC 融合的双重分工。结果表明，技术进步较快的地区部门继续促进其技术进步，有利于降低其参与浅层全球价值链分工，摆脱"低端锁定"的困境。技术进步较慢的地区部门继续促进其技术进步，有利于其实现更深层次的全球价值链嵌入，更大程度地参与 NVC 和 GVC 融合的双重分工，推动国内国际双循环的相互促进，还有利于其更深入地参与国内价值链分工，为形成强大国内市场助力。

表 5-5　分技术回归结果

变量名称		(1)			(2)			(3)		
		价值链分工			GVC 分工			NVC 分工		
被解释变量：价值链嵌入程度（EMB_{pst}）		后验概率	后验均值	后验标准差	后验概率	后验均值	后验标准差	后验概率	后验均值	后验标准差
低技术进步组	TFP_{pst}	0.054 3	0.003 3	0.016 9	0.069 6	-0.004 0	0.020 9	0.340 2	0.033 2	0.055 1
	常数项	1.000 0	3.829 1	—	1.000 0	3.193 8	—	1.000 0	2.082 0	—
高技术进步组	TFP_{pst}	0.051 8	-0.001 6	0.014 2	0.110 4	-0.009 1	0.031 7	0.041 2	-0.000 7	0.009 4
	常数项	1.000 0	-0.430 6	—	1.000 0	0.288 1	—	1.000 0	-0.657 8	—
控制变量		是			是			是		

表5-5（续）

变量名称		(4)			(5)			(6)		
		单一 GVC 分工			单一 NVC 分工			NVC 和 GVC 融合的双重分工		
		后验概率	后验均值	后验标准差	后验概率	后验均值	后验标准差	后验概率	后验均值	后验标准差
低技术进步组	TFP_{pst}	0.066 7	-0.004 7	0.022 7	0.404 1	0.039 2	0.057 6	0.100 4	0.007 5	0.027 3
	常数项	1.000 0	2.442 3	—	1.000 0	1.760 9	—	1.000 0	4.529 8	—
高技术进步组	TFP_{pst}	0.110 3	-0.006 8	0.027 3	0.042 7	0.001 0	0.010 0	0.096 6	-0.008 6	0.032 1
	常数项	1.000 0	1.206 3	—	1.000 0	-0.789 4	—	1.000 0	0.332 3	—
控制变量		是			是			是		

5.2.2.4　金融危机前后的异质性分析

2008 年爆发的全球金融危机逐渐演化为世界性经济危机，成为全球经济一体化的一个重要分水岭。金融危机之后，伴随世界经济复苏无力，经济增长不确定性引发了各国对经济一体化的担忧，一定程度上推动了国内外分工格局的转变。因此，本节进一步按照金融危机发生前后，将样本划分为金融危机前（2002—2007 年）和金融危机后（2010—2012 年）两部分，以考察技术进步对价值链嵌入的影响在金融危机前后的异质性。

由表 5-6 第（1）列的回归结果可知，金融危机后，技术进步对总的价值链嵌入具有正向影响，相对于金融危机前，金融危机后技术进步对总的价值链嵌入影响的重要性有所提升。由表 5-6 第（2）列的回归结果可知，金融危机前，技术进步对嵌入 GVC 分工具有较小的负向影响，而金融危机后技术进步对 GVC 分工的负向影响并不明显。由表 5-6 第（2）列的回归结果可知，金融危机后，技术进步对嵌入 NVC 分工产生了较大促进作用。结果表明，金融危机前，各地区部门的技术进步对全球价值链分工具有较小的负向影响，抑制了其更深入地嵌入全球价值链。而金融危机后，在全球经济疲软和逆全球化思潮涌现的背景下，各地区部门的技术进步有利于其更大程度地嵌入国内价值链分工，进而促进总的价值链分工嵌入程度的提升。

金融危机前后双重价值链的不同嵌入方式的进一步分析结果如表 5-6 第（4）～（6）列所示。由结果可知，金融危机前，各地区部门的技术进步对全球价值链分工较小的负向影响主要来自 NVC 和 GVC 融合的双重分工。金融危机后，各地区部门的技术进步对国内价值链嵌入的促进作用主要来自单一 NVC 分工、NVC 和 GVC 融合的双重分工。结果表明，金融危机前，各地区部门的技术进步似乎并未促进其更深入地嵌入更深层次的价值链分工（NVC和GVC融合的双重分工），甚至产生了抑制作用。但金融危机后，各地区部门的技术进步一方面能够有效促进国内各区域更加深入地参与单一NVC分工，即各区域参与某一产品的所有生产环节，使某一产品的研发设计、加工制造、市场营销、售后服务等环节全部在国内完成，这将有助于推动形成强大的国内市场；另一方面能够促进各区域更加深入地参与NVC和GVC融合的双重分工，实现国内价值链分工和全球价值链分工的融合，为推动形成国内国际双循环相互促进的新发展格局贡献力量。

表 5-6　分时期回归结果

变量名称		（1）			（2）			（3）		
		价值链分工			GVC 分工			NVC 分工		
被解释变量：价值链嵌入程度（EMB$_{pst}$）		后验概率	后验均值	后验标准差	后验概率	后验均值	后验标准差	后验概率	后验均值	后验标准差
2002—2007年	TFP$_{pst}$	0.040 3	-0.002 1	0.016 5	0.104 0	-0.009 5	0.034 1	0.060 1	-0.002 7	0.015 7
	常数项	1.000 0	1.207 4	—	1.000 0	1.599 7	—	1.000 0	0.553 0	—
2010—2012年	TFP$_{pst}$	0.507 9	0.067 7	0.074 6	0.038 7	-0.000 1	0.009 6	0.995 3	0.192 1	0.049 0
	常数项	1.000 0	2.548 7	—	1.000 0	2.579 1	—	1.000 0	0.773 7	—
控制变量		是			是			是		

变量名称		（4）			（5）			（6）		
		单一 GVC 分工			单一 NVC 分工			NVC 和 GVC 融合的双重分工		
		后验概率	后验均值	后验标准差	后验概率	后验均值	后验标准差	后验概率	后验均值	后验标准差
2002—2007年	TFP$_{pst}$	0.047 4	-0.001 8	0.015 9	0.036 0	0.000 5	0.009 2	0.300 8	-0.039 5	0.067 7
	常数项	1.000 0	1.623 7	—	1.000 0	0.368 8	—	1.000 0	1.636 6	—
2010—2012年	TFP$_{pst}$	0.077 1	-0.005 2	0.022 0	0.997 1	0.194 7	0.048 1	0.935 3	0.151 6	0.059 0
	常数项	1.000 0	2.376 7	—	1.000 0	0.515 7	—	1.000 0	1.957 5	—
控制变量		是			是			是		

5.2.3　稳健性检验

一方面，技术进步的不同测算可能会对结果产生一定的影响。在估计全要素生产率时，本书采用的是三因素超越对数生产函数，其中，资本存量作为重要的投入要素之一，主要受基期资本存量、折旧率、价格指数以及当期固定资产投资的影响，但近年来，中国相对产能过剩问题日渐突出，这将影响全要素生产率估计的准确性。因此，本书将进一步测算考虑产能利用率的技术进步（TFP_{pst}'），进行更换解释变量的稳健性检验，分析它对价值链嵌入程度的影响，以验证上述分析的可靠性。

另一方面，双重价值链嵌入度的不同构造形式也可能会对结果产生一定的影响。因此，本书将双重价值链嵌入程度测算公式中的分母由总产出替换为流出和出口的中间产品，以反映单位中间产品贸易中不同类型价值链分工带来的增加值。本书也进行更换核心解释变量的稳健性检验，再次分析技术进步对价值链嵌入程度的影响，以验证上述分析的可靠性。

5.2.3.1 更换核心解释变量

基于中国相对产能过剩的现实背景，本书进一步利用考虑产能利用率后测算的技术进步（TFP_{pst}'），分析其对价值链嵌入程度的影响，以验证上述分析的稳健性。

因此，本书进一步测算产能利用率，以估算考虑实际利用情况的真实投入的资本存量。为保证测算的一致性，本书仍然采用超越对数的生产函数进行估计，参考已有文献的做法（Basu 等，2006；杨振兵，2016；于斌斌和陈露，2019），将产能利用率表示为：$CU_{pst} = \dfrac{E\left[f(X_{pst}, a)\exp(v_{pst} - u_{pst})\right]}{E\left[f(X_{pst}, a)\exp(v_{pst} - u_{pst}) \mid u_{pst} = 0\right]} = \exp(-u_{pst})$。那么，对应的真实投入的资本存量可表示为：$K_{pst}' = CU_{pst} K_{pst}$。将 K_{pst}' 替换原始生产函数中 K_{pst}，即可得考虑产能利用率后测算的技术进步（TFP_{pst}'）。

进一步地，本书从整体层面、地区层面、部门层面、技术层面、时间层面，全面分析考虑产能利用率后的技术进步对价值链嵌入程度的影响，若结果与上述分析一致，则表明上述分析所得结论具有一定的可靠性。

从整体层面来看，考虑产能利用率的技术进步对总的价值链嵌入具有促进作用（见表 5-7）。从价值链分工的内部构成来看：对于 GVC 分工，从单一 GVC 分工、NVC 和 GVC 融合的双重分工来看，考虑产能利用率的技术进步对它们分别存在负向和正向影响，二者相异的影响相互抵消，最终形成了考虑产能利用率的技术进步对 GVC 分工嵌入的不明显的负向影响。对于 NVC 分工，虑产能利用率的技术进步对单一 NVC 分工、NNVC 和 GVC 融合的双重分工均具有重要的正向影响，二者共同作用使得考虑产能利用率的技术进步对完整的 NVC 分工具有较强的正向促进作用。从技术进步对总的价值链分工及其内部不同类型的价值链分工嵌入程度的影响来看，影响重要性和程度与基准分析一致，通过了稳健性检验。

表5-7　更换核心解释变量的稳健性检验：整体层面回归结果

变量名称	（1）			（2）			（3）		
	价值链分工			GVC 分工			NVC 分工		
被解释变量：价值链嵌入程度（EMB$_{pst}$）	后验概率	后验均值	后验标准差	后验概率	后验均值	后验标准差	后验概率	后验均值	后验标准差
东部地区　TFP$\dot{}'_{pst}$	0.760 2	0.111 4	0.072 8	0.065 5	-0.001 8	0.013 3	0.999 6	0.165 5	0.033 4
常数项	1.000 0	2.258 9	—	1.000 0	3.170 7	—	1.000 0	0.667 8	—
控制变量	是			是			是		

变量名称	（4）			（5）			（6）		
	单一 GVC 分工			单一 NVC 分工			NVC 和 GVC 融合的双重分工		
	后验概率	后验均值	后验标准差	后验概率	后验均值	后验标准差	后验概率	后验均值	后验标准差
TFP$\dot{}'_{pst}$	0.317 3	-0.032 2	0.053 6	1.000 0	0.185 9	0.031 8	0.894 2	0.128 4	0.061 2
常数项	1.000 0	2.127 6		1.000 0	0.306 5		1.000 0	2.716 4	
控制变量	是			是			是		

从地区层面来看，考虑产能利用率的技术进步对东部地区总的价值链嵌入具有促进作用。对于东部地区，考虑产能利用率的技术进步对其总的价值链嵌入的促进作用主要来自 GVC 分工和 NVC 分工。从不同价值链嵌入方式来看，对 GVC 分工的促进作用主要来自技术进步对 NVC 和 GVC 融合的双重分工的正向影响；对 NVC 分工的促进作用主要来自技术进步对单一 NVC 分工、NVC 和 GVC 融合的双重分工的正向影响。对于中部地区，考虑产能利用率的技术进步有利于其更深入地参与 NVC 和 GVC 融合的双重分工。对于西部地区，技术进步通过对单一 GVC 分工的负向影响抑制其更深入地嵌入 GVC 分工，同时通过对单一 NVC 分工的正向影响促进其更深入地嵌入 NVC 分工。总体来看，采用考虑产能利用率的技术进步对各地区不同形态价值链分工嵌入程度的影响与地区层面基本一致（见表5-8）。

表5-8　更换核心解释变量的稳健性检验：地区层面回归结果

变量名称	（1）			（2）			（3）		
	价值链分工			GVC 分工			NVC 分工		
被解释变量：价值链嵌入程度（EMB$_{pst}$）	后验概率	后验均值	后验标准差	后验概率	后验均值	后验标准差	后验概率	后验均值	后验标准差
东部地区　TFP$\dot{}'_{pst}$	0.871 9	0.192 9	0.093 1	0.115 0	0.010 0	0.035 8	0.977 0	0.190 3	0.061 6
常数项	1.000 0	1.802 7	—	1.000 0	0.908 3	—	1.000 0	0.008 8	—

表5-8(续)

变量名称		(1) 价值链分工			(2) GVC 分工			(3) NVC 分工		
被解释变量：价值链嵌入程度（EMB$_{pst}$)		后验概率	后验均值	后验标准差	后验概率	后验均值	后验标准差	后验概率	后验均值	后验标准差
中部地区	TFP$_{pst}'$	0.041 8	0.001 3	0.019 4	0.069 2	0.000 4	0.028 7	0.055 7	-0.002 2	0.021 7
	常数项	1.000 0	3.603 8	—	1.000 0	4.342 6	—	1.000 0	1.006 9	—
西部地区	TFP$_{pst}'$	0.059 8	0.004 6	0.025 2	0.833 0	-0.164 9	0.089 5	0.863 1	0.160 2	0.081 6
	常数项	1.000 0	1.415 9	—	1.000 0	2.056 4	—	1.000 0	-0.184 5	—
控制变量		是			是			是		

变量名称		(4) 单一 GVC 分工			(5) 单一 NVC 分工			(6) NVC 和 GVC 融合的双重分工		
		后验概率	后验均值	后验标准差	后验概率	后验均值	后验标准差	后验概率	后验均值	后验标准差
东部地区	TFP$_{pst}'$	0.054 8	0.002 7	0.018 7	0.959 8	0.184 4	0.067 5	0.500 8	0.093 7	0.105 8
	常数项	1.000 0	0.749 0	—	1.000 0	-0.902 4	—	1.000 0	1.095 2	—
中部地区	TFP$_{pst}'$	0.052 3	-0.002 2	0.023 5	0.067 7	-0.003 9	0.025 6	0.332 6	0.054 3	0.089
	常数项	1.000 0	4.654 8	—	1.000 0	0.931 2	—	1.000 0	4.797 9	—
西部地区	TFP$_{pst}'$	0.984 2	-0.243 5	0.070 0	0.948 3	0.199 0	0.071 3	0.070 5	0.007 0	0.032 0
	常数项	1.000 0	3.592 9	—	1.000 0	-0.647 6	—	1.000 0	1.577 8	—
控制变量		是			是			是		

从部门层面看，考虑产能利用率的技术进步对其他部门总的价值链嵌入具有促进作用，但对高技术制造业部门的存在较小的负向影响。对于高技术制造业部门，技术进步对其的负向影响主要来自 GVC 分工；从更为细化的价值链嵌入路径来看，技术进步对其嵌入 GVC 分工的负向影响主要来自 NVC 和 GVC 融合的双重分工。对于其他部门，技术进步对其总的价值链嵌入的促进作用主要来自 NVC 分工。其中，NVC 分工的价值链嵌入路径为单一 NVC 分工和 NVC 和 GVC 融合的双重分工，此外，其他部门的技术进步也将在一定程度上降低其嵌入浅层全球价值链分工（单一 GVC 分工）的程度。综合对比前文部门层面的分析结果。可以发现，考虑产能利用率的技术进步对不同部门不同类型价值链分工嵌入程度的影响基本一致（见表5-9）。

表 5-9　更换核心解释变量的稳健性检验：部门层面回归结果

变量名称		(1) 价值链分工			(2) GVC 分工			(3) NVC 分工		
被解释变量：价值链嵌入程度（EMB_{pst}）		后验概率	后验均值	后验标准差	后验概率	后验均值	后验标准差	后验概率	后验均值	后验标准差
高技术制造业部门	$TFP_{pst}{}'$	0.150 6	-0.024 6	0.066 3	0.123 7	-0.009 0	0.036 8	0.063 3	-0.002 1	0.024 5
	常数项	1.000 0	3.107 4	—	1.000 0	3.540 3	—	1.000 0	0.111 5	—
其他部门	$TFP_{pst}{}'$	0.784 7	0.128 6	0.080 2	0.081 6	-0.003 9	0.019 6	0.999 9	0.186 6	0.036 7
	常数项	1.000 0	1.861 5	—	1.000 0	3.541 2	—	1.000 0	0.624 4	—
控制变量		是			是			是		

变量名称		(4) 单一 GVC 分工			(5) 单一 NVC 分工			(6) NVC 和 GVC 融合的双重分工		
		后验概率	后验均值	后验标准差	后验概率	后验均值	后验标准差	后验概率	后验均值	后验标准差
高技术制造业部门	$TFP_{pst}{}'$	0.084 9	-0.005 7	0.028 1	0.071 4	-0.002 3	0.024 5	0.410 2	-0.082 0	0.111 1
	常数项	1.000 0	1.975 8	—	1.000 0	-0.258 7	—	1.000 0	4.827 0	—
其他部门	$TFP_{pst}{}'$	0.631 1	-0.093 2	0.082 7	1.000 0	0.206 9	0.036 5	0.903 4	0.129 9	0.059 9
	常数项	1.000 0	2.292 7	—	1.000 0	0.476 8	—	1.000 0	2.078 9	—
控制变量		是			是			是		

从技术层面来看，考虑产能利用率的技术进步对不同技术进步组总的价值链分工嵌入程度的正向影响并不明显。从 NVC 分工来看，技术进步对不同技术进步组 NVC 分工嵌入程度存在正向影响，且其影响大于 GVC 分工。从单一价值链分工和双重价值链融合分工来看，考虑产能利用率的技术进步对高技术进步组单一 GVC 分工嵌入程度的负向影响大于低技术进步组，与此同时，考虑产能利用率的技术进步对高技术进步组单一 NVC 分工嵌入程度的正向影响大于低技术进步组。总体来看，考虑产能利用率的技术进步对不同技术进步组的双重价值链嵌入程度的影响与技术层面分析大体一致（见表 5-10）。

表 5-10　更换核心解释变量的稳健性检验：技术层面回归结果

变量名称		(1)			(2)			(3)		
		价值链分工			GVC 分工			NVC 分工		
被解释变量：价值链嵌入程度（EMB$_{pst}$）		后验概率	后验均值	后验标准差	后验概率	后验均值	后验标准差	后验概率	后验均值	后验标准差
低技术进步组	TFP$_{pst}'$	0.038 8	0.002 1	0.013 8	0.078 5	−0.004 4	0.021 5	0.335 5	0.034 8	0.058 1
	常数项	1.000 0	3.953 9	—	1.000 0	3.371 0	—	1.000 0	2.488 9	—
高技术进步组	TFP$_{pst}'$	0.105 6	0.007 1	0.027 1	0.065 6	−0.002 1	0.016 1	0.145 9	0.010 5	0.030 2
	常数项	1.000 0	−0.481 7	—	1.000 0	1.609 7	—	1.000 0	−0.680 1	—
控制变量		是			是			是		

变量名称		(4)			(5)			(6)		
		单一 GVC 分工			单一 NVC 分工			NVC 和 GVC 融合的双重分工		
		后验概率	后验均值	后验标准差	后验概率	后验均值	后验标准差	后验概率	后验均值	后验标准差
低技术进步组	TFP$_{pst}'$	0.075 3	−0.005 4	0.023 9	0.382 3	0.039 4	0.059 9	0.081 2	0.005 2	0.021 7
	常数项	1.000 0	2.486 9	—	1.000 0	2.299 0	—	1.000 0	4.095 1	—
高技术进步组	TFP$_{pst}'$	0.324 4	−0.029 4	0.052 1	0.486 1	0.050 1	0.059 0	0.066 6	0.002 9	0.018 4
	常数项	1.000 0	2.146 1	—	1.000 0	−0.976 5	—	1.000 0	0.578 8	—
控制变量		是			是			是		

从时间层面来看，金融危机前，考虑产能利用率的技术进步对总的价值链分工的嵌入程度存在不明显的负向影响，金融危机后转变为重要的正向影响。从构成价值分工的 GVC 分工和 NVC 分工来看，考虑产能利用率的技术进步对金融危机前后 GVC 分工嵌入程度均存在不明显的负向影响，金融危机前后对 NVC 分工嵌入程度分别存在不明显的负向影响和重要的正向影响。从更为细化的单一 GVC 分工、单一 NVC 分工、NVC 和 GVC 融合的双重分工来看，金融危机前后技术进步对单一 GVC 分工和单一 NVC 分工嵌入程度的作用方向和重要程度与 GVC 分工和 NVC 分工基本一致；对于 NVC 和 GVC 融合的双重分工，技术进步对其嵌入程度由金融危机前不明显的负向影响转变为金融危机后重要的促进作用。这一结果与分时期讨论的结果基本一致，结果稳健（见表 5-11）。

表 5-11 更换核心解释变量的稳健性检验：时间层面

变量名称		(1) 价值链分工			(2) GVC 分工			(3) NVC 分工		
被解释变量：价值链嵌入程度（EMB_{pst}）		后验概率	后验均值	后验标准差	后验概率	后验均值	后验标准差	后验概率	后验均值	后验标准差
2002—2007 年	TFP_{pst}'	0.028 3	-0.000 1	0.009 6	0.072 4	-0.004 8	0.022 9	0.040 0	-0.000 4	0.009 8
	常数项	1.000 0	1.207 3	—	1.000 0	1.610 6	—	1.000 0	0.546 9	—
2010—2012 年	TFP_{pst}'	0.963 7	0.173 3	0.055 7	0.040 2	-0.000 5	0.010 7	1.000 0	0.273 8	0.048 4
	常数项	1.000 0	2.717 3	—	1.000 0	2.577 9	—	1.000 0	1.099 2	—
控制变量		是			是			是		

变量名称		(4) 单一 GVC 分工			(5) 单一 NVC 分工			(6) NVC 和 GVC 融合的双重分工		
		后验概率	后验均值	后验标准差	后验概率	后验均值	后验标准差	后验概率	后验均值	后验标准差
2002—2007 年	TFP_{pst}'	0.049 7	-0.002 0	0.015 5	0.050 4	0.002 1	0.013 6	0.085 6	-0.006 6	0.026 5
	常数项	1.000 0	1.623 0	—	1.000 0	0.364 5	—	1.000 0	1.636 6	—
2010—2012 年	TFP_{pst}'	0.117 4	-0.009 9	0.032 0	1.000 0	0.284 4	0.047 9	0.987 1	0.183 2	0.050 8
	常数项	1.000 0	2.365 8	—	1.000 0	0.860 9	—	1.000 0	2.057 7	—
控制变量		是			是			是		

5.2.3.2 更换被解释变量

为进一步验证结果的稳健性，本书重新计算价值链嵌入程度，将分母由总产出替换为流出和出口的中间产品，以反映单位中间产品贸易中不同类型价值链分工带来的增加值，其计算公式如下：

$$\text{EMB}_{l,\,pst}' = \frac{Va_{l,\,pst}}{Z_{pst}^{FE}} \tag{5-6}$$

其中，$\text{EMB}_{l,\,pst}'$ 表示地区 p 部门 s 在时期 t 参与 l 类型的价值链分工对应的价值链嵌入程度，Z_{pst}^{FE} 表示地区 p 部门 s 在时期 t 向其他区域和其他国家（或地区）流出和出口的中间产品，$l = \{VC, PGVC, PNVC, NGVC, GVC, NVC\}$，分别表示价值链分工、单一 GVC 分工、单一 NVC 分工、NVC 和 GVC 融合的双重分工、GVC 分工、NVC 分工。

从整体层面来看，技术进步对总的价值链分工的嵌入程度具有重要的促进作用，从构成价值链分工的 GVC 分工和 NVC 分工来看，技术进步对 GVC 分工嵌入程度的影响并不明显；但技术进步对 NVC 分工嵌入程度具有重要的促进作用。从更为细化的单一价值链分工和双重价值链融合分工来看，技术进步对单一 NVC 分工具有重要的正向影响，但对单一 GVC 分工、NVC 和 GVC 双重分工的正向影响并不明显。与基准分析结果对比可以发现，更换被解释变量的回归结果与基准分析基本一致，结果稳健（见表 5-12）。

表 5-12　更换被解释变量的稳健性检验：整体层面回归结果

变量名称	(1)			(2)			(3)		
	价值链分工			GVC 分工			NVC 分工		
被解释变量：价值链嵌入程度（EMB_{pst}'）	后验概率	后验均值	后验标准差	后验概率	后验均值	后验标准差	后验概率	后验均值	后验标准差
$T\dot{FP}_{pst}$	0.988 5	0.187 6	0.055 1	0.058 7	0.002 1	0.014 7	0.990 6	0.169 6	0.048 2
常数项	1.000 0	0.553 4	—	1.000 0	1.707 2	—	1.000 0	0.309 8	
控制变量	是			是			是		
变量名称	(4)			(5)			(6)		
	单一 GVC 分工			单一 NVC 分工			NVC 和 GVC 融合的双重分工		
	后验概率	后验均值	后验标准差	后验概率	后验均值	后验标准差	后验概率	后验均值	后验标准差
$T\dot{FP}_{pst}$	0.030 4	0.000 1	0.007 0	0.990 3	0.170 5	0.048 4	0.207 0	0.021 2	0.047 8
常数项	1.000 0	1.107 0	—	1.000 0	-0.354 1	—	1.000 0	2.498 2	
控制变量	是			是			是		

从地区层面来看，西部地区的技术进步有效地促进了西部地区更大程度地嵌入价值链分工，而对东部地区和中部地区的正向影响并不明显。从 GVC 分工看，技术进步的影响并不明显。但技术进步对中西部地区 NVC 分工的嵌入程度具有较强的促进作用。从单一价值链分工和双重价值链融合分工来看，技术进步对三大地区单一 GVC 分工、NVC 和 GVC 融合的双重分工嵌入程度的影响并不明显，对单一 NVC 分工嵌入程度的影响主要集中在中西部地区。与地区层面的回归结果对比可以发现，更换被解释变量后的影响方向并没有出现相异的结果，地区层面的回归结果依然稳健（见表 5-13）。

表 5-13 更换被解释变量的稳健性检验：地区层面回归结果

变量名称		（1）			（2）			（3）		
		价值链分工			GVC 分工			NVC 分工		
被解释变量：价值链嵌入程度（EMB$_{pst}'$）		后验概率	后验均值	后验标准差	后验概率	后验均值	后验标准差	后验概率	后验均值	后验标准差
东部地区	TFP$_{pst}$	0.137 6	0.012 4	0.042 5	0.030 0	0.001 5	0.012 0	0.087 2	-0.001 0	0.021 9
	常数项	1.000 0	-0.057 4	—	1.000 0	-0.521 0	—	1.000 0	-1.192 2	—
中部地区	TFP$_{pst}$	0.132 1	0.023 2	0.065 8	0.058 5	0.001 9	0.027 0	0.943 0	0.282 5	0.097 8
	常数项	1.000 0	3.114 6	—	1.000 0	5.249 4	—	1.000 0	-1.905 1	—
西部地区	TFP$_{pst}$	0.960 4	0.306 2	0.098 0	0.044 1	0.000 2	0.016 1	0.996 3	0.318 4	0.071 8
	常数项	1.000 0	1.344 5	—	1.000 0	3.727 7	—	1.000 0	-0.482 5	—
控制变量		是			是			是		

变量名称		（4）			（5）			（6）		
		单一 GVC 分工			单一 NVC 分工			NVC 和 GVC 融合的双重分工		
		后验概率	后验均值	后验标准差	后验概率	后验均值	后验标准差	后验概率	后验均值	后验标准差
东部地区	TFP$_{pst}$	0.028 1	0.001 3	0.011 2	0.090 7	-0.001 2	0.022 2	0.051 6	0.001 8	0.016 6
	常数项	1.000 0	-1.013 7	—	1.000 0	-1.603 5	—	1.000 0	0.927 6	—
中部地区	TFP$_{pst}$	0.068 4	-0.004 3	0.029 1	0.478 9	0.129 0	0.149 9	0.064 2	0.012 0	0.053 1
	常数项	1.000 0	4.473 3	—	1.000 0	-3.800 6	—	1.000 0	2.627 1	—
西部地区	TFP$_{pst}$	0.047 9	-0.001 4	0.017 5	0.999 8	0.354 5	0.066 3	0.020 6	-0.001 5	0.014 7
	常数项	1.000 0	3.435 6	—	1.000 0	-1.008 9	—	1.000 0	1.602 4	—
控制变量		是			是			是		

从部门层面来看，更换被解释变量后，技术进步对其他部门的正向影响有所增强，结论基本一致。技术进步对其单一 GVC 分工和 GVC 分工嵌入程度的影响并不明显。从单一 NVC 分工和 NVC 分工来看，技术进步对其他部门的嵌入程度具有重要的促进作用。从 NVC 和 GVC 融合的双重分工来看，技术进步对所有部门 NVC 和 GVC 融合的双重分工的嵌入程度影响较弱。对比部门层面的回归结果，技术进步的影响基本一致，结果稳健（见表 5-14）。

表 5-14　更换被解释变量的稳健性检验：部门层面回归结果

变量名称		(1)			(2)			(3)		
		价值链分工			GVC 分工			NVC 分工		
被解释变量：价值链嵌入程度（EMB$_{pst}'$）		后验概率	后验均值	后验标准差	后验概率	后验均值	后验标准差	后验概率	后验均值	后验标准差
高技术制造业部门	TFP$_{pst}$	0.121 7	0.000 0	0.031 2	0.041 5	-0.003 6	0.024 2	0.154 7	-0.003 3	0.033 6
	常数项	1.000 0	0.447 3	—	1.000 0	2.818 1	—	1.000 0	-0.818 4	—
其他部门	TFP$_{pst}$	0.996 8	0.191 1	0.043 9	0.040 3	0.000 3	0.010 1	0.997 6	0.227 5	0.056 0
	常数项	1.000 0	1.256 2	—	1.000 0	1.398 9	—	1.000 0	0.719 1	—
控制变量		是			是			是		

变量名称		(4)			(5)			(6)		
		单一 GVC 分工			单一 NVC 分工			NVC 和 GVC 融合的双重分工		
		后验概率	后验均值	后验标准差	后验概率	后验均值	后验标准差	后验概率	后验均值	后验标准差
高技术制造业部门	TFP$_{pst}$	0.029 8	-0.001 6	0.017 5	0.146 4	-0.001 9	0.030 2	0.045 1	-0.004 5	0.026 6
	常数项	1.000 0	1.639 8	—	1.000 0	-2.002 4	—	1.000 0	3.116 9	—
其他部门	TFP$_{pst}$	0.045 5	-0.000 2	0.010 2	0.998 6	0.234 8	0.055 3	0.008 5	0.000 0	0.006 4
	常数项	1.000 0	0.392 7	—	1.000 0	0.210 7	—	1.000 0	2.236 2	—
控制变量		是			是			是		

从技术层面来看，无论是技术进步快还是技术进步较慢的地区和部门，技术进步对其价值链嵌入程度的后验概率均较小，影响较弱，对单一 GVC 分工、GVC 分工的影响均是如此。对于单一 NVC 分工和 NVC 分工，技术进步对不同组别的嵌入程度具有一定的正向影响。对于 NVC 和 GVC 融合的双重分工，技术进步较慢地区部门的技术进步对其嵌入程度具有明显的促进作用，但对技术进步较快的地区和部门具有较强的负向影响。与技术层面讨论结果对比可以发现，结论并未发生变化，技术层面的回归结果仍然稳健（见表 5-15）。

表 5-15　更换被解释变量的稳健性检验：技术层面的回归结果

变量名称		(1)			(2)			(3)		
		价值链分工			GVC 分工			NVC 分工		
被解释变量：价值链嵌入程度（EMB$_{pst}'$）		后验概率	后验均值	后验标准差	后验概率	后验均值	后验标准差	后验概率	后验均值	后验标准差
低技术进步组	TFP$_{pst}$	0.105 9	0.011 1	0.037 7	0.044 3	0.000 4	0.012 6	0.587 6	0.076 0	0.075 7
	常数项	1.000 0	2.702 4	—	1.000 0	1.925 4	—	1.000 0	1.222 3	—

表5-15(续)

变量名称		(1)			(2)			(3)		
		价值链分工			GVC 分工			NVC 分工		
被解释变量: 价值链嵌入程度 (EMB$_{pst}'$)		后验概率	后验均值	后验标准差	后验概率	后验均值	后验标准差	后验概率	后验均值	后验标准差
高技术进步组	TFP$_{pst}$	0.075 9	0.008 2	0.033 7	0.045 2	0.000 1	0.013 3	0.152 6	0.005 9	0.027 9
	常数项	1.000 0	2.561 0	—	1.000 0	1.533 9	—	1.000 0	0.069 9	—
控制变量		是			是			是		

变量名称		(4)			(5)			(6)		
		单一 GVC 分工			单一 NVC 分工			NVC 和 GVC 融合的双重分工		
		后验概率	后验均值	后验标准差	后验概率	后验均值	后验标准差	后验概率	后验均值	后验标准差
低技术进步组	TFP$_{pst}$	0.048 9	-0.001 7	0.013 9	0.409 3	0.043 9	0.062 8	0.620 2	0.109 1	0.097 7
	常数项	1.000 0	1.254 4	—	1.000 0	0.370 3	—	1.000 0	2.344 8	—
高技术进步组	TFP$_{pst}$	0.097 0	0.005 2	0.025 1	0.213 6	0.014 9	0.040 0	0.953 4	-0.192 7	0.063 7
	常数项	1.000 0	0.433 6	—	1.000 0	-0.702 7	—	1.000 0	2.632 2	—
控制变量		是			是			是		

从时间层面来看,更换被解释变量后,金融危机前技术进步对总的价值链分工嵌入程度从影响并不明显转变为显著的正向影响,金融危机后依然保持一定程度的促进作用。对于 GVC 分工和 NVC 分工,金融危机前技术进步影响的重要性有所提升,金融危机后则并未发生明显变化。从单一 GVC 分工来看,金融危机前技术进步对其嵌入程度从影响并不明显转变为显著的正向影响,金融危机后保持不变。对于单一 NVC 分工,技术进步对双重价值链嵌入程度仍然具有促进作用。对于 NVC 和 GVC 融合的双重分工,技术进步对嵌入程度影响的重要性有所降低,但系数符号并未发生变化。总体来看,更换被解释变量后,金融危机前技术进步的影响略有变化,但仅仅是从不明显的影响变为一定程度的正向影响,金融危机后的作用方向未发生转变,结论与分时期基本一致,结果仍然稳健(见表 5-16)。

表 5-16　更换被解释变量的稳健性检验：时间层面回归结果

变量名称	(1)			(2)			(3)		
	价值链分工			GVC 分工			NVC 分工		
被解释变量： 价值链嵌入 程度（EMB$_{pst}$′）	后验 概率	后验 均值	后验 标准差	后验 概率	后验 均值	后验 标准差	后验 概率	后验 均值	后验 标准差
2002— 2007 年　TFP$_{pst}$	0.972 4	0.208 1	0.063 7	0.279 6	0.037 5	0.069 7	0.557 7	0.084 0	0.090 9
常数项	1.000 0	2.338 0	—	1.000 0	1.578 7	—	1.000 0	0.069 5	—
2010— 2012 年　TFP$_{pst}$	0.226 3	0.024 2	0.051 3	0.031 6	-0.000 6	0.010 0	0.675 3	0.086 0	0.072 3
常数项	1.000 0	1.767 3	—	1.000 0	1.813 2	—	1.000 0	0.958 6	—
控制变量	是			是			是		

变量名称	(4)			(5)			(6)		
	单一 GVC 分工			单一 NVC 分工			NVC 和 GVC 融合的 双重分工		
	后验 概率	后验 均值	后验 标准差	后验 概率	后验 均值	后验 标准差	后验 概率	后验 均值	后验 标准差
2002— 2007 年　TFP$_{pst}$	0.741 6	0.134 9	0.097 6	0.585 7	0.093 9	0.095 2	0.284 8	-0.045 3	0.082 8
常数项	1.000 0	0.841 9	—	1.000 0	-0.605 2	—	1.000 0	2.704 2	—
2010— 2012 年　TFP$_{pst}$	0.067 9	-0.003 9	0.019 4	0.622 6	0.074 4	0.069 7	0.144 1	0.017 3	0.047 0
常数项	1.000 0	1.330 8	—	1.000 0	0.560 3	—	1.000 0	2.026 2	—
控制变量	是			是			是		

5.3　技术进步对双重价值链嵌入位置的影响

5.3.1　技术进步是否推动了双重价值链嵌入位置的转变

5.3.1.1　技术进步对双重价值链嵌入位置的影响检验

表 5-17 第（1）列汇报了技术进步对国内价值链和全球价值链构成的总的价值链嵌入位置的回归结果，第（2）列汇报了技术进步对全球价值链嵌入位置的回归结果，第（3）列汇报了技术进步对国内价值链嵌入位置的回归结果。

由第（1）列回归结果可知，技术进步对价值链分工的后验概率和后验均值分别为 0.150 2 和 -0.005 5，这表明技术进步对总的价值链嵌入位置存在较小的负向影响。进一步从全球价值链和国内价值链看，由第（2）列回归结果可知，技术进步对 GVC 分工嵌入位置的后验概率较小，并不存在明显影响。由第（3）列回归结果可知，技术进步对 NVC 分工嵌入位置的后验概率和后验均值分别为 0.844 6 和 -0.092 9，即本地区技术进步有利于其嵌入国内价值链分工时向相对下游位置移动。此外，产业集中度、资本和劳动投入、工资水平等因素也对价值链嵌入位置具有重要影响。

结果表明，技术进步对双重价值链嵌入位置的影响主要集中在国内价值链，随着技术进步，本地区在国内生产分工网络中所参与的生产分工环节更加靠近消费端。这也表明，技术进步对于完善国内分工体系、加快形成强大国内市场具有重要的推动作用。

表 5-17　技术进步对双重价值链嵌入位置的回归结果

变量名称	（1）			（2）			（3）		
	价值链分工			GVC 分工			NVC 分工		
被解释变量：价值链嵌入位置（$pos_{l\_pst}^{inter}$）	后验概率	后验均值	后验标准差	后验概率	后验均值	后验标准差	后验概率	后验均值	后验标准差
$TF\hat{P}_{pst}$	0.150 2	-0.005 5	0.018 2	0.043 7	-0.001 6	0.010 0	0.844 6	-0.092 9	0.049 7
产业集中度	1.000 0	0.221 3	0.026 3	1.000 0	0.293 6	0.026 3	0.993 9	0.111 7	0.026 8
固定资产合计	0.995 5	0.265 1	0.066 7	0.034 8	-0.000 3	0.010 0	0.066 2	0.005 9	0.027 7
从业人数	1.000 0	-0.412 1	0.063 2	0.099 5	-0.005 8	0.020 7	1.000 0	-0.294 5	0.044 8
平均工资水平	0.999 7	0.164 2	0.034 4	0.125 5	0.007 5	0.022 4	1.000 0	0.244 4	0.033 3
平均企业年龄	0.999 6	-0.115 9	0.025 0	1.000 0	-0.189 0	0.026 6	0.032 2	-0.000 5	0.005 4
补贴收入	0.854 8	-0.087 2	0.047 5	0.335 3	-0.023 9	0.037 1	0.051 5	-0.002 0	0.011 5
高速公路里程	0.999 6	-0.137 7	0.029 0	0.999 3	-0.180 6	0.034 6	0.968 7	-0.130 0	0.041 0
1/到港口的距离	0.327 8	-0.013 8	0.023 5	0.074 4	0.003 1	0.012 7	0.028 8	-0.000 3	0.004 1
县域经济差距	0.964 6	-0.077 8	0.027 2	0.030 0	0.000 7	0.006 0	0.107 5	-0.004 3	0.014 6
市场分割度	0.117 1	0.002 6	0.012 1	0.236 5	0.017 6	0.035 2	0.036 6	0.000 8	0.007 2
常数项	1.000 0	8.674 1	—	1.000 0	6.776 2	—	1.000 0	8.156 5	—

5.3.1.2　双重价值链不同嵌入方式视角的进一步考察

本部分将从国内价值链和全球价值链嵌入方式，更加细致和深入地考察国内各区域参与不同价值链分工（单一 GVC 分工、单一 NVC 分工以及 NVC 和 GVC 融合的双重分工）过程中，技术进步对双重价值链嵌入位置是否会表现出不同的影响效应和演化路径。表 5-18 第（1）列汇报了技术进步对单一全球价值链嵌入位置的回归结果，第（2）列汇报了技术进步对单一国内价值链嵌入位置的回归结果，第（3）列汇报了技术进步对 NVC 和 GVC 融合的双重分工嵌入位置的回归结果。

由结果可知，技术进步对不同价值链分工的影响主要集中在单一 GVC

分工，对应的后验概率为 0.921 2，即技术进步对单一 GVC 分工嵌入位置具有重要影响。但是，对于单一 NVC 分工以及 NVC 和 GVC 融合的双重分工的嵌入位置，技术进步的后验概率不足 0.100 0，影响较小。从后验均值来看，技术进步对单一 GVC 分工的后验均值为 -0.105 6，这表明技术进步对单一 GVC 分工嵌入位置具有负向影响。随着技术进步，单一 GVC 分工将逐渐向相对下游的位置移动。对比技术进步对单一 GVC 分工和 NVC 分工嵌入位置的影响可以发现，技术进步对单一 GVC 分工嵌入位置的影响更大。

结果表明，技术进步对不同价值链嵌入方式相对生产位置的影响主要集中在单一 GVC 分工，且影响为负，即本地区部门的技术进步将会使其嵌入单一 GVC 分工时向更为下游的位置移动，摆脱长期处于加工制造环节的尴尬境地，有助于全球价值链分工地位的提升。

除技术进步外，产业集中度是影响不同类型价值链嵌入位置的普遍因素，对不同类型价值链嵌入位置具有重要的正向影响。此外，资本投入、劳动投入、平均工资水平、平均企业年龄、高速公路里程、县域经济差距等因素也对不同类型价值链分工位置产生了重要影响。

表 5-18 双重价值链不同嵌入方式视角的回归结果

变量名称	（1）			（2）			（3）		
	价值链分工			GVC 分工			NVC 分工		
被解释变量：价值链嵌入位置（$pos_{t_{pst}}^{inter}$）	后验概率	后验均值	后验标准差	后验概率	后验均值	后验标准差	后验概率	后验均值	后验标准差
TFP_{pst}	0.921 2	-0.105 6	0.044 4	0.056 7	-0.002 7	0.013 4	0.049 7	-0.001 8	0.011 3
产业集中度	1.000 0	0.198 3	0.026 2	1.000 0	0.136 3	0.023 6	1.000 0	0.205 0	0.031 8
固定资产合计	0.976 1	-0.207 4	0.048 6	0.058 1	0.005 4	0.026 5	0.432 5	-0.095 8	0.119 4
从业人数	0.072 8	-0.006 6	0.035 4	1.000 0	-0.314 4	0.036 0	0.681 8	-0.157 2	0.117 0
平均工资水平	0.997 6	0.175 8	0.039 7	1.000 0	0.279 3	0.027 0	1.000 0	0.217 6	0.051 6
平均企业年龄	1.000 0	-0.164 3	0.026 9	0.021 7	0.000 2	0.004 0	0.951 4	-0.091 1	0.032 5
补贴收入	0.045 5	0.000 6	0.008 0	0.053 8	-0.002 6	0.013 3	0.115 3	-0.006 9	0.022 6
高速公路里程	1.000 0	-0.224 1	0.033 1	0.990 0	-0.114 4	0.029 9	0.997 7	-0.136 6	0.031 6
1/（到港口的距离）	0.293 6	-0.015 0	0.026 5	0.023 0	-0.000 3	0.003 8	0.074 8	-0.002 5	0.010 9
县域经济差距	0.058 2	-0.001 2	0.007 6	0.068 0	-0.002 5	0.011 1	0.045 8	0.001 1	0.007 2
市场分割度	0.129 7	0.006 2	0.019 4	0.021 5	-0.000 2	0.004 5	0.029 3	0.000 1	0.005 2
常数项	1.000 0	7.758 8	—	1.000 0	7.625 1	—	1.000 0	13.051 5	—

5.3.2 异质性分析

由于中国各区域之间在地理、资源、经济等多方面的差异、不同部门参与分工的阶段不同、不同技术进步速度的地区部门分工角色不同、金融危机前后国内外分工格局的差异，使得技术进步对双重价值链嵌入位置的影响可能存在区域和部门异质性、技术差异以及金融危机前后的异质性。因此本部分将地区按照地理位置、将部门按照部门性质、将地区部门按照技术进步快慢和金融危机前后划分样本，从不同视角检验技术进步对双重价值链嵌入位置的异质性影响。

5.3.2.1 区域异质性分析

本书分析了不同地区的技术进步对不同类型价值链嵌入位置的影响，以探究技术进步对不同类型价值链嵌入位置影响的区域异质性。由表5-19第（1）列的回归结果可知，从不同地区看，技术进步对东部地区和中部地区总的价值链嵌入位置具有重要影响。随着技术进步，东部地区总的价值链嵌入位置将向相对上游的位置移动，但中部地区相反。由表5-19第（2）列的回归结果可知，对于完整的GVC分工，技术进步对东部地区GVC嵌入位置的影响最为重要，将会促进其GVC分工向相对上游的位置移动，但中部地区恰恰相反。由表5-19第（3）列的回归结果可知，技术进步将会使得中部地区NVC分工向相对下游的位置移动。结果表明，东部地区的技术进步有利于其在嵌入全球价值链时，更多地参与研发设计等上游生产环节，促进其在全球价值链中向相对上游位置移动。而中部地区的技术进步有利于其在嵌入国内价值链和全球价值链时，更多地参与销售服务等下游生产环节，促进其在国内价值链和全球价值链中向相对下游位置移动。这也表明，中国通过技术进步改善其嵌入全球价值链中的位置时，主要通过东部地区和中部地区发挥作用。但在形成强大的国内市场时，中部地区的技术进步发挥了重要作用。

由表5-19第（4）～（6）列的回归结果可知，东部地区技术进步对其GVC嵌入位置的正向影响来自单一GVC分工以及NVC和GVC融合的双重分工。此外，东部地区技术进步对其单一NVC嵌入位置也具有正向影响。对于中部地区，技术进步对其NVC分工和GVC嵌入位置的负向影响来自单一GVC分工、单一NVC分工以及NVC和GVC融合的双重分工。结果表明，东部和中部地区技术进步既可以改善其在单一全球价值链中的位置，也可以改善其在更深层次价值链分工中的位置，实现全球价值链分工地位的攀升。此外，虽然东部地区技术进步对完整的国内价值链分工的位置影响并不明显，但东部地区和中部地区的技术进步有利于改善其在单一国内价值链分工中的位置，实现东部地区和中部地区在单纯的国内分工体系中嵌入位置的调整。

表5-19 分地区回归结果

变量名称		(1) 价值链分工			(2) GVC分工			(3) NVC分工		
被解释变量：价值链嵌入位置（$\text{pos}_{pst}^{\text{inter}}$）		后验概率	后验均值	后验标准差	后验概率	后验均值	后验标准差	后验概率	后验均值	后验标准差
东部地区	$\dot{\text{TFP}}_{pst}$	0.436 6	0.052 6	0.069 7	0.750 1	0.120 9	0.084 5	0.034 8	0.001 1	0.010 8
	常数项	1.000 0	7.360 1	—	1.000 0	6.950 1	—	1.000 0	7.758 9	—
中部地区	$\dot{\text{TFP}}_{pst}$	0.579 2	−0.094 2	0.099 8	0.291 3	−0.031 4	0.067 1	0.946 1	−0.228 1	0.089 7
	常数项	1.000 0	10.121 1	—	1.000 0	8.170 0	—	1.000 0	9.720 0	—
西部地区	$\dot{\text{TFP}}_{pst}$	0.061 1	−0.003 6	0.021 8	0.035 3	−0.000 1	0.012 6	0.048 2	−0.004 0	0.021 4
	常数项	1.000 0	9.014 2	—	1.000 0	6.549 6	—	1.000 0	8.574 5	—
控制变量		是			是			是		

变量名称		(4) 单一GVC分工			(5) 单一NVC分工			(6) NVC和GVC融合的双重分工		
		后验概率	后验均值	后验标准差	后验概率	后验均值	后验标准差	后验概率	后验均值	后验标准差
东部地区	$\dot{\text{TFP}}_{pst}$	0.111 7	0.006 0	0.025 6	0.208 8	0.021 1	0.047 1	0.402 4	0.048 1	0.067 9
	常数项	1.000 0	9.050 7	—	1.000 0	6.857 6	—	1.000 0	13.321 0	—
中部地区	$\dot{\text{TFP}}_{pst}$	0.639 4	−0.133 4	0.123 0	0.863 9	−0.184 5	0.099 0	0.921 1	−0.200 9	0.086 5
	常数项	1.000 0	7.866 1	—	1.000 0	9.357 6	—	1.000 0	14.248 3	—
西部地区	$\dot{\text{TFP}}_{pst}$	0.402 2	−0.058 0	0.080 5	0.022 7	−0.000 3	0.009 9	0.029 9	0.000 6	0.012 8
	常数项	1.000 0	7.205 1	—	1.000 0	8.376 6	—	1.000 0	14.137 3	—
控制变量		是			是			是		

5.3.2.2 部门异质性分析

进一步地，本书将各个部门划分为高技术制造业部门和其他部门，以分析技术进步对价值链嵌入位置影响的部门异质性。由表5-20第（1）～（3）列的回归结果可知，其他部门的技术进步对其嵌入价值链中的位置并无明显影响，但对于高技术制造业部门，技术进步能够有效促进其在嵌入国内价值链分工时向相对下游生产环节转移。部门层面双重价值链的不同嵌入方式视角的进一步考察结果如表5-20第（4）～（6）列所示。由结果可知，高技术制造业部门技术进步对其嵌入国内价值链的位置的负向影响主要来自单一国内价值链分工。此外，虽然其他部门技术进步对其嵌入全球价值链的位置的影响并不明显，但对其嵌入单一全球价值链的嵌入位置具有重要的负向影响。结果表明，不论是高技术制造业部门还是其他部门，技术进步对价值链嵌入位置的影响主要集中在单一价值链分工，对于更深层次价值链的嵌入位置的影响有限。高技术制造业部门的技术进步有利于改善其在国内价值链分工中长期处于加工制造生产环节的境况，使其向相对下游生产环节移动。其他部门的技术进步有利于改善其在浅层全球价值链分工中长期处于相对上游生产环节的境况，使其向生产制造、销售服务等相对下游的生产环节移动。

表 5-20 分部门回归结果

变量名称		(1)			(2)			(3)		
		价值链分工			GVC 分工			NVC 分工		
被解释变量：价值链嵌入位置（pos_{pst}^{inter}）		后验概率	后验均值	后验标准差	后验概率	后验均值	后验标准差	后验概率	后验均值	后验标准差
高技术制造业部门	$T\dot{F}P_{pst}$	0.103 0	-0.010 3	0.036 7	0.139 1	0.016 1	0.046 8	0.993 8	-0.268 0	0.067 7
	常数项	1.000 0	12.311 3	—	1.000 0	9.770 9	—	1.000 0	11.254 9	—
其他部门	$T\dot{F}P_{pst}$	0.036 1	-0.001 2	0.009 5	0.075 7	-0.003 6	0.015 1	0.051 2	-0.002 9	0.015 1
	常数项	1.000 0	7.662 2	—	1.000 0	6.621 1	—	1.000 0	8.057 7	—
控制变量		是			是			是		

变量名称		(4)			(5)			(6)		
		单一 GVC 分工			单一 NVC 分工			NVC 和 GVC 融合的双重分工		
		后验概率	后验均值	后验标准差	后验概率	后验均值	后验标准差	后验概率	后验均值	后验标准差
高技术制造业部门	$T\dot{F}P_{pst}$	0.065 3	-0.004 0	0.021 9	0.957 4	-0.222 6	0.078 0	0.068 8	-0.005 4	0.026 7
	常数项	1.000 0	12.330 6	—	1.000 0	9.769 1	—	1.000 0	17.151 9	—
其他部门	$T\dot{F}P_{pst}$	0.985 5	-0.137 7	0.039 5	0.020 8	0.000 0	0.005 5	0.044 4	-0.002 0	0.012 2
	常数项	1.000 0	7.585 1	—	1.000 0	7.595 5	—	1.000 0	12.788 7	—
控制变量		是			是			是		

5.3.2.3 技术差异分析

本书按照技术进步快慢，将地区和部门划分为高技术进步组和低技术进步组，以分析技术进步对双重价值链嵌入位置影响在技术层面的差异。结果如表 5-21 第（1）～（3）列所示。由结果可知，不论是技术进步较快的高技术进步地区部门，还是技术进步较慢的低技术进步地区部门，技术进步对总的价值链分工、GVC分工、NVC分工位置的影响重要性均较小,大部分情况下的后验概率均低于10%。这表明,技术进步对总的价值链分工、GVC分工、NVC分工位置的影响并不明显,技术进步的快慢也并不会影响技术进步对价值链嵌入位置的作用。技术层面的双重价值链不同嵌入方式视角的进一步考察结果如表5-21第(4)~(6)列所示。由结果可知,虽然低技术进步组的技术进步对总的价值链分工以及完整的国内和全球价值链嵌入位置的影响并不明显,但它将会推动其在嵌入单一GVC分工和单一NVC分工时向更为下游的位置移动。同样地,高技术进步组的技术进步对单一GVC嵌入位置存在负向影响。结果表明,无论技术进步快或慢,各地区部门的技术进步会使其嵌入单一GVC分工时向相对下游的位置移动,更多地参与销售服务等生产环节。同时,在技术进步较慢的地区部门,技术进步有利于其在形成强大的国内市场中更多地参与相对下游生产环节的生产。

表5-21　分技术回归结果

变量名称		(1)			(2)			(3)		
		价值链分工			GVC分工			NVC分工		
被解释变量:价值链嵌入位置（pos_{pst}^{inter}）		后验概率	后验均值	后验标准差	后验概率	后验均值	后验标准差	后验概率	后验均值	后验标准差
低技术进步组	TFP_{pst}	0.053 4	-0.001 5	0.010 7	0.021 7	-0.000 1	0.005 1	0.055 6	-0.002 9	0.014 5
	常数项	1.000 0	9.626 1	—	1.000 0	7.897 8	—	1.000 0	9.453 0	—
高技术进步组	TFP_{pst}	0.028 1	-0.000 1	0.007 5	0.048 8	0.002 9	0.016 8	0.037 4	-0.001 8	0.012 5
	常数项	1.000 0	6.436 7	—	1.000 0	4.699 7	—	1.000 0	6.914 3	—
控制变量		是			是			是		

变量名称		(4)			(5)			(6)		
		单一GVC分工			单一NVC分工			NVC和GVC融合的双重分工		
		后验概率	后验均值	后验标准差	后验概率	后验均值	后验标准差	后验概率	后验均值	后验标准差
低技术进步组	TFP_{pst}	0.189 6	-0.013 3	0.032 2	0.265 8	-0.022 2	0.041 3	0.118 0	-0.008 2	0.025 3
	常数项	1.000 0	9.098 0	—	1.000 0	8.449 4	—	1.000 0	14.124 6	—
高技术进步组	TFP_{pst}	0.433 6	-0.053 9	0.069 3	0.091 3	0.006 6	0.025 4	0.052 0	0.002 2	0.014 3
	常数项	1.000 0	6.062 9	—	1.000 0	6.358 3	—	1.000 0	10.878 4	—
控制变量		是			是			是		

5.3.2.4　金融危机前后的异质性分析

2008年的全球金融危机逐渐演化为世界性经济危机,这在一定程度上推动了国内外分工格局的转变。因此，本节将样本划分为金融危机前（2002—2007年）和金融危机后（2010—2012年）两部分，以考察技术进步对价值链嵌入位置的影响在金融危机前后的异质性。结果如表5-22第（1）～（3）列所示。由回归结果可知，不同时期技术进步对总的价值链分工的影响并不显著。金融危机前，各地区部门的技术进步有利于其在全球价值链分工中向相对上游位置移动，同时还有利于其在国内价值链分工中向相对下游位置移动。结果表明，金融危机前，中国各地区部门的技术进步，加之丰富的资源和要素优势，使其在全球价值链分工中占据相对上游的生产环节。而金融危机后，在全球经济复苏乏力的现实背景下，中国各地区部门的技术进步对价值链嵌入位置的影响十分有限。金融危机前后双重价值链不同嵌入方式视角的进一步考察结果如表5-22第（4）～（6）列所示。由结果可知，从更为细化的单一GVC分工、单一NVC分工以及NVC和GVC融合的双重分工看，全球经济危机对国内外分工格局的影响是从完整的国内或全球价值链分工中进行体现，而不是单纯地集中在单一价值链分工或者更深层次的复杂价值链分工。因此，对于这三类分工，金融危机前后技术进步对其价值链嵌入位置的影响均较小。但相对而言，相较于金融危机前，金融危机后技术进步对单一GVC分工和单一NVC分工位置的影响有所增大。金融危机后，技术进步将会促进地区部门单一NVC分工向相对上游的位置移动，同时也将促进单一GVC分工向相对下游的位置移动。

表 5-22　分时期回归结果

变量名称		(1)			(2)			(3)		
		价值链分工			GVC 分工			NVC 分工		
被解释变量：价值链嵌入位置（$\text{pos}_{t\text{-}pst}^{\text{inter}}$）		后验概率	后验均值	后验标准差	后验概率	后验均值	后验标准差	后验概率	后验均值	后验标准差
2002—2007年	TFP_{pst}	0.037 2	-0.001 0	0.011 8	0.933 2	0.167 1	0.066 0	0.315 9	-0.041 0	0.066 7
	常数项	1.000 0	7.214 1	—	1.000 0	4.734 1	—	1.000 0	7.530 7	—
2010—2012年	TFP_{pst}	0.117 1	0.007 0	0.022 5	0.036 2	-0.001 0	0.008 2	0.132 5	0.008 3	0.024 8
	常数项	1.000 0	9.157 5	—	1.000 0	7.934 1	—	1.000 0	9.022 3	—
控制变量		是			是			是		

表5-22(续)

变量名称		(4)			(5)			(6)		
		单一 GVC 分工			单一 NVC 分工			NVC 和 GVC 融合的双重分工		
		后验概率	后验均值	后验标准差	后验概率	后验均值	后验标准差	后验概率	后验均值	后验标准差
2002—2007 年	$\mathrm{TF\dot{P}}_{pst}$	0.048 9	−0.003 2	0.017 3	0.041 2	−0.001 4	0.012 5	0.071 0	0.004 9	0.024 0
	常数项	1.000 0	5.529 8	—	1.000 0	7.112 6	—	1.000 0	11.143 1	—
2010—2012 年	$\mathrm{TF\dot{P}}_{pst}$	0.198 4	−0.014 8	0.033 9	0.165 7	0.010 5	0.027 8	0.044 3	0.002 0	0.012 1
	常数项	1.000 0	9.237 6	—	1.000 0	8.261 7	—	1.000 0	13.788 6	—
控制变量		是			是			是		

5.3.3 稳健性检验

技术进步的不同测算和双重价值链嵌入度的不同构造形式可能会对结果产生一定的影响。因此，本节从以下两方面对技术进步对双重价值链嵌入位置的影响进行稳健性检验：①采用考虑产能利用率的技术进步（$\mathrm{TF\dot{P}}_{pst}'$），进行更换解释变量的稳健性检验，分析它对价值链嵌入位置的影响，以验证上述分析的可靠性。②将双重价值链嵌入位置测算公式中的上游度和下游度之比的形式替换为上游度和下游度占比之差，以从相对上下游度的角度反映各地区部门不同类型价值链嵌入位置，进行更换核心解释变量的稳健性检验，再次分析技术进步对价值链嵌入位置的影响，以验证上述分析的可靠性。

5.3.3.1 更换核心解释变量

本节利用考虑产能利用率后的技术进步（$\mathrm{TF\dot{P}}_{pst}'$），从整体层面、地区层面、部门层面、技术层面、时间层面，全面分析上述结论的可靠性。

从整体层面看，考虑产能利用率的技术进步对价值链嵌入位置的影响主要集中在单一 GVC 分工，技术进步将会促使单一 GVC 分工向相对下游的位置移动，对其他类型和总的价值链嵌入位置的影响并不明显。与基准分析相比，技术进步对 NVC 分工重要的负向影响转变为不明显的负向影响，虽然影响的重要性有所下降，但后验均值的符号并未发生变化，对其他类型价值链嵌入位置的影响也并未发生明显变化。结论与基准分析基本一致（见表5-23）。

表 5-23　更换核心解释变量的稳健性检验：整体层面回归结果

变量名称	(1) 价值链分工			(2) GVC 分工			(3) NVC 分工		
被解释变量：价值链嵌入位置（pos^{inter}_{pst}）	后验概率	后验均值	后验标准差	后验概率	后验均值	后验标准差	后验概率	后验均值	后验标准差
$\dot{TFP}'_{pst}$	0.093 0	0.001 1	0.010 3	0.031 1	-0.000 8	0.007 1	0.056 2	-0.002 7	0.013 5
常数项	1.000 0	8.682 6	—	1.000 0	6.777 2	—	1.000 0	8.118 7	—
控制变量	是			是			是		

变量名称	(4) 单一 GVC 分工			(5) 单一 NVC 分工			(6) NVC 和 GVC 融合的双重分工		
	后验概率	后验均值	后验标准差	后验概率	后验均值	后验标准差	后验概率	后验均值	后验标准差
$\dot{TFP}'_{pst}$	0.584 8	-0.052 4	0.050 7	0.020 4	-0.000 1	0.004 7	0.032 9	-0.000 5	0.006 8
常数项	1.000 0	7.751 4	—	1.000 0	7.623 1	—	1.000 0	13.053 0	—
控制变量	是			是			是		

从地区层面看，对于东部地区和中部地区，技术进步对其价值链嵌入位置的正向影响主要集中在 GVC 分工和 NVC 分工。其中，对东部地区 GVC 分工的正向影响来自 NVC 和 GVC 融合的双重分工，对中部地区 GVC 分工的正向影响主要来自单一 GVC 分工以及 NVC 和 GVC 融合的双重分工；对东部地区和中部地区 NVC 分工的正向影响来自单一 NVC 分工、NVC 和 GVC 融合的双重分工。对于西部地区，技术进步对其价值链嵌入位置的影响主要集中在单一 GVC 分工。结论与分地区讨论结果一致（见表 5-24）。

表 5-24　更换核心解释变量的稳健性检验：地区层面回归结果

变量名称		(1) 价值链分工			(2) GVC 分工			(3) NVC 分工		
被解释变量：价值链嵌入位置（pos^{inter}_{pst}）		后验概率	后验均值	后验标准差	后验概率	后验均值	后验标准差	后验概率	后验均值	后验标准差
东部地区	$\dot{TFP}'_{pst}$	0.733 2	0.103 1	0.076 1	0.368 4	0.045 1	0.067 3	0.111 0	0.009 1	0.030 5
	常数项	1.000 0	7.534 8	—	1.000 0	7.042 7	—	1.000 0	7.765 5	—
中部地区	$\dot{TFP}'_{pst}$	0.212 1	-0.018 3	0.049 2	0.199 7	-0.013 8	0.047 4	0.523 3	-0.095 1	0.107 6
	常数项	1.000 0	10.451 2	—	1.000 0	8.218 4	—	1.000 0	9.875 1	—
西部地区	$\dot{TFP}'_{pst}$	0.057 7	0.002 7	0.017 9	0.031 3	0.000 1	0.010 8	0.016 7	-0.000 3	0.007 1
	常数项	1.000 0	9.027 9	—	1.000 0	6.548 7	—	1.000 0	8.571 5	—
控制变量		是			是			是		

表5-24（续）

变量名称		(4) 单一 GVC 分工			(5) 单一 NVC 分工			(6) NVC 和 GVC 融合的双重分工		
		后验概率	后验均值	后验标准差	后验概率	后验均值	后验标准差	后验概率	后验均值	后验标准差
东部地区	TFP'_{pst}	0.081 5	0.002 1	0.017 0	0.700 2	0.100 4	0.077 7	0.236 6	0.022 3	0.047 1
	常数项	1.000 0	9.030 2	—	1.000 0	6.878 7	—	1.000 0	13.320 5	—
中部地区	TFP'_{pst}	0.280 5	-0.042 4	0.082 2	0.560 9	-0.104 4	0.109 3	0.651 3	-0.119 9	0.103 9
	常数项	1.000 0	8.218 4	—	1.000 0	9.442 8	—	1.000 0	14.240 1	—
西部地区	TFP'_{pst}	0.121 3	-0.012 3	0.038 6	0.029 0	0.001 3	0.012 2	0.063 7	0.005 6	0.026 9
	常数项	1.000 0	7.406 5	—	1.000 0	8.379 1	—	1.000 0	14.120 7	—
控制变量		是			是			是		

从部门层面来看，对于高技术制造业部门，技术进步对其嵌入 NVC 分工的位置具有重要的负向影响，这种影响主要来自单一 NVC 分工。同时，技术进步对其嵌入 GVC 分工的位置具有一定程度的正向影响，最终表现为对其总的价值链嵌入位置不明显的负向影响。对于其他部门，技术进步对单一 GVC 嵌入位置具有重要的负向影响。结果表明，考虑产能利用率的技术进步对不同类型价值链嵌入位置的影响方向不变，与分部门讨论结论基本一致（见表 5-25）。

表 5-25　更换核心解释变量的稳健性检验：部门层面回归结果

变量名称		(1) 价值链分工			(2) GVC 分工			(3) NVC 分工		
被解释变量：价值链嵌入位置（pos_{pst}^{inter}）		后验概率	后验均值	后验标准差	后验概率	后验均值	后验标准差	后验概率	后验均值	后验标准差
高技术制造业部门	TFP'_{pst}	0.034 8	-0.000 8	0.012 3	0.402 8	0.063 5	0.087 3	0.722 8	-0.137 1	0.100 5
	常数项	1.000 0	12.309 1	—	1.000 0	9.886 7	—	1.000 0	11.645 1	—
其他部门	TFP'_{pst}	0.026 9	0.000 5	0.006 1	0.048 3	-0.001 8	0.010 3	0.016 1	-0.000 1	0.004 2
	常数项	1.000 0	7.663 4	—	1.000 0	6.621 8	—	1.000 0	8.056 5	—
控制变量		是			是			是		

变量名称		(4) 单一 GVC 分工			(5) 单一 NVC 分工			(6) NVC 和 GVC 融合的双重分工		
		后验概率	后验均值	后验标准差	后验概率	后验均值	后验标准差	后验概率	后验均值	后验标准差
高技术制造业部门	TFP'_{pst}	0.041 1	0.000 2	0.012 5	0.522 0	-0.085 5	0.094 4	0.039 1	-0.000 4	0.014 9
	常数项	1.000 0	12.335 3	—	1.000 0	10.090 6	—	1.000 0	17.149 4	—

表5-25（续）

其他部门	TFP$_{pst}$'	0.921 1	-0.109 9	0.046 5	0.034 2	0.001 2	0.008 9	0.026 9	-0.000 6	0.007 0
	常数项	1.000 0	7.557 1	—	1.000 0	7.596 2	—	1.000 0	12.790 1	—
控制变量		是			是			是		

从技术层面来看，对于低技术进步组，考虑产能利用率的技术进步分别对单一 GVC 分工、单一 NVC 分工、NVC 和 GVC 融合的双重分工位置存在较小的负向影响。对于高技术进步组，考虑产能利用率的技术进步对单一 GVC 嵌入位置存在负向影响，也对单一 NVC 分工、NVC 和 GVC 融合的双重分工位置存在正向影响。最终表现为对总的价值链嵌入位置较小的正向影响。从技术层面来看，无论是否考虑产能利用率，技术进步对双重价值链嵌入的影响大体一致（见表5-26）。

表 5-26　更换核心解释变量的稳健性检验：技术层面回归结果

变量名称		(1) 价值链分工			(2) GVC 分工			(3) NVC 分工		
被解释变量：价值链嵌入位置（pos$\perp_{pst}^{inter}$）		后验概率	后验均值	后验标准差	后验概率	后验均值	后验标准差	后验概率	后验均值	后验标准差
低技术进步组	TFP$_{pst}$'	0.051 3	-0.001 4	0.010 1	0.020 8	-0.000 1	0.004 9	0.083 3	-0.004 6	0.018 7
	常数项	1.000 0	9.230 1	—	1.000 0	7.543 1	—	1.000 0	9.594 5	—
高技术进步组	TFP$_{pst}$'	0.233 8	0.021 5	0.044 4	0.027 8	0.001 0	0.009 9	0.035 8	0.001 5	0.010 5
	常数项	1.000 0	7.221 3	—	1.000 0	5.070 2	—	1.000 0	7.480 6	—
控制变量		是			是			是		

变量名称		(4) 单一 GVC 分工			(5) 单一 NVC 分工			(6) NVC 和 GVC 融合的双重分工		
		后验概率	后验均值	后验标准差	后验概率	后验均值	后验标准差	后验概率	后验均值	后验标准差
低技术进步组	TFP$_{pst}$'	0.134 7	-0.007 6	0.024 4	0.196 4	-0.014 9	0.034 4	0.136 9	-0.010 4	0.029 3
	常数项	1.000 0	8.674 2	—	1.000 0	8.844 9	—	1.000 0	13.411 1	—
高技术进步组	TFP$_{pst}$'	0.231 7	-0.022 2	0.045 2	0.937 8	0.136 2	0.051 3	0.171 0	0.013 5	0.034 3
	常数项	1.000 0	6.354 3	—	1.000 0	6.529 7	—	1.000 0	11.585 2	—
控制变量		是			是			是		

从时间层面来看，金融危机前，考虑产能利用率的技术进步有力地促进了 GVC 分工向相对上游的位置移动。金融危机后，技术进步对单一 GVC 分工具有一定的负向影响，通过单一 NVC 分工对 NVC 嵌入位置产生了更为重要的正向影响，最终表现为对金融危机后总的价值链嵌入位置存

在一定程度的正向影响。这一结果与不考虑产能利用率的技术进步影响一致，分时期的回归结果稳健（见表 5-27）。

表 5-27　更换核心解释变量的稳健性检验：时间层面

变量名称		（1）			（2）			（3）		
		价值链分工			GVC 分工			NVC 分工		
被解释变量：价值链嵌入位置（$\text{pos}_{l,\,pst}^{i\_\text{inter}}$）		后验概率	后验均值	后验标准差	后验概率	后验均值	后验标准差	后验概率	后验均值	后验标准差
2002—2007 年	$\text{TF}\dot{\text{P}}_{pst}'$	0.035 3	0.000 8	0.009 9	0.908 5	0.144 6	0.063 2	0.059 3	−0.004 3	0.020 6
	常数项	1.000 0	7.212 2	—	1.000 0	4.751 9	—	1.000 0	7.463 4	—
2010—2012 年	$\text{TF}\dot{\text{P}}_{pst}'$	0.494 6	0.047 8	0.054 9	0.043 0	−0.001 5	0.009 9	0.648 3	0.067 6	0.057 7
	常数项	1.000 0	9.279 7	—	1.000 0	7.933 4	—	1.000 0	9.181 8	—
控制变量		是			是			是		

变量名称		（4）			（5）			（6）		
		单一 GVC 分工			单一 NVC 分工			NVC 和 GVC 融合的双重分工		
		后验概率	后验均值	后验标准差	后验概率	后验均值	后验标准差	后验概率	后验均值	后验标准差
2002—2007 年	$\text{TF}\dot{\text{P}}_{pst}'$	0.024 5	−0.000 8	0.008 4	0.032 1	0.000 0	0.008 3	0.069 5	0.004 1	0.020 1
	常数项	1.000 0	5.520 0	—	1.000 0	7.109 9	—	1.000 0	11.143 7	—
2010—2012 年	$\text{TF}\dot{\text{P}}_{pst}'$	0.400 9	−0.037 9	0.052 2	0.662 1	0.068 2	0.057 2	0.048 2	0.002 4	0.013 6
	常数项	1.000 0	9.178 6	—	1.000 0	8.397 8	—	1.000 0	13.791 0	—
控制变量		是			是			是		

5.3.3.2　更换被解释变量

本书为进一步验证结果的稳健性，重新构造价值链嵌入位置的计算方式，将上游度和下游度之比的形式替换为上游度和下游度占比之差，以从相对上下游度的角度反映各地区部门不同类型价值链嵌入位置。具体计算公式如下：

$$\text{pos}_{l,\,pst}^{i\_\text{inter}\prime} = \frac{\text{plvr}_{l,\,pst}^{i\_\text{inter}} - \text{plyr}_{l,\,pst}^{i\_\text{inter}}}{\text{plvr}_{l,\,pst}^{i\_\text{inter}} + \text{plyr}_{l,\,pst}^{i\_\text{inter}}} \tag{5-7}$$

其中，$\text{pos}_{l,\,pst}^{i\_\text{inter}\prime}$ 表示以相对上下游度之差视角计算的相对上游度，$\text{plvr}_{l,\,pst}^{i\_\text{inter}}$ 表示上游度，$\text{plyr}_{l,\,pst}^{i\_\text{inter}}$ 表示下游度，上下标含义与前文一致。本节仍然从整体层面、地区层面、部门层面、技术层面、时间层面分析结果的稳健性。

从整体层面来看，技术进步对新构建的价值链嵌入位置的影响表现为：技术进步将会使得各地区部门嵌入单一 GVC 分工、NVC 分工时向相对下游的位置移动。技术进步对单一 NVC 分工、NVC 和 GVC 融合的双重分工、GVC 分工位置的影响并不明显，最终表现为对总的价值链嵌入位置较小的负向影响，结论与基准分析一致（见表5-28）。

表5-28　更换被解释变量的稳健性检验：整体层面回归结果

变量名称	（1）			（2）			（3）		
	价值链分工			GVC 分工			NVC 分工		
被解释变量：价值链嵌入位置（pos$_{L-pst}^{inter'}$）	后验概率	后验均值	后验标准差	后验概率	后验均值	后验标准差	后验概率	后验均值	后验标准差
$\mathrm{T\dot{F}P}_{pst}$	0.105 2	−0.003 5	0.015 0	0.043 5	−0.001 7	0.010 1	0.797 0	−0.086 0	0.052 3
常数项	1.000 0	1.547 6	—	1.000 0	0.062 9	—	1.000 0	1.820 8	—
控制变量	是			是			是		
变量名称	（4）			（5）			（6）		
	单一 GVC 分工			单一 NVC 分工			NVC 和 GVC 融合的双重分工		
	后验概率	后验均值	后验标准差	后验概率	后验均值	后验标准差	后验概率	后验均值	后验标准差
$T\dot{F}P_{pst}$	0.957 0	−0.115 9	0.040 9	0.048 0	−0.002 1	0.011 8	0.051 6	−0.002 1	0.012 0
常数项	1.000 0	2.825 1	—	1.000 0	1.002 5	—	1.000 0	1.804 4	—
控制变量	是			是			是		

　　从地区层面来看，技术进步对新构建的价值链嵌入位置的影响表现为：对于东部地区，技术进步通过单一 GVC 分工、NVC 和 GVC 融合的双重分工对 GVC 嵌入位置产生了重要的正向影响。同时，技术进步对单一 NVC 分工也具有一定程度的正向影响，最终表现为对东部地区总的价值链嵌入位置在一定程度上的正向影响，而中部地区的影响则相反。对于西部地区，技术进步对其单一 GVC 嵌入位置具有重要的负向影响。从地区层面看，更换价值链嵌入位置的构建方式后，技术进步的影响并未发生明显变化，分地区的讨论结果也是稳健的（见表5-29）。

表5-29　更换被解释变量的稳健性检验：地区层面回归结果

变量名称		（1）			（2）			（3）		
		价值链分工			GVC 分工			NVC 分工		
被解释变量：价值链嵌入位置（pos$_{L-pst}^{inter'}$）		后验概率	后验均值	后验标准差	后验概率	后验均值	后验标准差	后验概率	后验均值	后验标准差
东部地区	$\mathrm{T\dot{F}P}_{pst}$	0.332 8	0.038 2	0.062 9	0.820 3	0.138 1	0.081 7	0.037 7	0.001 5	0.011 9
	常数项	1.000 0	0.143 4	—	1.000 0	−0.281 2	—	1.000 0	1.779 8	—

表5-29（续）

		后验概率	后验均值	后验标准差	后验概率	后验均值	后验标准差	后验概率	后验均值	后验标准差
中部地区	TFP_{pst}	0.600 0	-0.108 8	0.106 9	0.328 1	-0.046 1	0.083 9	0.906 1	-0.210 0	0.097 9
	常数项	1.000 0	2.797 5	—	1.000 0	0.984 6	—	1.000 0	3.778 5	—
西部地区	TFP_{pst}	0.053 1	-0.003 0	0.021 0	0.032 7	-0.001 0	0.011 9	0.049 2	-0.004 0	0.021 2
	常数项	1.000 0	1.274 3	—	1.000 0	0.292 5	—	1.000 0	1.400 3	—
控制变量		是			是			是		

变量名称		(4) 单一 GVC 分工			(5) 单一 NVC 分工			(6) NVC 和 GVC 融合的双重分工		
		后验概率	后验均值	后验标准差	后验概率	后验均值	后验标准差	后验概率	后验均值	后验标准差
东部地区	TFP_{pst}	0.129 1	0.005 7	0.026 2	0.359 0	0.043 1	0.065 1	0.435 3	0.053 0	0.069 8
	常数项	1.000 0	4.270 4	—	1.000 0	0.476 4	—	1.000 0	2.440 3	—
中部地区	TFP_{pst}	0.871 5	-0.234 3	0.121 7	0.752 4	-0.152 4	0.108 2	0.845 9	-0.170 6	0.094 6
	常数项	1.000 0	1.813 8	—	1.000 0	3.240 0	—	1.000 0	4.419 7	—
西部地区	TFP_{pst}	0.846 4	-0.151 1	0.081 3	0.018 9	0.000 1	0.008 0	0.031 5	0.001 1	0.013 8
	常数项	1.000 0	1.684 3	—	1.000 0	0.785 4	—	1.000 0	1.664 0	—
控制变量		是			是			是		

从部门层面来看，技术进步对新构建的价值链嵌入位置的影响表现为：对于高技术制造业部门，技术进步通过单一 NVC 分工对 NVC 嵌入位置产生了重要的负向影响，最终表现为对总的价值链嵌入位置较小的负向影响。对于其他部门，技术进步会促使单一 GVC 分工向相对下游的位置移动。技术进步对重新构造的双重价值链嵌入位置的影响与分部门讨论一致（见表5-30）。

表5-30 更换被解释变量的稳健性检验：部门层面回归结果

变量名称		(1) 价值链分工			(2) GVC 分工			(3) NVC 分工		
被解释变量：价值链嵌入位置（$pos_{pst}^{inter'}$）		后验概率	后验均值	后验标准差	后验概率	后验均值	后验标准差	后验概率	后验均值	后验标准差
高技术制造业部门	TFP_{pst}	0.136 9	-0.015 5	0.045 6	0.100 1	0.010 3	0.037 0	0.995 5	-0.272 0	0.067 2
	常数项	1.000 0	3.114 6	—	1.000 0	2.413 7	—	1.000 0	3.608 9	—
其他部门	TFP_{pst}	0.029 2	-0.000 7	0.007 9	0.075 0	-0.003 5	0.015 3	0.082 6	-0.006 1	0.023 8
	常数项	1.000 0	0.973 0	—	1.000 0	-0.256 8	—	1.000 0	1.959 1	—
控制变量		是			是			是		

表5-30(续)

变量名称		(4) 单一 GVC 分工			(5) 单一 NVC 分工			(6) NVC 和 GVC 融合的双重分工		
		后验概率	后验均值	后验标准差	后验概率	后验均值	后验标准差	后验概率	后验均值	后验标准差
高技术制造业部门	$\text{TF}\dot{\text{P}}_{pst}$	0.128 6	-0.012 1	0.038 7	0.962 0	-0.223 6	0.076 6	0.093 8	-0.008 9	0.034 8
	常数项	1.000 0	6.797 6	—	1.000 0	1.772 1	—	1.000 0	4.187 2	—
其他部门	$\text{TF}\dot{\text{P}}_{pst}$	0.980 7	-0.138 0	0.041 8	0.051 4	-0.001 9	0.013 1	0.039 3	-0.001 5	0.010 3
	常数项	1.000 0	2.517 5	—	1.000 0	0.924 7	—	1.000 0	1.816 1	—
控制变量		是			是			是		

从技术进步快慢的不同分组来看，技术进步对新构建的价值链嵌入位置的影响表现为：技术进步对双重价值链嵌入位置的影响主要集中在单一价值链分工。对于技术进步较慢的地区部门，技术进步对其单一 GVC 分工和单一 NVC 分工位置具有较小的负向影响。对于技术进步较快的地区部门，技术进步将会促使单一 GVC 分工向相对下游的位置移动。无论是技术进步较快还是较慢，技术进步的影响与分技术讨论一致，分技术讨论结果稳健（见表 5-31）。

表 5-31　更换被解释变量的稳健性检验：技术层面回归结果

变量名称		(1) 价值链分工			(2) GVC 分工			(3) NVC 分工		
被解释变量：价值链嵌入位置（$\text{pos}_{L,pst}^{i\,\text{inter}'}$）		后验概率	后验均值	后验标准差	后验概率	后验均值	后验标准差	后验概率	后验均值	后验标准差
低技术进步组	$\text{TF}\dot{\text{P}}_{pst}$	0.036 3	-0.000 3	0.007 5	0.025 4	0.000 6	0.006 5	0.047 5	-0.002 0	0.012 1
	常数项	1.000 0	2.514 8	—	1.000 0	1.147 2	—	1.000 0	3.029 7	—
高技术进步组	$\text{TF}\dot{\text{P}}_{pst}$	0.035 6	-0.001 1	0.010 1	0.038 2	0.001 5	0.011 9	0.067 1	-0.004 6	0.020 6
	常数项	1.000 0	-1.043 5	—	1.000 0	-2.215 6	—	1.000 0	0.298 8	—
控制变量		是			是			是		

变量名称		(4) 单一 GVC 分工			(5) 单一 NVC 分工			(6) NVC 和 GVC 融合的双重分工		
		后验概率	后验均值	后验标准差	后验概率	后验均值	后验标准差	后验概率	后验均值	后验标准差
低技术进步组	$\text{TF}\dot{\text{P}}_{pst}$	0.140 7	-0.008 4	0.025 6	0.109 7	-0.007 0	0.023 5	0.060 9	-0.003 6	0.016 5
	常数项	1.000 0	4.234 5	—	1.000 0	1.799 1	—	1.000 0	3.071 3	—
高技术进步组	$\text{TF}\dot{\text{P}}_{pst}$	0.796 0	-0.118 9	0.074 1	0.061 9	0.003 6	0.018 2	0.054 0	0.002 3	0.014 7
	常数项	1.000 0	1.406 9	—	1.000 0	-0.501 2	—	1.000 0	-0.498 5	—
控制变量		是			是			是		

从时间层面来看，技术进步对新构建的价值链嵌入位置的影响表现为：金融危机前，技术进步对 GVC 嵌入位置具有重要的正向影响，同时对 NVC 分工具有一定的负向影响。金融危机后，技术进步对单一 GVC 嵌入位置存在较小的负向影响，并通过单一 NVC 分工对 NVC 分工产生了较小的正向影响。从金融危机前后来看，技术进步的影响与分时期讨论一致（见表 5-32）。

表 5-32　更换被解释变量的稳健性检验：时间层面回归结果

变量名称		(1) 价值链分工			(2) GVC 分工			(3) NVC 分工	
被解释变量：价值链嵌入位置（$pos_{pst}^{i\_inter'}$）		后验概率	后验均值	后验标准差	后验概率	后验均值	后验标准差	后验概率	后验均值	后验标准差
2002—2007 年	$TF\dot{P}_{pst}$	0.042 8	-0.001 7	0.013 9	0.759 8	0.117 5	0.078 9	0.317 5	-0.039 6	0.064 2
	常数项	1.000 0	-0.198 9	—	1.000 0	-1.884 0	—	1.000 0	0.890 1	—
2010—2012 年	$TF\dot{P}_{pst}$	0.180 4	0.012 8	0.031 2	0.029 6	-0.000 1	0.006 0	0.136 7	0.008 3	0.024 7
	常数项	1.000 0	2.471 9	—	1.000 0	0.825 1	—	1.000 0	2.624 7	—
控制变量		是			是			是		

变量名称		(4) 单一 GVC 分工			(5) 单一 NVC 分工			(6) NVC 和 GVC 融合的双重分工		
		后验概率	后验均值	后验标准差	后验概率	后验均值	后验标准差	后验概率	后验均值	后验标准差
2002—2007 年	$TF\dot{P}_{pst}$	0.112 9	-0.010 0	0.031 9	0.030 1	-0.000 4	0.009 3	0.067 8	0.004 5	0.022 6
	常数项	1.000 0	0.906 7	—	1.000 0	0.161 1	—	1.000 0	0.065 0	—
2010—2012 年	$TF\dot{P}_{pst}$	0.134 6	-0.008 4	0.025 3	0.139 7	0.007 7	0.023 8	0.045 7	0.002 2	0.012 5
	常数项	1.000 0	3.871 3	—	1.000 0	1.689 6	—	1.000 0	2.791 3	—
控制变量		是			是			是		

5.4　本章小结

不同于以往文献集中于价值链分工的生产率效应研究，本书考虑了技术进步可能通过改变产品、企业、产业比较优势，从而影响生产单位的投入产出关系，进而改变生产单位嵌入双重价值链的分工格局，最终对中国构建新发展格局和经济高质量发展可能产生深远影响。因此，本章从更新的研究视角——技术进步，分析了其对双重价值链嵌入的影响，回答了

"技术进步到底对双重价值链嵌入具有怎样的影响？对于双重价值链的多种分工方式，技术进步对不同形式的价值链分工具有怎样的影响了技术进步通过哪种价值链分工模式影响双重价值链嵌入？"等问题，以期为推动形成以国内大循环为主体、国内国际双循环相互促进的新发展格局提供理论和数据支撑。

为克服在给定解释变量集上回归时结果的不确定性，本章采用贝叶斯模型平均方法，从双重价值链嵌入程度和位置两方面，分析了技术进步对双重价值链嵌入的影响，并从区域、部门、技术进步速度、金融危机冲击多个视角分析了技术进步对双重价值链嵌入影响的异质性。技术进步的不同测算方式和双重价值链嵌入的不同构造形式可能会对结果产生一定的影响。本章进一步从以下两方面分析技术进步对双重价值链嵌入位置影响的稳健性：①采用考虑产能利用率的技术进步（TFP_{pst}），进行更换解释变量的稳健性检验。②重新构造双重价值链嵌入程度和嵌入位置指标，进行更换核心解释变量的稳健性检验。基于上述分析，本章得出以下结论：

（1）技术进步对双重价值链嵌入程度的影响。

技术进步对完整的 NVC 分工具有重要的促进作用，即本区域的技术进步将会促进其更大程度地嵌入双重价值链分工中的国内价值链分工，提升本区域嵌入国内价值链分工的程度，使其获得更强的增加值创造能力。此外，技术进步对双重价值链嵌入程度的影响在地区、部门、技术层面和金融危机前后等方面具有异质性表现。

①区域异质性。东部地区的技术进步通过 NVC 和 GVC 融合的双重分工和单一 NVC 分工使其更深入地嵌入全球价值链分工和国内价值链分工，最终实现双重价值链嵌入的深化。对于中部地区，技术进步能够促进其减少单一 GVC 分工的嵌入，更大程度地融入 NVC 和 GVC 融合的双重分工。对于西部地区，技术进步能够促进其减少单一 GVC 分工的嵌入，更大程度地嵌入单一 NVC 分工。纵向对比不同地区发现，经济越发达的地区的技术进步对 NVC 和 GVC 融合的双重分工的正向影响越大。

②部门异质性。高技术制造业部门的技术进步将会通过国内价值链和全球价值链两条路径同时抑制其总的价值链嵌入。与之相反，其他部门的技术进步不仅能够改变其被锁定在浅层全球价值链生产环节的现状，实现全球价值链分工向更深层次转移，同时还有利于促进其更深入地参与国内价值链分工。

③技术层面的差异。高技术进步组的技术进步有利于降低其参与浅层全球价值链分工，进而降低其全球价值链的嵌入度。低技术进步组的技术进步有利于其实现更深层次的价值链嵌入，提升其在国内价值链分工中的嵌入度。

④金融危机前后的异质性影响。金融危机前，各地区部门的技术进步并未促进其嵌入更深层次的价值链分工，甚至产生了抑制作用，金融危机后则相反。同时，金融危机后的技术进步还能够有效促进国内各区域更加深入地参与单一 NVC 分工。

（2）技术进步对双重价值链嵌入位置的影响。

技术进步对双重价值链嵌入位置的影响主要集中在国内价值链，随着技术进步，本地区在国内生产分工网络中所参与的生产分工环节更加靠近消费端。同时，本地区部门的技术进步将会使其在嵌入单一 GVC 分工时向更为下游的位置移动。此外，技术进步对双重价值链嵌入位置的影响在地区、部门、技术层面和金融危机前后等方面具有异质性表现。

①区域异质性。对于东部地区，技术进步对其双重价值链嵌入位置的正向影响主要集中在全球价值链分工；对于中部地区，技术进步对其双重价值链嵌入位置的负向影响集中在全球价值链分工和国内价值链分工。东部地区和中部地区的技术进步既可以改善其在单一全球价值链中的位置，也可以改善其在更深层次价值链分工中的位置，实现全球价值链分工地位的攀升。此外，东部地区和中部地区的技术进步有利于改善其在单一国内价值链分工中的位置，实现其在单纯的国内分工体系中嵌入位置的调整。

②部门异质性。从单一价值链分工和融合分工看，不同部门的技术进步对双重价值链嵌入位置的影响主要集中在单一价值链分工。高技术制造业部门的技术进步有利于其向相对下游生产环节移动。其他部门的技术进步有利于其向销售服务等相对下游生产环节移动。

③技术层面的差异。无论技术进步快或慢，各地区部门的技术进步会使其嵌入单一 GVC 分工时向相对下游的位置移动。同时，对于技术进步较慢的地区部门，技术进步有利于其在形成强大的国内市场中更多地参与相对下游生产环节的生产。

④金融危机前后的异质性影响。金融危机前，中国各地区部门的技术进步，加之丰富的资源和要素优势，使其在全球价值链分工中占据相对上游生产环节。相较于危机前，金融危机后技术进步对单一 GVC 分工和单一

NVC 分工位置的影响有所增大。金融危机后的技术进步将会促进地区部门单一 NVC 分工向相对上游的位置移动，同时也将促进单一 GVC 分工向相对下游的位置移动。

6 不同技术进步方式对双重价值链嵌入的影响

第 3 章和第 5 章分别通过理论分析和实证检验，从理论和经验数据上解释技术进步对价值链嵌入的影响，回答了"技术进步对双重价值链嵌入及其不同嵌入形式的价值链分工具有怎样的影响"这一问题。但由随机前沿生产函数测算的技术进步可知，技术进步主要由三部分构成，每一部分都具有丰富的经济含义，反映了不同的技术进步方式。由此产生的一个问题是：不同技术进步方式对双重价值链嵌入具有怎样的影响？回答这一问题有助于寻找促进技术进步的合理路径，最大化技术进步对双重价值链嵌入的促进作用。这对应对复杂的国际分工形势和加快形成强大国内市场具有重要意义。因此，本章进一步从技术进步的构成角度，对技术进步进行分解，分析不同技术进步方式对双重价值链嵌入程度和位置的影响。

本章结构安排如下：首先，对技术进步进行分解，将其分解为前沿技术进步、技术效率增长和规模效率三部分；其次，从嵌入程度视角，分析了不同技术进步方式对双重价值链嵌入的影响；最后，从嵌入位置视角，分析了不同技术进步方式对双重价值链嵌入的影响。本章在讨论不同技术进步方式对双重价值链嵌入程度和嵌入位置的影响时，还讨论了影响的区域和部门异质性、技术差异以及金融危机前后的异质性。

6.1 技术进步的分解和变量说明

6.1.1 技术进步的分解

根据全要素生产率的增长（TFP_{pst}）的表达式可知，全要素生产率

（TFP）的增长（$\dot{\text{TFP}}_{pst}$）可以分解为前沿技术进步（TP_{pst}）、技术效率的增长（$\dot{\text{TE}}_{pst}$）和规模效率（SE_{pst}）三部分。

$$\dot{\text{TFP}}_{pst} = \frac{\partial \ln f(X_{pst},\ t)}{\partial t} + \Big(\sum_{i \in \{K,\ L,\ M\}} e_{pst,\ i} - 1\Big) \times$$

$$\sum_{i \in \{K,\ L,\ M\}} \frac{e_{pst,\ i}}{\sum\limits_{i \in \{K,\ L,\ M\}} e_{pst,\ i}} * \dot{X}_{pst,\ i} + \dot{\text{TE}}_{pst}$$

$$= \text{TP}_{pst} + \text{SE}_{pst} + \dot{\text{TE}}_{pst} \tag{6-1}$$

前沿技术进步 $\text{TP}_{pst} = \dfrac{\partial \ln f(X_{pst},\ t)}{\partial t}$ 表示在投入要素保持不变的条件下产出随时间的变化率，$\text{TP}_{pst} = a_4 + a_8 t + a_9 \ln L_{pst} + a_{10} \ln K_{pst} + a_{11} \ln M_{pst}$。其中，$a_4 + a_8 t$ 表示纯粹的技术变化，反映了所有地区面临的共同的技术进步。$a_9 \ln L_{pst} + a_{10} \ln K_{pst} + a_{11} \ln M_{pst}$ 表示非中性的技术进步，且不同时间和地区存在差异。

规模效率 $\text{SE}_{pst} = \Big(\sum\limits_{i \in \{K,\ L,\ M\}} e_{pst,\ i} - 1\Big) * \sum\limits_{i \in \{K,\ L,\ M\}} \dfrac{e_{pst,\ i}}{\sum\limits_{i \in \{K,\ L,\ M\}} e_{pst,\ i}} *$

$\dot{X}_{pst,\ i}$，其中，$\dot{X}_{pst,\ i}$ 表示 p 地区 s 部门在第 t 年 i 这种投入要素的变化率，$\dot{X}_{pst,\ L} = \dfrac{L_{pst}}{L_{pst-1}} - 1$，$\dot{X}_{pst,\ K} = \dfrac{K_{pst}}{K_{pst-1}} - 1$，$\dot{X}_{pst,\ M} = \dfrac{M_{pst}}{M_{pst-1}} - 1$；$e_{pst,\ i}$ 是对应的要素 i 的产出弹性，$e_{pst,\ i} = \dfrac{\partial \ln f(X_{pst},\ t)}{\partial \ln X_{pst,\ i}}$。其中，$e_{pst,\ L} = a_1 + \dfrac{1}{2} a_5 \ln L_{pst} + a_9 t + a_{12} \ln K_{pst} + a_{13} \ln M_{pst}$，$e_{pst,\ K} = a_2 + a_6 \ln K_{pst} + a_{10} t + + a_{12} \ln L_{pst} + a_{14} \ln M_{pst}$，$e_{pst,\ M} = a_3 + a_7 \ln M_{pst} + a_{11} t + + a_{13} \ln L_{pst} + a_{14} \ln K_{pst}$。规模效率 SE_{pst} 是指在其他条件不变的情况下，产出增长比例要高于要素投入规模综合增长比例。

技术效率的增长 $\dot{\text{TE}}_{pst} = \dfrac{\text{TE}_{pst}}{\text{TE}_{pst-1}} - 1$。其中，$\text{TE}_{pst}$ 表示 p 地区 s 部门 t 时期的技术效率水平，如果没有效率损失，则 $\text{TE}_{pst} = 1$，即处于技术效率状态，此时该地区部门的生产点规模位于生产前沿上。当 $0 < \text{TE}_{pst} < 1$ 时，这种状态为技术非效率，此时该地区部门的生产点位于生产前沿之下。技术效率损失越大，则 TE_{pst} 越趋近于 0。$\dot{\text{TE}}_{pst}$ 表示技术效率（TE_{pst}）的变化率，即技术效率随时间推移而发生改变的速率。

6.1.2 模型和变量说明

本章仍然采用贝叶斯模型平均方法作为分析的实证模型。本章依次将前沿技术进步（TP_{pst}）、技术效率增长（$\dot{TE}_{pst}$）和规模效率（SE_{pst}）作为核心解释变量，将双重价值链嵌入程度和双重价值链嵌入位置作为被解释变量，让控制变量保持不变，以研究不同技术进步方式对双重价值链嵌入的影响。

6.2 不同技术进步方式对双重价值链嵌入程度的影响

6.2.1 基准分析

从整体层面来看，前沿技术进步（TP_{pst}）、技术效率增长（$\dot{TE}_{pst}$）、规模效率（SE_{pst}）对各地区部门双重价值链嵌入程度的影响表现为：①技术效率的增长对单一 NVC 分工、NVC 和 GVC 融合的双重分工、NVC 分工嵌入程度的后验概率为 1，对应的后验均值均大于 0.2。这表明技术效率的增长对单一 NVC 分工、NVC 和 GVC 融合的双重分工、NVC 分工嵌入程度具有重要影响。技术效率的增长通过对单一 NVC 分工、NVC 和 GVC 融合的双重分工的正向影响，有效地促进了各地区部门更加深入地嵌入 NVC 分工，最终对总的价值链分工嵌入发挥了重要的推动作用，后验概率和后验均值分别为 1 和 0.209 9。②规模效率对单一 GVC 分工、GVC 分工的后验概率均超过 10%，即规模效率通过对单一 GVC 分工嵌入程度的负向影响，对各地区部门嵌入 GVC 分工产生了较弱的负向影响。

结果表明，技术进步通过单一 GVC 分工对 GVC 嵌入程度产生的负向影响来自规模效率。技术进步通过单一 NVC 分工、NVC 和 GVC 融合的双重分工对 NVC 分工嵌入程度产生的促进作用主要来自技术效率增长（见表 6-1）。

表 6-1　技术进步路径：整体层面回归结果

变量名称	(1)			(2)			(3)		
	价值链分工			GVC 分工			NVC 分工		
被解释变量：价值链嵌入程度（EMB$_{pst}$）	后验概率	后验均值	后验标准差	后验概率	后验均值	后验标准差	后验概率	后验均值	后验标准差
TP$_{pst}$	0.075 9	-0.003 9	0.017 2	0.050 2	-0.000 3	0.008 6	0.052 8	-0.001 0	0.009 4
常数项	1.000 0	1.289 5	—	1.000 0	3.090 6	—	1.000 0	0.440 7	—
TÉ$_{pst}$	1.000 0	0.209 9	0.034 1	0.075 1	0.002 6	0.014 9	1.000 0	0.203 7	0.031 8
常数项	1.000 0	4.277 1	—	1.000 0	3.196 7	—	1.000 0	2.190 9	—
SE$_{pst}$	0.045 1	-0.001 2	0.009 7	0.168 5	-0.009 6	0.025 6	0.039 2	0.000 6	0.007 3
常数项	1.000 0	1.479 5	—	1.000 0	3.143 1	—	1.000 0	0.516 8	—
控制变量	是			是			是		

变量名称	(4)			(5)			(6)		
	单一 GVC 分工			单一 NVC 分工			NVC 和 GVC 融合的双重分工		
	后验概率	后验均值	后验标准差	后验概率	后验均值	后验标准差	后验概率	后验均值	后验标准差
TP$_{pst}$	0.035 9	0.000 1	0.007 2	0.063 5	-0.001 1	0.010 2	0.049 2	-0.001 0	0.009 8
常数项	1.000 0	2.319 0	—	1.000 0	0.298 7	—	1.000 0	2.148 0	—
TÉ$_{pst}$	0.098 8	-0.005 9	0.022 2	1.000 0	0.218 7	0.031 6	1.000 0	0.218 4	0.034 0
常数项	1.000 0	2.133 8	—	1.000 0	1.867 9	—	1.000 0	4.462 7	—
SE$_{pst}$	0.125 4	-0.007 3	0.022 8	0.050 0	0.001 1	0.009 2	0.054 2	-0.001 3	0.010 1
常数项	1.000 0	2.151 9	—	1.000 0	0.370 0	—	1.000 0	2.441 1	—
控制变量	是			是			是		

6.2.2　考虑区域异质性的分样本检验

从地区层面来看，前沿技术进步（TP$_{pst}$）、技术效率增长（TÉ$_{pst}$）、规模效率（SE$_{pst}$）对各地区双重价值链的嵌入程度影响表现为：①东部地区的技术进步通过单一 NVC 分工、NVC 和 GVC 融合的双重分工对 NVC 分工嵌入程度的正向影响以及通过单一 GVC 分工、NVC 和 GVC 融合的双重分工对 GVC 分工嵌入程度的正向影响主要来自技术效率增长，最终表现为技术效率增长对东部地区总的价值链嵌入程度的正向影响。②中部地区的技术进步通过单一 GVC 分工对 GVC 分工嵌入程度的负向影响主要来自前沿技术进步。③西部地区通过单一 GVC 分工对 GVC 分工嵌入程度的负向影响主要来自技术效率增长和规模效率，通过单一 NVC 分工、NVC 和 GVC 融合的双重分工对 NVC 分工嵌入程度的正向影响主要来自技术效率增长。

结果表明，虽然不同技术方式对不同地区双重价值链嵌入程度的影响存在差异，但技术效率增长是影响各地区双重价值链嵌入程度的普遍因素，有效促进了各地区更深入地嵌入双重价值链（见表6-2）。

表 6-2　技术进步路径：地区层面回归结果

变量名称		(1) 价值链分工			(2) GVC 分工			(3) NVC 分工		
被解释变量：价值链嵌入程度（EMB_{pst}）		后验概率	后验均值	后验标准差	后验概率	后验均值	后验标准差	后验概率	后验均值	后验标准差
东部地区	TP_{pst}	0.026 5	0.000 3	0.009 6	0.075 7	0.004 0	0.020 7	0.120 8	0.000 2	0.019 0
	常数项	1.000 0	1.495 7	—	1.000 0	0.857 6	—	1.000 0	-0.729 7	—
	TE_{pst}	1.000 0	0.325 7	0.055 2	0.623 5	0.098 3	0.089 0	1.000 0	0.326 4	0.057 9
	常数项	1.000 0	4.307 8	—	1.000 0	1.844 4	—	1.000 0	2.112 3	—
	SE_{pst}	0.069 0	-0.005 5	0.025 0	0.088 6	-0.005 6	0.023 8	0.259 4	-0.019 3	0.043 0
	常数项	1.000 0	1.454 4	—	1.000 0	0.857 9	—	1.000 0	-0.798 0	—
中部地区	TP_{pst}	0.026 2	-0.001 9	0.016 2	0.200 5	-0.029 6	0.067 5	0.047 0	-0.001 1	0.016 3
	常数项	1.000 0	3.064 5	—	1.000 0	3.718 6	—	1.000 0	1.384 7	—
	TE_{pst}	0.043 9	0.002 3	0.021 0	0.080 9	0.004 2	0.033 0	0.050 9	0.001 7	0.020 0
	常数项	1.000 0	3.630 2	—	1.000 0	4.422 6	—	1.000 0	1.024 5	—
	SE_{pst}	0.046 2	0.002 3	0.017 5	0.072 4	0.003 6	0.024 2	0.048 1	-0.001 3	0.015 3
	常数项	1.000 0	3.601 3	—	1.000 0	4.356 5	—	1.000 0	1.000 5	—
西部地区	TP_{pst}	0.041 0	-0.001 1	0.019 7	0.022 5	-0.000 1	0.011 2	0.034 4	0.001 5	0.015 5
	常数项	1.000 0	1.404 9	—	1.000 0	2.201 8	—	1.000 0	-0.682 7	—
	TE_{pst}	0.352 9	0.055 5	0.084 7	0.564 2	-0.097 4	0.095 5	0.993 5	0.214 3	0.053 2
	常数项	1.000 0	1.941 4	—	1.000 0	1.751 5	—	1.000 0	1.471 2	—
	SE_{pst}	0.050 2	-0.003 0	0.018 7	0.589 1	-0.095 6	0.089 6	0.027 5	0.000 2	0.009 3
	常数项	1.000 0	1.383 7	—	1.000 0	2.574 6	—	1.000 0	-0.986 8	—
控制变量		是			是			是		

表 6-2（续）

变量名称		(4) 单一 GVC 分工			(5) 单一 NVC 分工			(6) NVC 和 GVC 融合的双重分工		
		后验概率	后验均值	后验标准差	后验概率	后验均值	后验标准差	后验概率	后验均值	后验标准差
东部地区	TP_{pst}	0.052 8	0.002 4	0.015 8	0.141 0	-0.002 8	0.021 2	0.040 8	0.001 2	0.013 5
	常数项	1.000 0	0.730 8	—	1.000 0	-1.413 0	—	1.000 0	0.988 2	—
	$\dot{TE}_{pst}$	0.102 1	0.008 2	0.030 2	1.000 0	0.345 1	0.058 6	1.000 0	0.314 2	0.052 4
	常数项	1.000 0	0.809 1	—	1.000 0	1.713 2	—	1.000 0	3.405 4	—
	SE_{pst}	0.048 6	-0.002 0	0.014 5	0.255 3	-0.017 2	0.039 9	0.214 1	-0.023 6	0.051 6
	常数项	1.000 0	0.735 3	—	1.000 0	-1.482 3	—	1.000 0	0.883 7	—
中部地区	TP_{pst}	0.181 9	-0.022 1	0.055 3	0.047 6	-0.000 6	0.015 9	0.073 3	-0.007 2	0.032 2
	常数项	1.000 0	4.976 4	—	1.000 0	0.985 5	—	1.000 0	3.784 8	—
	$\dot{TE}_{pst}$	0.049 4	-0.000 8	0.020 5	0.051 3	0.000 1	0.018 7	0.913 0	0.235 1	0.105 2
	常数项	1.000 0	4.655 2	—	1.000 0	0.934 0	—	1.000 0	7.044 0	—
	SE_{pst}	0.050 2	0.002 1	0.018 3	0.052 1	-0.001 6	0.016 0	0.053 8	0.001 1	0.015 2
	常数项	1.000 0	4.670 4	—	1.000 0	0.925 9	—	1.000 0	4.844 4	—
西部地区	TP_{pst}	0.046 6	-0.000 3	0.016 8	0.033 1	0.001 4	0.015 1	0.044 5	-0.003 0	0.022 9
	常数项	1.000 0	3.763 0	—	1.000 0	-1.231 1	—	1.000 0	1.575 4	—
	$\dot{TE}_{pst}$	0.975 4	-0.206 5	0.062 0	0.998 6	0.239 5	0.051 3	0.336 7	0.053 0	0.082 8
	常数项	1.000 0	2.232 6	—	1.000 0	1.148 5	—	1.000 0	1.970 9	—
	SE_{pst}	0.341 2	-0.047 4	0.075 2	0.025 5	-0.001 6	0.009 1	0.029 3	-0.000 9	0.011 6
	常数项	1.000 0	3.861 6	—	1.000 0	-1.743 8	—	1.000 0	1.567 8	—
控制变量		是			是			是		

6.2.3 考虑部门异质性的分样本检验

从部门层面来看，前沿技术进步（TP_{pst}）、技术效率增长（$\dot{TE}_{pst}$）、规模效率（SE_{pst}）对各部门双重价值链嵌入程度的影响表现为：①高技术制造业部门的技术进步通过单一 NVC 分工促进其更深入地嵌入 NVC 分工的主要途径为技术效率增长。②其他部门的技术进步通过单一 NVC 分工、NVC 和 GVC 融合的双重分工对 NVC 分工嵌入程度产生的正向影响主要来自技术效率增长。同时，技术效率增长也有利于其降低浅层全球价值链分工的嵌入程度，最终表现为对其他部门总的价值链分工嵌入程度的正向影响。

结果表明，技术效率增长是促进各部门价值链嵌入程度提升的普遍因素，这种促进作用主要集中于国内价值链分工（见表 6-3）。

表 6-3 技术进步路径：部门层面回归结果

变量名称		(1) 价值链分工			(2) GVC 分工			(3) NVC 分工		
被解释变量：价值链嵌入程度（EMB_{pst}）		后验概率	后验均值	后验标准差	后验概率	后验均值	后验标准差	后验概率	后验均值	后验标准差
高技术制造业部门	TP_{pst}	0.035 8	-0.004 0	0.024 1	0.104 2	-0.005 2	0.025 2	0.043 1	-0.001 6	0.015 3
	常数项	1.000 0	2.004 9	—	1.000 0	3.469 7	—	1.000 0	-0.375 2	—
	$\dot{TE}_{pst}$	0.031 2	-0.000 8	0.020 2	0.109 7	-0.006 3	0.034 6	0.168 4	0.020 8	0.055 9
	常数项	1.000 0	2.965 2	—	1.000 0	3.510 6	—	1.000 0	0.228 2	—
	SE_{pst}	0.042 4	-0.003 2	0.020 2	0.089 6	-0.002 9	0.020 8	0.060 0	-0.002 9	0.019 6
	常数项	1.000 0	2.978 4	—	1.000 0	3.517 7	—	1.000 0	0.101 3	—
其他部门	TP_{pst}	0.076 2	-0.004 1	0.019 5	0.056 1	-0.000 9	0.011 5	0.046 3	0.000 7	0.010 4
	常数项	1.000 0	1.432 0	—	1.000 0	3.597 8	—	1.000 0	0.602 0	—
	$\dot{TE}_{pst}$	0.998 8	0.199 5	0.041 7	0.055 8	-0.000 4	0.011 1	1.000 0	0.201 0	0.033 9
	常数项	1.000 0	3.620 1	—	1.000 0	3.549 0	—	1.000 0	2.033 1	—
	SE_{pst}	0.042 8	-0.000 8	0.010 1	0.084 2	-0.003 5	0.016 6	0.064 1	0.002 7	0.014 6
	常数项	1.000 0	1.341 3	—	1.000 0	3.537 0	—	1.000 0	0.589 7	—
控制变量		是			是			是		

变量名称		(4) 单一 GVC 分工			(5) 单一 NVC 分工			(6) NVC 和 GVC 融合的双重分工		
		后验概率	后验均值	后验标准差	后验概率	后验均值	后验标准差	后验概率	后验均值	后验标准差
高技术制造业部门	TP_{pst}	0.098 2	-0.006 3	0.026 6	0.043 3	-0.001 0	0.013 8	0.033 7	-0.000 8	0.012 9
	常数项	1.000 0	2.024 8	—	1.000 0	-0.597 4	—	1.000 0	4.148 8	—
	$\dot{TE}_{pst}$	0.094 1	-0.007 5	0.033 2	0.167 3	0.021 0	0.059 0	0.059 7	0.001 9	0.026 8
	常数项	1.000 0	1.940 8	—	1.000 0	-0.189 6	—	1.000 0	4.652 3	—
	SE_{pst}	0.054 5	-0.000 3	0.014 3	0.075 3	-0.003 6	0.021 2	0.441 3	-0.071 5	0.091 9
	常数项	1.000 0	1.959 4	—	1.000 0	-0.269 6	—	1.000 0	4.473 0	—
其他部门	TP_{pst}	0.036 3	-0.000 3	0.009 1	0.056 8	0.001 7	0.013 1	0.075 8	-0.002 9	0.016 8
	常数项	1.000 0	2.789 3	—	1.000 0	0.408 0	—	1.000 0	1.342 5	—
	$\dot{TE}_{pst}$	0.276 4	-0.027 9	0.051 5	1.000 0	0.219 5	0.033 9	0.996 2	0.171 2	0.045 5
	常数项	1.000 0	2.357 9	—	1.000 0	2.020 0	—	1.000 0	3.484 3	—
	SE_{pst}	0.092 3	-0.005 6	0.021 5	0.073 1	0.003 4	0.016 4	0.062 8	0.001 4	0.011 7
	常数项	1.000 0	2.622 6	—	1.000 0	0.433 4	—	1.000 0	1.396 0	—
控制变量		是			是			是		

6.2.4 考虑技术差异的分样本检验

从技术层面来看，前沿技术进步（TP_{pst}）、技术效率增长（$T\dot{E}_{pst}$）、规模效率（SE_{pst}）对不同技术进步速度的地区部门的双重价值链嵌入程度的影响表现为：①低技术进步组的技术进步通过单一 NVC 分工、NVC 和 GVC 融合的双重分工对其国内价值链嵌入的促进作用主要来自前沿技术进步和技术效率增长。虽然前沿技术进步通过单一 GVC 分工对其 GVC 分工产生了促进作用，但规模效率起到了相反的作用，最终表现为高技术进步组的技术进步对其 GVC 嵌入程度的影响并不明显。②高技术进步组的技术进步通过单一 GVC 分工对其全球价值链嵌入的负向影响主要来自技术效率增长。虽然技术效率增长和规模效率通过单一 NVC 分工、NVC 和 GVC 融合的双重分工对其 NVC 分工产生了促进作用，但前沿技术进步起到了相反的作用，最终表现为高技术进步组的技术进步对其 NVC 嵌入程度的影响并不明显（见表6-4）。

表6-4 技术进步路径：技术层面回归结果

变量名称		（1）价值链分工			（2）GVC 分工			（3）NVC 分工		
被解释变量：价值链嵌入程度（EMB_{pst}）		后验概率	后验均值	后验标准差	后验概率	后验均值	后验标准差	后验概率	后验均值	后验标准差
低技术进步组	TP_{pst}	0.261 1	0.033 5	0.063 5	0.750 6	0.141 1	0.095 8	0.877 7	0.153 9	0.080 0
	常数项	1.000 0	3.254 5	—	1.000 0	1.136 5	—	1.000 0	-0.534 0	—
	$T\dot{E}_{pst}$	0.737 4	0.100 0	0.070 3	0.065 8	0.003 0	0.016 6	0.996 0	0.178 5	0.046 3
	常数项	1.000 0	4.811 3	—	1.000 0	3.252 7	—	1.000 0	3.925 1	—
	SE_{pst}	0.244 0	-0.035 5	0.069 5	0.882 0	-0.157 0	0.077 2	0.468 0	-0.055 2	0.069 6
	常数项	1.000 0	3.569 4	—	1.000 0	2.807 1	—	1.000 0	1.738 0	—
高技术进步组	TP_{pst}	0.999 7	-0.210 6	0.044 1	0.842 8	-0.116 8	0.064 4	0.998 1	-0.183 5	0.042 6
	常数项	1.000 0	1.474 0	—	1.000 0	1.241 1	—	1.000 0	0.980 1	—
	$T\dot{E}_{pst}$	0.933 3	0.148 3	0.061 5	0.037 4	0.000 3	0.009 7	0.958 7	0.176 1	0.063 6
	常数项	1.000 0	0.747 6	—	1.000 0	0.278 5	—	1.000 0	0.886 9	—
	SE_{pst}	0.903 5	0.142 9	0.065 7	0.354 7	0.037 3	0.057 1	0.473 1	0.050 4	0.060 9
	常数项	1.000 0	-0.025 4	—	1.000 0	0.410 7	—	1.000 0	-0.565 6	—
控制变量		是			是			是		

表 6-4（续）

变量名称		(4) 单一 GVC 分工			(5) 单一 NVC 分工			(6) NVC 和 GVC 融合的双重分工		
		后验概率	后验均值	后验标准差	后验概率	后验均值	后验标准差	后验概率	后验均值	后验标准差
低技术进步组	TP_{pst}	0.110 9	0.011 0	0.036 9	0.856 2	0.139 8	0.078 5	0.979 2	0.256 3	0.049 5
	常数项	1.000 0	2.280 2	—	1.000 0	-0.649 4	—	1.000 0	0.071 6	—
	$T\dot{E}_{pst}$	0.031 9	0.000 4	0.008 3	0.998 5	0.183 6	0.044 4	0.992 9	0.172 0	0.044 1
	常数项	1.000 0	2.451 5	—	1.000 0	3.665 9	—	1.000 0	6.124 8	—
	SE_{pst}	0.485 9	-0.069 3	0.080 7	0.555 8	-0.065 9	0.071 1	0.276 0	-0.033 8	0.062 9
	常数项	1.000 0	2.149 1	—	1.000 0	1.330 2	—	1.000 0	4.351 8	—
高技术进步组	TP_{pst}	0.086 9	-0.003 3	0.017 0	0.991 0	-0.166 6	0.044 6	1.000 0	-0.231 3	0.042 4
	常数项	1.000 0	1.225 3	—	1.000 0	0.682 5	—	1.000 0	2.075 2	—
	$T\dot{E}_{pst}$	0.193 8	-0.016 3	0.040 9	0.992 8	0.194 0	0.053 8	0.842 7	0.141 2	0.078 5
	常数项	1.000 0	1.081 5	—	1.000 0	0.832 2	—	1.000 0	1.764 7	—
	SE_{pst}	0.103 8	0.005 1	0.021 1	0.614 9	0.069 8	0.064 3	0.818 6	0.116 1	0.067 4
	常数项	1.000 0	1.214 1	—	1.000 0	-0.671 7	—	1.000 0	0.449 7	—
控制变量		是			是			是		

6.2.5　考虑危机冲击的分样本检验

从时间层面来看，前沿技术进步（TP_{pst}）、技术效率增长（$T\dot{E}_{pst}$）、规模效率（SE_{pst}）对不同时期各地区部门双重价值链嵌入程度影响表现为：①金融危机前，前沿技术进步通过单一 GVC 分工、NVC 和 GVC 融合的双重分工对 GVC 分工嵌入程度产生了抑制作用，最终对总的价值链分工嵌入程度产生负向影响。②金融危机后，规模效率通过对单一 GVC 分工嵌入程度的负向影响、技术效率增长通过对 NVC 和 GVC 融合的双重分工的正向影响改变各地区部门嵌入 GVC 分工的程度。同时，技术效率增长对 NVC 和 GVC 融合的双重分工的正向影响也传导至 NVC 分工，促进各地区部门更加深入地嵌入国内价值链分工。金融危机后的技术效率增长对国内价值链和全球价值链重要的正向影响促进了各地区部门总的价值链分工嵌入程度的提升。

表 6-5 技术进步路径：时间层面回归结果

变量名称		（1）			（2）			（3）		
		价值链分工			GVC 分工			NVC 分工		
被解释变量：价值链嵌入程度（EMB_{pst}）		后验概率	后验均值	后验标准差	后验概率	后验均值	后验标准差	后验概率	后验均值	后验标准差
2002—2007年	TP_{pst}	0.991 6	-0.272 3	0.050 6	0.202 5	-0.041 6	0.095 2	0.084 5	-0.008 3	0.036 2
	常数项	1.000 0	4.376 1	—	1.000 0	2.036 7	—	1.000 0	0.474 5	—
	$T\dot{E}_{pst}$	0.032 9	-0.000 9	0.010 0	0.413 1	-0.048 5	0.065 8	0.038 5	-0.000 3	0.008 8
	常数项	1.000 0	1.196 0	—	1.000 0	0.900 3	—	1.000 0	0.543 1	—
	SE_{pst}	0.050 0	0.002 6	0.015 2	0.042 9	0.001 3	0.011 9	0.037 3	0.000 3	0.009 0
	常数项	1.000 0	1.210 8	—	1.000 0	1.624 8	—	1.000 0	0.546 1	—
2010—2012年	TP_{pst}	0.022 7	-0.000 1	0.006 7	0.043 0	0.000 9	0.010 0	0.053 9	-0.000 6	0.010 1
	常数项	1.000 0	2.399 2	—	1.000 0	2.586 9	—	1.000 0	0.328 8	—
	$T\dot{E}_{pst}$	1.000 0	0.291 4	0.040 7	0.101 9	0.006 4	0.023 6	1.000 0	0.340 2	0.039 7
	常数项	1.000 0	5.515 1	—	1.000 0	2.655 1	—	1.000 0	3.904 2	—
	SE_{pst}	0.033 2	-0.001 2	0.012 1	0.124 6	-0.010 2	0.032 6	0.054 0	0.000 7	0.011 9
	常数项	1.000 0	2.321.4	—	1.000 0	2.540 2	—	1.000 0	0.292 7	—
控制变量		是			是			是		

变量名称		（4）			（5）			（6）		
		单一 GVC 分工			单一 NVC 分工			NVC 和 GVC 融合的双重分工		
		后验概率	后验均值	后验标准差	后验概率	后验均值	后验标准差	后验概率	后验均值	后验标准差
2002—2007年	TP_{pst}	0.181 8	-0.016 5	0.040 9	0.049 7	0.001 9	0.012 5	1.000 0	-0.423 0	0.049 5
	常数项	1.000 0	1.393 7	—	1.000 0	0.387 2	—	1.000 0	6.965 2	—
	$T\dot{E}_{pst}$	0.040 3	0.000 9	0.010 5	0.039 3	0.001 0	0.010 2	0.095 1	-0.007 0	0.026 0
	常数项	1.000 0	1.632 0	—	1.000 0	0.372 8	—	1.000 0	1.539 6	—
	SE_{pst}	0.029 0	0.000 2	0.007 3	0.068 5	-0.001 3	0.012 0	0.030 9	0.000 5	0.008 1
	常数项	1.000 0	2.425 3	—	1.000 0	0.057 0	—	1.000 0	1.635 4	—
2010—2012年	TP_{pst}	0.038 1	-0.001 2	0.010 3	1.000 0	0.342 5	0.039 4	0.029 1	0.000 8	0.008 9
	常数项	1.000 0	2.373 4	—	1.000 0	3.620 5	—	1.000 0	1.507 2	—
	$T\dot{E}_{pst}$	0.082 2	-0.006 1	0.024 8	0.071 8	0.001 8	0.014 8	1.000 0	0.286 6	0.040 7
	常数项	1.000 0	2.359 4	—	1.000 0	0.000 8	—	1.000 0	4.516 9	—
	SE_{pst}	0.181 8	-0.016 5	0.040 9	0.049 7	0.001 9	0.012 5	0.030 3	-0.000 7	0.010 6
	常数项	1.000 0	1.393 7	—	1.000 0	0.387 2	—	1.000 0	1.514 3	—
控制变量		是			是			是		

6.3 不同技术进步方式对双重价值链嵌入位置的影响

6.3.1 基准分析

从整体层面看，前沿技术进步（TP_{pst}）、技术效率增长（$T\dot{E}_{pst}$）、规模效率（SE_{pst}）对各地区部门双重价值链嵌入位置的影响表现为：前沿技术进步和技术效率增长通过单一 NVC 分工分别对 NVC 嵌入位置产生了负向和正向影响。同时，前沿技术进步和技术效率增长通过单一 GVC 分工对 GVC 嵌入位置产生了负向影响。最终，技术进步对总的价值链嵌入位置的影响主要源于两方面：一方面，前沿技术进步使得各地区部门总的价值链嵌入位置向相对下游移动，另一方面，技术效率增长使得各地区部门总的价值链嵌入位置向相对上游移动。所以，不同技术进步方式的综合影响使得技术进步对各地区部门总的价值链嵌入位置的影响并不明显（见表6-6）。

表6-6 技术进步路径：整体层面回归结果

变量名称	(1)			(2)			(3)		
	价值链分工			GVC 分工			NVC 分工		
被解释变量：价值链嵌入位置（pos_{pst}^{inter}）	后验概率	后验均值	后验标准差	后验概率	后验均值	后验标准差	后验概率	后验均值	后验标准差
TP_{pst}	0.574 2	-0.038 2	0.039 6	0.032 0	-0.001 0	0.007 4	0.991 8	-0.114 6	0.029 1
常数项	1.000 0	8.850 4	—	1.000 0	6.519 5	—	1.000 0	8.944 9	—
$T\dot{E}_{pst}$	0.666 8	0.048 9	0.042 5	0.020 8	0.000 2	0.004 7	0.204 6	0.015 2	0.033 4
常数项	1.000 0	9.031 5	—	1.000 0	6.779 1	—	1.000 0	8.231 5	—
SE_{pst}	0.142 7	-0.004 0	0.014 0	0.030 0	-0.000 7	0.006 3	0.074 5	-0.003 4	0.014 0
常数项	1.000 0	8.663 0	—	1.000 0	6.775 6	—	1.000 0	8.107 0	—
控制变量	是			是			是		
变量名称	(4)			(5)			(6)		
	单一 GVC 分工			单一 NVC 分工			NVC 和 GVC 融合的双重分工		
	后验概率	后验均值	后验标准差	后验概率	后验均值	后验标准差	后验概率	后验均值	后验标准差
TP_{pst}	0.171 4	-0.010 0	0.025 2	0.408 4	-0.029 6	0.039 7	0.034 2	-0.000 6	0.006 9
常数项	1.000 0	7.606 8	—	1.000 0	7.818 6	—	1.000 0	12.837 4	—

表6-6（续）

	后验概率	后验均值	后验标准差	后验概率	后验均值	后验标准差	后验概率	后验均值	后验标准差
TÉ_{pst}	0.308 5	-0.022 1	0.037 3	0.417 2	0.036 4	0.047 7	0.046 0	0.001 4	0.009 3
常数项	1.000 0	7.629 5	—	1.000 0	7.884 8	—	1.000 0	13.063 6	—
SE_{pst}	0.089 5	-0.003 8	0.014 7	0.040 9	-0.001 3	0.008 4	0.087 2	-0.003 7	0.014 6
常数项	1.000 0	7.765 0	—	1.000 0	7.618 6	—	1.000 0	13.036 4	—
控制变量	是			是			是		

6.3.2 考虑区域异质性的分样本检验

从地区层面来看，前沿技术进步（TP_{pst}）、技术效率增长（TÉ_{pst}）、规模效率（SE_{pst}）对各地区双重价值链嵌入位置的影响表现为：①对于东部地区和中部地区，技术进步通过单一 GVC 分工、NVC 和 GVC 融合的双重分工对 GVC 嵌入位置的正向影响主要来自前沿技术进步和技术效率增长。技术进步通过单一 NVC 分工、NVC 和 GVC 融合的双重分工对 NVC 嵌入位置的正向影响主要来自技术效率增长，最终表现为技术效率增长对东部地区总的价值链嵌入位置的正向影响，技术效率增长和前沿技术进步对中部地区总的价值链嵌入位置的正向影响。②对于西部地区，技术进步对其总的价值链嵌入位置的负向影响主要来自前沿技术进步，前沿技术进步通过对 NVC 分工和单一 GVC 分工位置的负向影响促使其总的价值链嵌入位置向相对下游移动（见表6-7）。

表6-7 技术进步路径：地区层面回归结果

变量名称		(1)			(2)			(3)		
		价值链分工			GVC 分工			NVC 分工		
被解释变量：价值链嵌入位置（$pos_{L\_pst}^{inter}$）		后验概率	后验均值	后验标准差	后验概率	后验均值	后验标准差	后验概率	后验均值	后验标准差
东部地区	TP_{pst}	0.071 2	0.001 5	0.014 1	0.441 8	0.050 6	0.064 6	0.057 6	-0.002 9	0.015 3
	常数项	1.000 0	7.072 8	—	1.000 0	6.736 4	—	1.000 0	7.781 2	—
	TÉ_{pst}	1.000 0	0.254 6	0.043 6	0.437 5	0.051 9	0.066 9	1.000 0	0.229 7	0.039 8
	常数项	1.000 0	8.930 0	—	1.000 0	7.366 0	—	1.000 0	9.003 4	—
	SE_{pst}	0.270 8	-0.022 5	0.043 4	0.037 2	-0.000 3	0.008 6	0.163 4	-0.013 6	0.035 1
	常数项	1.000 0	6.961 5	—	1.000 0	7.128 0	—	1.000 0	7.714 5	—

表6-7(续)

地区	变量									
中部地区	TP_{pst}	0.449 5	-0.042 8	0.058 5	0.122 4	-0.004 7	0.023 7	0.812 3	-0.118 7	0.072 2
	常数项	1.000 0	11.120 7	—	1.000 0	7.187 4	—	1.000 0	11.014 6	—
	$T\dot{E}_{pst}$	0.162 9	0.009 1	0.032 9	0.158 7	0.005 0	0.032 6	0.057 6	0.000 1	0.015 7
	常数项	1.000 0	10.616 7	—	1.000 0	8.322 4	—	1.000 0	10.071 0	—
	SE_{pst}	0.133 8	-0.004 0	0.020 6	0.170 4	-0.006 8	0.027 6	0.066 0	-0.002 1	0.015 3
	常数项	1.000 0	10.507 3	—	1.000 0	8.238 7	—	1.000 0	10.061 6	—
西部地区	TP_{pst}	0.956 4	-0.206 3	0.072 5	0.079 5	-0.007 3	0.030 0	0.375 8	-0.055 7	0.079 4
	常数项	1.000 0	9.014 2	—	1.000 0	6.549 6	—	1.000 0	8.574 5	—
	$T\dot{E}_{pst}$	0.100 6	0.007 2	0.026 6	0.028 2	-0.000 1	0.008 9	0.016 3	0.000 0	0.006 2
	常数项	1.000 0	9.074 9	—	1.000 0	6.547 1	—	1.000 0	8.571 4	—
	SE_{pst}	0.054 6	0.002 2	0.014 5	0.029 7	0.000 6	0.009 2	0.015 7	-0.000 1	0.005 9
	常数项	1.000 0	9.035 2	—	1.000 0	6.550 5	—	1.000 0	8.571 0	—
控制变量		是			是			是		

变量名称		(4) 单一 GVC 分工			(5) 单一 NVC 分工			(6) NVC 和 GVC 融合的双重分工		
		后验概率	后验均值	后验标准差	后验概率	后验均值	后验标准差	后验概率	后验均值	后验标准差
东部地区	TP_{pst}	0.312 9	0.028 4	0.050 1	0.032 6	-0.000 3	0.007 4	0.298 5	0.028 6	0.051 1
	常数项	1.000 0	8.939 2	—	1.000 0	6.862 6	—	1.000 0	13.083 1	—
	$T\dot{E}_{pst}$	0.077 8	0.001 4	0.014 8	1.000 0	0.267 8	0.038 0	0.419 5	0.045 5	0.061 8
	常数项	1.000 0	9.035 7	—	1.000 0	8.299 4	—	1.000 0	13.607 7	—
	SE_{pst}	0.109 9	-0.005 0	0.021 0	0.077 8	-0.004 5	0.019 2	0.057 7	-0.001 4	0.011 9
	常数项	1.000 0	9.002 1	—	1.000 0	6.844 1	—	1.000 0	13.312 2	—
中部地区	TP_{pst}	0.234 0	-0.022 9	0.049 6	0.442 8	-0.049 8	0.064 4	0.311 7	-0.032 7	0.056 0
	常数项	1.000 0	8.265 9	—	1.000 0	10.143 8	—	1.000 0	14.724 5	—
	$T\dot{E}_{pst}$	0.136 8	-0.012 1	0.041 3	0.058 2	-0.000 8	0.016 2	0.048 4	0.000 1	0.014 1
	常数项	1.000 0	8.278 4	—	1.000 0	9.714 3	—	1.000 0	14.494 3	—
	SE_{pst}	0.069 4	-0.000 6	0.015 0	0.072 6	-0.003 0	0.017 2	0.143 2	-0.011 5	0.034 1
	常数项	1.000 0	8.402 8	—	1.000 0	9.709 6	—	1.000 0	14.448 4	—
西部地区	TP_{pst}	0.580 2	-0.091 0	0.088 3	0.051 8	-0.004 2	0.022 1	0.060 9	-0.004 6	0.022 1
	常数项	1.000 0	7.205 1	—	1.000 0	8.376 6	—	1.000 0	14.137 3	—
	$T\dot{E}_{pst}$	0.072 3	-0.005 4	0.023 4	0.044 2	0.002 8	0.016 4	0.401 5	0.057 2	0.077 5
	常数项	1.000 0	7.419 8	—	1.000 0	8.397 4	—	1.000 0	14.289 7	—
	SE_{pst}	0.033 5	-0.001 5	0.012 4	0.020 3	0.000 0	0.007 2	0.020 4	0.000 1	0.007 2
	常数项	1.000 0	7.456 9	—	1.000 0	8.377 5	—	1.000 0	14.142 1	—
控制变量		是			是			是		

6.3.3 考虑部门异质性的分样本检验

从部门层面来看，前沿技术进步（TP_{pst}）、技术效率增长（$T\dot{E}_{pst}$）、规模效率（SE_{pst}）对各部门双重价值链嵌入位置的影响表现为：①对于高技术制造业部门，技术进步通过单一 NVC 分工、NVC 和 GVC 融合的双重分工对其 NVC 嵌入位置的负向影响主要来自前沿技术进步和技术效率增长。同时，前沿技术进步和技术效率增长还是分别推动单一 GVC 分工和 GVC 分工向相对下游位置移动的重要途径。从总的价值链嵌入位置来看，前沿技术进步有力地推动了各地区高技术制造业部门嵌入价值链分工时向相对下游位置移动。②对于其他部门，技术效率增长通过单一 NVC 分工、规模效率通过单一 NVC 分工与 NVC 和 GVC 融合的双重分工对完整的 NVC 分工分别产生了正向和负向影响。技术进步对单一 GVC 分工的负向影响来自前沿技术进步、技术效率增长和规模效率三条路径（见表6-8）。

表6-8 技术进步路径：部门层面回归结果

变量名称		（1）价值链分工			（2）GVC 分工			（3）NVC 分工		
被解释变量：价值链嵌入位置（pos_{pst}^{inter}）		后验概率	后验均值	后验标准差	后验概率	后验均值	后验标准差	后验概率	后验均值	后验标准差
高技术制造业部门	TP_{pst}	0.331 4	−0.040 8	0.065 5	0.030 8	0.000 2	0.010 3	0.817 5	−0.137 8	0.081 6
	常数项	1.000 0	12.578 4	—	1.000 0	9.694 6	—	1.000 0	12.304 2	—
	$T\dot{E}_{pst}$	0.049 9	−0.003 1	0.019 9	0.221 9	0.032 2	0.068 4	0.989 0	−0.261 8	0.069 7
	常数项	1.000 0	12.291 1	—	1.000 0	9.929 2	—	1.000 0	10.318 2	—
	SE_{pst}	0.065 2	0.004 2	0.020 8	0.074 7	0.005 8	0.025 9	0.048 4	0.001 9	0.015 0
	常数项	1.000 0	12.322 3	—	1.000 0	9.775 5	—	1.000 0	11.644 5	—
其他部门	TP_{pst}	0.203 9	−0.013 9	0.030 9	0.051 1	−0.002 0	0.011 1	0.110 3	−0.007 0	0.022 6
	常数项	1.000 0	7.682 0	—	1.000 0	6.287 5	—	1.000 0	8.025 2	—
	$T\dot{E}_{pst}$	0.363 8	0.026 3	0.038 7	0.027 7	−0.000 5	0.006 0	0.101 5	0.005 7	0.019 1
	常数项	1.000 0	7.874 9	—	1.000 0	6.619 5	—	1.000 0	8.083 6	—
	SE_{pst}	0.052 2	−0.002 0	0.010 8	0.034 4	−0.000 9	0.007 1	0.174 9	−0.011 8	0.028 4
	常数项	1.000 0	7.656 4	—	1.000 0	6.618 9	—	1.000 0	8.016 5	—
控制变量		是			是			是		

表6-8(续)

变量名称		(4) 单一 GVC 分工			(5) 单一 NVC 分工			(6) NVC 和 GVC 融合的双重分工		
		后验概率	后验均值	后验标准差	后验概率	后验均值	后验标准差	后验概率	后验均值	后验标准差
高技术制造业部门	TP_{pst}	0.151 8	-0.013 9	0.038 9	0.619 4	-0.086 9	0.080 2	0.072 6	-0.005 3	0.024 3
	常数项	1.000 0	12.376 7	—	1.000 0	10.416 2	—	1.000 0	17.218 3	—
	$TE_{pst}^{\cdot}$	0.045 2	-0.001 3	0.015 4	0.977 6	-0.241 5	0.073 3	0.061 7	-0.004 6	0.025 8
	常数项	1.000 0	12.329 2	—	1.000 0	9.221 3	—	1.000 0	17.128 4	—
	SE_{pst}	0.063 2	0.003 3	0.018 6	0.074 6	0.003 5	0.019 5	0.042 9	0.001 7	0.014 9
	常数项	1.000 0	12.351 9	—	1.000 0	10.134 7	—	1.000 0	17.155 9	—
其他部门	TP_{pst}	0.115 4	-0.006 3	0.020 8	0.021 2	-0.000 4	0.005 7	0.028 8	-0.000 7	0.006 9
	常数项	1.000 0	7.417 5	—	1.000 0	7.597 0	—	1.000 0	12.752 8	—
	$TE_{pst}^{\cdot}$	0.901 1	-0.099 7	0.045 6	0.611 3	0.052 1	0.047 2	0.063 1	0.002 9	0.013 7
	常数项	1.000 0	6.944 7	—	1.000 0	7.901 3	—	1.000 0	12.809 5	—
	SE_{pst}	0.209 5	-0.012 9	0.028 6	0.104 6	-0.006 0	0.019 9	0.121 8	-0.007 0	0.021 5
	常数项	1.000 0	7.598 3	—	1.000 0	7.559 9	—	1.000 0	12.758 5	—
控制变量		是			是			是		

6.3.4 考虑技术差异的分样本检验

从技术层面来看，前沿技术进步（TP_{pst}）、技术效率增长（$TE_{pst}^{\cdot}$）、规模效率（SE_{pst}）对不同地区部门的双重价值链嵌入位置的影响表现为：①金融技术进步对低技术进步组单一 GVC 嵌入位置和单一 NVC 嵌入位置的负向影响分别来自技术效率增长和规模效率。②技术进步通过单一 NVC 分工、NVC 和 GVC 融合的双重分工对高技术进步组 NVC 分工的影响分别来自前沿技术进步、技术效率增长和规模效率，并最终传导至总的价值链分工。其中，技术效率增长和规模效率通过单一 NVC 分工、NVC 和 GVC 融合的双重分工使得高技术进步组嵌入 NVC 分工时向相对上游位置转移，前沿技术进步的作用方向则相反（见表6-9）。

表 6-9　技术进步路径：技术层面回归结果

变量名称		(1) 价值链分工			(2) GVC 分工			(3) NVC 分工		
被解释变量：价值链嵌入位置 ($pos_i^{inter}{}_{pst}$)		后验概率	后验均值	后验标准差	后验概率	后验均值	后验标准差	后验概率	后验均值	后验标准差
低技术进步组	TP_{pst}	0.064 5	-0.000 9	0.013 9	0.033 6	0.001 1	0.008 9	0.023 1	0.000 1	0.006 8
	常数项	1.000 0	9.638 7	—	1.000 0	7.885 4	—	1.000 0	9.454 6	—
	$TĖ_{pst}$	0.042 7	-0.000 4	0.007 4	0.021 0	0.000 1	0.005 0	0.018 9	-0.000 1	0.004 4
	常数项	1.000 0	9.622 4	—	1.000 0	7.898 2	—	1.000 0	9.455 9	—
	SE_{pst}	0.046 4	-0.001 2	0.010 3	0.031 9	-0.001 0	0.008 5	0.087 2	-0.006 4	0.024 0
	常数项	1.000 0	9.620 9	—	1.000 0	7.896 2	—	1.000 0	9.431 0	—
高技术进步组	TP_{pst}	0.997 3	-0.153 7	0.036 1	0.024 2	-0.000 4	0.006 5	1.000 0	-0.192 3	0.035 6
	常数项	1.000 0	7.846 8	—	1.000 0	4.721 3	—	1.000 0	8.705 8	—
	$TĖ_{pst}$	0.999 2	0.194 1	0.045 4	0.050 5	0.002 8	0.015 4	0.915 6	0.128 3	0.055 4
	常数项	1.000 0	7.960 9	—	1.000 0	4.729 6	—	1.000 0	7.802 4	—
	SE_{pst}	0.265 6	0.022 1	0.041 5	0.032 6	0.001 1	0.009 1	0.672 7	0.073 6	0.059 3
	常数项	1.000 0	6.500 6	—	1.000 0	4.715 5	—	1.000 0	7.049 5	—
控制变量		是			是			是		

变量名称		(4) 单一 GVC 分工			(5) 单一 NVC 分工			(6) NVC 和 GVC 融合的双重分工		
		后验概率	后验均值	后验标准差	后验概率	后验均值	后验标准差	后验概率	后验均值	后验标准差
低技术进步组	TP_{pst}	0.048 9	0.000 2	0.010 8	0.037 6	0.000 3	0.009 7	0.031 5	-0.001 3	0.010 1
	常数项	1.000 0	9.106 2	—	1.000 0	8.485 0	—	1.000 0	14.134 2	—
	$TĖ_{pst}$	0.260 3	-0.018 8	0.036 5	0.034 0	-0.000 8	0.007 3	0.020 1	-0.000 3	0.005 4
	常数项	1.000 0	8.936 7	—	1.000 0	8.480 3	—	1.000 0	14.114 0	—
	SE_{pst}	0.065 8	-0.002 8	0.015 1	0.299 8	-0.028 8	0.049 2	0.082 4	-0.006 2	0.024 1
	常数项	1.000 0	9.096 2	—	1.000 0	8.399 5	—	1.000 0	14.095 5	—
高技术进步组	TP_{pst}	0.153 5	-0.012 1	0.032 0	0.980 5	-0.133 5	0.039 6	0.227 6	-0.017 2	0.036 2
	常数项	1.000 0	6.005 7	—	1.000 0	7.547 3	—	1.000 0	10.998 6	—
	$TĖ_{pst}$	0.026 4	-0.000 8	0.008 2	0.999 5	0.183 9	0.037 8	0.397 1	0.040 8	0.057 2
	常数项	1.000 0	5.882 3	—	1.000 0	7.751 4	—	1.000 0	11.169 2	—
	SE_{pst}	0.020 4	0.000 1	0.005 5	0.870 6	0.107 6	0.054 0	0.164 4	0.011 2	0.029 4
	常数项	1.000 0	5.888 3	—	1.000 0	6.725 9	—	1.000 0	10.889 7	—
控制变量		是			是			是		

6.3.5 考虑危机冲击的分样本检验

从时间层面来看，前沿技术进步（TP_{pst}）、技术效率增长（$\dot{TE}_{pst}$）、规模效率（SE_{pst}）对不同时期的地区部门双重价值链嵌入位置的影响表现为：①危机前，前沿技术进步通过单一 NVC 分工对 NVC 分工产生负向影响，并通过 NVC 和 GVC 融合的双重分工对 GVC 分工产生正向影响，最终推动总的价值链分工向相对下游位置移动。②金融危机后，技术效率增长是价值链分工向相对上游位置移动的重要推力，通过单一 NVC 分工对 NVC 嵌入位置产生正向影响，最终推动总的价值链嵌入位置向相对上游移动（见表 6-10）。

表 6-10　技术进步路径：时间层面回归结果

变量名称		(1) 价值链分工			(2) GVC 分工			(3) NVC 分工		
被解释变量：价值链嵌入位置（$pos_{L \cdot pst}^{inter}$）		后验概率	后验均值	后验标准差	后验概率	后验均值	后验标准差	后验概率	后验均值	后验标准差
2002—2007 年	TP_{pst}	0.461 7	−0.120 5	0.151 7	0.994 7	0.343 7	0.086 2	0.990 6	−0.474 9	0.117 1
	常数项	1.000 0	8.854 4	—	1.000 0	0.098 0	—	1.000 0	13.953 7	—
	$\dot{TE}_{pst}$	0.031 1	0.000 2	0.007 3	0.095 1	0.006 7	0.024 0	0.044 7	−0.002 4	0.013 9
	常数项	1.000 0	7.214 3	—	1.000 0	4.912 2	—	1.000 0	7.436 1	—
	SE_{pst}	0.032 3	0.000 7	0.007 9	0.370 4	0.039 6	0.057 5	0.020 6	−0.000 6	0.006 8
	常数项	1.000 0	7.215 6	—	1.000 0	5.034 8	—	1.000 0	7.455 1	—
2010—2012 年	TP_{pst}	0.033 8	−0.000 5	0.006 4	0.027 5	0.000 3	0.005 9	0.035 4	−0.000 7	0.006 9
	常数项	1.000 0	8.993 7	—	1.000 0	7.628 6	—	1.000 0	8.770 0	—
	$\dot{TE}_{pst}$	0.998 6	0.144 1	0.032 3	0.032 6	−0.000 7	0.007 2	0.999 9	0.153 3	0.030 5
	常数项	1.000 0	10.465 7	—	1.000 0	7.927 9	—	1.000 0	10.269 7	—
	SE_{pst}	0.030 0	−0.000 2	0.006 4	0.051 5	−0.002 1	0.012 1	0.033 0	−0.000 5	0.007 2
	常数项	1.000 0	9.136 2	—	1.000 0	7.928 1	—	1.000 0	8.996 0	—
控制变量		是			是			是		

表 6-10（续）

变量名称		(4)			(5)			(6)		
		单一 GVC 分工			单一 NVC 分工			NVC 和 GVC 融合的双重分工		
		后验概率	后验均值	后验标准差	后验概率	后验均值	后验标准差	后验概率	后验均值	后验标准差
2002—2007 年	TP_{pst}	0.022 6	−0.001 2	0.013 8	0.479 7	−0.122 7	0.146 0	0.537 5	0.139 8	0.144 1
	常数项	1.000 0	5.532 6	—	1.000 0	8.782 6	—	1.000 0	9.300 2	—
	$T\dot{E}_{pst}$	0.079 8	−0.005 4	0.021 4	0.034 6	0.000 4	0.008 0	0.076 7	0.004 2	0.018 7
	常数项	1.000 0	5.481 1	—	1.000 0	7.113 2	—	1.000 0	11.187 9	—
	SE_{pst}	0.018 3	−0.000 2	0.005 6	0.030 7	−0.000 2	0.006 8	0.033 7	−0.000 2	0.007 2
	常数项	1.000 0	5.516 3	—	1.000 0	7.109 2	—	1.000 0	11.149 9	—
2010—2012 年	TP_{pst}	0.032 2	0.000 5	0.006 7	0.042 0	−0.000 6	0.007 5	0.026 4	0.000 8	0.007 1
	常数项	1.000 0	8.879 4	—	1.000 0	8.025 4	—	1.000 0	13.631 8	—
	$T\dot{E}_{pst}$	0.524 7	−0.046 8	0.050 6	0.999 9	0.160 1	0.031 0	0.096 3	0.006 2	0.022 1
	常数项	1.000 0	8.853 1	—	1.000 0	9.702 6	—	1.000 0	13.845 2	—
	SE_{pst}	0.056 8	−0.002 5	0.013 7	0.048 8	−0.001 1	0.009 5	0.021 6	−0.000 4	0.006 2
	常数项	1.000 0	9.248 7	—	1.000 0	8.233 8	—	1.000 0	13.781 1	—
控制变量		是			是			是		

6.4 本章小结

为探寻推动技术进步的合理路径，最大化技术进步对双重价值链嵌入的促进作用，本章进一步对技术进步进行分解，将其分解为前沿技术进步、技术效率增长和规模效率三部分，分别从嵌入程度和嵌入位置两方面，分析了不同技术进步方式对双重价值链嵌入的影响及异质性表现；回答了"不同技术进步方式对双重价值链嵌入分别具有怎样的影响""对于双重价值链的多种分工方式，不同技术进步方式对不同形式的价值链分工具有怎样的影响""技术进步通过哪种方式影响双重价值链嵌入"等问题，以期探寻推动形成以国内大循环为主体、国内国际双循环相互促进的新发展格局的最优技术进步路径。

为克服在给定解释变量集上回归时结果的不确定性，本章仍然采用贝叶斯模型平均方法，从双重价值链嵌入程度和位置两方面，分析了不同技术进步方式对双重价值链嵌入的影响，并从区域、部门、技术进步速度、危机冲击多个视角分析了不同技术进步方式对双重价值链嵌入影响的异质性。基于上述分析，本章得出以下结论：

第一，不同视角下，不同技术进步方式对双重价值链嵌入程度的异质性影响也不同。

①整体层面，技术进步通过单一 GVC 分工对 GVC 分工嵌入程度产生的负向影响来自规模效率。技术进步通过单一 NVC 分工、NVC 和 GVC 融合的双重分工对 NVC 分工嵌入程度产生的促进作用主要来自技术效率增长。

②地区层面，东部地区的技术进步通过不同价值链分工方式对总的价值链嵌入程度的正向影响主要来自技术效率增长。中部地区的技术进步通过单一 GVC 分工对 GVC 分工嵌入程度的负向影响主要来自前沿技术进步。西部地区通过单一 GVC 分工对 GVC 分工嵌入程度的负向影响主要来自技术效率增长和规模效率，通过单一 NVC 分工、NVC 和 GVC 融合的双重分工对 NVC 分工嵌入程度的正向影响主要来自技术效率增长。

③部门层面，高技术制造业部门的技术进步通过单一 NVC 分工，其他部门的技术进步通过单一 NVC 分工、NVC 和 GVC 融合的双重分工对 NVC 分工嵌入程度产生的正向影响主要来自技术效率增长。

④技术层面，低技术进步组的技术进步通过单一 NVC 分工、NVC 和 GVC 融合的双重分工对其国内价值链嵌入的促进作用主要来自前沿技术进步和技术效率增长。高技术进步组的技术进步通过单一 GVC 分工对其全球价值链嵌入的负向影响主要来自技术效率增长。

⑤时间层面，金融危机前，前沿技术进步通过单一 GVC 分工、NVC 和 GVC 融合的双重分工对 GVC 分工嵌入程度产生了抑制作用。金融危机后，技术效率增长通过对 NVC 和 GVC 融合的双重分工的正向影响促进了各地区部门更深入地嵌入国内价值链和全球价值链。

第二，不同视角下，不同技术进步方式对双重价值链嵌入位置的异质性影响不同。

①整体层面，前沿技术进步和技术效率增长通过单一 NVC 分工对 NVC 嵌入位置分别产生了负向和正向影响，又通过单一 GVC 分工对 GVC 嵌入位置产生了负向影响。

②地区层面，对于东部地区和中部地区，技术进步通过单一 GVC 分工、NVC 和 GVC 融合的双重分工对 GVC 嵌入位置的正向影响主要来自前

沿技术进步和技术效率增长。技术进步通过单一 NVC 分工、NVC 和 GVC 融合的双重分工对 NVC 嵌入位置的正向影响主要来自技术效率增长。对于西部地区，前沿技术进步通过对 NVC 分工和单一 GVC 嵌入位置的负向影响促使其总的价值链嵌入位置向相对下游移动。

③部门层面，对于高技术制造业部门，技术进步对其 NVC 和 GVC 嵌入位置的负向影响主要来自前沿技术进步和技术效率增长。对于其他部门，技术进步对 NVC 嵌入位置的影响主要来自技术效率增长和规模效应，对单一 GVC 嵌入位置的负向影响来自前沿技术进步、技术效率增长和规模效率三大路径。

④技术层面，技术进步对低技术进步组单一价值链嵌入位置的负向影响分别来自技术效率增长和规模效率。技术进步通过单一 NVC 分工、NVC 和 GVC 融合的双重分工对高技术进步组 NVC 嵌入位置的影响分别来自前沿技术进步、技术效率增长和规模效率。

⑤时间层面，金融危机前，前沿技术进步通过单一 NVC 分工对 NVC 嵌入位置产生负向影响，并通过 NVC 和 GVC 融合的双重分工对 GVC 嵌入位置产生正向影响。金融危机后，技术效率增长通过单一 NVC 分工对 NVC 嵌入位置产生正向影响，最终推动总的价值链嵌入位置向相对上游移动。

7 研究结论、政策建议与研究展望

马克思的《机器、自然力和科学的应用》、亚当·斯密的《国富论》和新古典经济增长理论均指出技术进步对经济增长具有重大贡献。消费和出口作为经济增长的重要动力，对应的产品消费和产品出口主要源于国内价值链分工和全球价值链分工，因此国内价值链分工和全球价值链分工可能成为技术进步影响经济增长的重要路径。但是，部分国家对中国实施的一系列反倾销政策，加之"后危机时代"因经济疲软的窘境形成的巨大贸易壁垒，使得中国在外部环境中面临着巨大的不确定性，全球化之路阻力重重。同时，中国区域发展不平衡问题仍然存在。在外部动力不足、内部发展失衡的双重现实背景下，技术进步对双重价值链嵌入影响的经验证据十分匮乏。因此，本书以全球价值链重塑，中国要充分发挥国内超大规模市场优势，逐步形成以国内大循环为主体、国内国际双循环相互促进的新发展格局为背景，以国内价值链和全球价值链作为促进"大循环、双循环"的切入点，从嵌入程度和嵌入位置双重视角，提出新的双重价值链嵌入测算框架，从理论层面和实证层面检验了技术进步对双重价值链嵌入的影响。本书的主要研究内容体现在技术进步与价值链嵌入的理论解释、双重价值链嵌入的测算与特征分析、技术进步对双重价值链嵌入的实证检验、不同技术进步方式对双重价值链嵌入的影响，四个环节层层递进。首先，本书从理论分析、理论模型、数值模拟三方面解释和回答了"技术进步对价值链嵌入存在何种影响"这一问题。其次，为了得出二者之间关系的经验证据，本书从嵌入程度和嵌入位置两方面提出了双重价值链嵌入的测算框架，并利用编制的区域嵌入国际的投入产出表数据进行测算，分析中国各区域部门的双重价值链嵌入特征，回答了"中国各区域参与双重价值链分工过程中到底获得了多少增加值收益""中国各个区域与其他国家或地区之间存在怎样的关系""中国各区域在嵌入双重价值链分工时处于什么位置"等问题。再次，本书基于二者之间的理论关系和双重价值链嵌入的数据，进行技术进步对双重价值链嵌入的实证检验，回答了"技术进步到底对双重价值链嵌入具有怎样的影响""对于双重价值链的多种分工方式，技术进步对不同形式的价值链分工具有怎样的影响""技术进步通过哪种价值链分工模式影响双重价值链嵌入"等问题。最后，由于技术进步源于不同方面的改进，每一方面均反映了不同方式的技术进步，因此本书进一步从技术进步的构成角度对技术进步进行分解，分析不同技术进步方式对双重价值链嵌入程度和位置的影响，回答了"不同技术进步方式对双重价值链嵌入具有怎样的影响"这一问题。

本书不仅在研究数据、核算起点、核算视角和核算内容方面对双重价值链相关研究进行了改进和扩展，同时在中国参与全球分工阻力增大和区域发展失衡的背景下，为寻找推动技术进步的合理路径，最大化技术进步对双重价值链嵌入的促进作用，进而推动经济高质量发展提供了有益的理论和实践支撑。

7.1 研究结论

第一，不同地区部门在嵌入国内生产分工和全球生产分工时存在较大差异，且不同分工方式受全球经济危机的影响不同。区域内贸易是各区域、各部门增加值的主要来源，具有明显的"本地偏好"特征。中西部地区的"本地偏好"特征比东部地区更加突出，建筑业部门和服务业部门比其他部门的本地偏好特征更为突出。从双重价值链分工体系来看，由于国内各地区在地理、资源等多方面存在差异，每个区域参与生产分工的特征各不相同，中西部地区更偏向于参与国内价值链分工，东部沿海地区更偏向于参与全球价值链分工。但 NVC 和 GVC 融合的双重分工并不存在明显的区域聚集特征。同时，由于各部门在双重价值链分工中参与不同的生产环节，因此嵌入不同价值链分工的程度也存在差异。相对于低技术制造业部门，中高技术制造业部门参与 GVC 分工、NVC 和 GVC 融合的双重分工的程度更深。从价值链嵌入位置看，随着分工愈发复杂，平均生产长度有增大趋势。最为复杂的价值链分工——NVC 和 GVC 融合的双重分工处于相对上游的位置。大部分区域在参与单一价值链分工与 NVC 和 GVC 融合的双重分工时，形成了同时处于相对上游位置或同时处于相对下游位置的二元结构。不同部门在国内生产分工和全球生产分工中所处的位置也存在差异，中国大部分制造业部门、建筑业部门在生产分工中处于相对下游位置，初级产品部门和部分低技术制造业部门处于相对上游位置。金融危机冲击带来的国内外贸易格局的转变对不同分工也存在异质性影响。金融危机前后，各区域部门总体相对位置变动幅度大于 NVC 和 GVC 融合的双重分工相对位置变动幅度，即相对其他简单最终产品生产或浅层的价值链分工，NVC 和 GVC 融合的双重分工的抗风险能力更强。

第二，本区域的技术进步将会促进其更大程度地嵌入双重价值链分工中的国内价值链分工，使其获得更强的增加值创造能力。此外，技术进步对双重价值链嵌入程度的影响在地区、部门、技术和金融危机前后等方面具有异质性。①区域异质性。东部地区的技术进步通过 NVC 和 GVC 融合的双重分工、单一 NVC 分工使其更深入地嵌入全球和国内价值链分工，最终实现双重价值链嵌入的深化。中部地区的技术进步能够促进其减少单一 GVC 分工的嵌入，更大程度地融入 NVC 和 GVC 融合的双重分工。西部地区的技术进步能够促进其减少单一 GVC 分工的嵌入，更大程度地嵌入单一 NVC 分工。通过对比可以发现，地区技术进步对 NVC 和 GVC 融合的双重分工的正向影响随地区经济发展水平的提升而增大。②部门异质性。高技术制造业部门的技术进步将会通过国内价值链和全球价值链两条路径同时抑制其总的价值链嵌入。与之相反，其他部门的技术进步不仅能够改变其被锁定在浅层全球价值链生产环节的现状，而且有利于促进其更深入地参与国内价值链分工。③技术层面的差异。高技术进步组的技术进步通过单一 GVC 分工对其全球价值链的嵌入产生了负向影响。低技术进步组的技术进步有利于其实现更深层次的价值链嵌入，提升其在国内价值链分工中的嵌入度。④金融危机前后的异质性影响。金融危机前，各地区部门的技术进步并未促进其嵌入更深层次地参与价值链分工，甚至产生了抑制作用，金融危机后则相反。同时，金融危机后技术进步还能够有效促进国内各区域更加深入地嵌入单一 NVC 分工。

第三，技术进步对双重价值链嵌入位置的影响主要集中在国内价值链，本地区的技术进步将会使其在国内生产分工网络中更加靠近消费端。同时，本地区部门的技术进步将会使其嵌入单一 GVC 分工时向更为下游的位置移动。此外，技术进步对双重价值链嵌入位置的影响在地区、部门、技术和金融危机前后等方面具有异质性表现：①区域异质性。东部地区和中部地区技术进步既可以改善其在单一全球价值链中的位置，也可以改善其在更深层次价值链分工中的位置，实现全球价值链分工地位的攀升。此外，东部地区和中部地区的技术进步有利于改善其在单一国内价值链分工中的位置，实现其在单纯的国内分工体系中嵌入位置的调整。最终，东部地区技术进步通过全球价值链分工对其双重价值链嵌入位置产生正向影响，中部地区技术进步通过全球价值链分工和国内价值链分工对其双重价值链嵌入位置产生负向影响。②部门异质性。从不同分工形式看，不同部门技术进步对双重价值链嵌入位置的影响主要集中在单一价值链分工。高技术制造业部门的技术进步有利于其单一 NVC 分工向相对下游生产环节移动。其他部门的技术进步有利于其单一 GVC 分工向相对下游生产环节移动。③技术层面的差异。无论技术进步快或慢，各地区部门的技术进步会使其嵌入单一 GVC 分工时向相对下游的位置移动。同时，对于技术进步较慢的地区部门，技术进步有利于其在形成强大的国内市场中更多地参与相对下游生产环节的生产。④金融危机前后的异质性影响。相较于金融危机前，金融危机后技术进步对单一价值链分工位置的影响有所增大。金融危机后的技术进步将会促进地区部门单一 NVC 分工向相对上游的位置移动，同时也将促进单一 GVC 分工向相对下游的位置移动。

第四，技术进步通过单一 GVC 分工对 GVC 嵌入程度产生的负向影响来自规模效率，通过单一 NVC 分工、NVC 和 GVC 融合的双重分工对 NVC 分工嵌入程度产生的促进作用主要来自技术效率增长。不同技术进步方式对双重价值链嵌入程度的影响在地区、部门、技术和金融危机前后等方面具有异质性表现：①地区层面，东部地区技术进步通过不同价值链分工方式对总的价值链嵌入程度的正向影响主要来自技术效率增长。中部地区技术进步通过单一 GVC 分工对 GVC 分工嵌入程度的负向影响主要来自前沿技术进步。西部地区通过单一 GVC 分工对 GVC 分工嵌入程度的负向影响主要来自技术效率增长和规模效率，通过单一 NVC 分工、NVC 和 GVC 融合的双重分工对 NVC 分工嵌入程度的正向影响主要来自技术效率增长。②部门层面，高技术制造业部门的技术进步通过单一 NVC 分工，其他部门的技术进步通过单一 NVC 分工、NVC 和 GVC 融合的双重分工对 NVC 分工嵌入程度产生的正向影响主要来自技术效率增长。③技术层面，低技术进步组的技术进步通过单一 NVC 分工、NVC 和 GVC 融合的双重分工对其国内价值链嵌入的促进作用主要来自前沿技术进步和技术效率增长。高技术进步组的技术进步通过单一 GVC 分工对其全球价值链嵌入的负向影响主要来自技术效率增长。④时间层面，金融危机前，前沿技术进步通过单一 GVC 分工、NVC 和 GVC 融合的双重分工对 GVC 分工嵌入程度产生了抑制作用。金融危机后，技术效率增长通过对 NVC 和 GVC 融合的双重分工的正向影响促进了各地区部门更深入地嵌入国内价值链和全球价值链。

第五，各地区部门前沿技术进步和技术效率增长通过单一 NVC 分工对 NVC 嵌入位置分别产生了负向和正向影响，又通过单一 GVC 分工对 GVC 嵌入位置产生了负向影响。不同技术进步方式对双重价值链嵌入位置的影响在地区、部门、技术和金融危机前后等方面具有异质性表现：①地区层面，对于东部地区和中部地区，技术进步通过单一 GVC 分工、NVC 和 GVC 融合的双重分工对 GVC 嵌入位置的正向影响主要来自前沿技术进步和技术效率增长。技术进步通过单一 NVC 分工、NVC 和 GVC 融合的双重分工对 NVC 嵌入位置的正向影响主要来自技术效率增长。对于西部地区，前沿技术进步通过对 NVC 分工和单一 GVC 嵌入位置的负向影响促使其总的价值链嵌入位置向相对下游移动。②部门层面，对于高技术制造业部门，技术进步对其 NVC 和 GVC 嵌入位置的负向影响主要来自前沿技术进步和技术效率增长。对于其他部门，技术进步对 NVC 嵌入位置的影响主要来自技术效率增长和规模效应，对单一 GVC 嵌入位置的负向影响来自前沿技术进步、技术效率增长和规模效率三大路径。③技术层面，技术进步对低技术进步组单一价值链嵌入位置的负向影响分别来自技术效率增长和规模效率。技术进步通过单一 NVC 分工、NVC 和 GVC 融合的双重分工对高技术进步组 NVC 嵌入位置的影响分别来自前沿技术进步、技术效率增长和规模效率。④时间层面，金融危机前，前沿技术进步通过单一 NVC 分工对 NVC 嵌入位置产生负向影响，并通过 NVC 和 GVC 融合的双重分工对 GVC 嵌入位置产生正向影响。金融危机后，技术效率增长通过单一 NVC 分工对 NVC 嵌入位置产生正向影响，最终推动总的价值链嵌入位置向相对上游移动。

7.2 政策建议

7.2.1 优化技术进步对双重价值链影响的政策建议

从技术进步的构成来看，技术进步主要包括：前沿技术进步、技术效率增长和规模效率，特别是前沿技术进步和技术效率增长是技术进步影响双重价值链分工的重要途径。

第一，加强与国内外高技术企业、科研机构、高校的合作，围绕双方的共同需求，发挥各自相对优势，有效弥补生产分工过程中的技术短板，实现技术进步。一方面，对各地区而言，在参与国内外生产分工时，可以通过与国内外高技术企业之间形成定向合作，定期向外输送技术人员并进行技术培训或技术指导，或者通过聘请技术顾问或技术咨询等方式实现技术吸收。为防止地区之间由于竞争而存在的技术封闭情况，国家还需要完善技术专利法规及技术交流条例，鼓励各地区在新能源、新材料、新设备、新工艺、新产品结构等方面创新时积极向国家专利机关申请专利权，在国家专利机关的监督下，使得技术创新在各地区之间进行议价转让或补偿交流，促进地区间技术交流的同时避免竞争带来的技术封闭。另一方面，科研机构和高校要积极推动科研人员与企业、其他科研机构和高校的交流合作，通过举办学术会议、学术竞赛等活动，实施联合培养、联合研发等项目，促进科研人员的跨企业、跨机构、跨高校、跨国流动，通过专业能力的提升、知识面的拓展、社交网络的拓展实现技术水平的提升和外部技术获取成本的降低，最终实现技术进步。为保证科研人员的和技术在不同企业、科研机构和高校之间的顺利流动和科研工作的顺利进行，国家还需要在科研人员流动和科研资助等方面进行改进。为防止科研人员的永久性流失，吸引人才回流和人才环流，国家还需要针对科研人员流动的驱动因素——经济水平、公共政策、工作性质、薪资结构、地区教育水平、机构声誉、工作环境、个人发展前景等方面进行合理引导。比如，人才引进制度由编制转变为聘用制，进行市场化运作，引入考核系统，提高用人效率，促进科研人员流动。为保证科研工作的顺利进行，国家有必要对不同科研工作实施差异化的资助政策；将政策倾斜至亟待需要技术进步的领域，吸引科研人员向这一领域聚集，在竞争的环境中和科研经费的支持下，实现技术进步。

第二，提高自主研发能力和科技成果转化率，促进技术进步。一方面，对于自主研发能力，目前中国自主研发存在的问题主要有缺乏自主研发意识、缺乏投资力度和缺乏强力队伍支撑。首先，为提高自主研发能力，各地区需要明确自身定位，从实际需求和市场发展前景出发，对市场进行合理定位。其次，设定合理的自主研发目标，各地区应对自身进行综合评估，结合自身优势，设定自主研发的目标。再次，合理选择自主研发途径，结合地域特色、行业特色，构建产品之间的连接关系，通过特色产品探寻优势产品，最终衍生出重点产品。最后，构建多层次自主研发体系，合理运用内外部资源，创建研发平台，完善人才培养和队伍建设，从项目审计、人才激励和项目管理等方面提高企业的社会效益和经济效益。另一方面，对于科技成果转化效率。加速科技成果向现实生产力的转化，是充分发挥科技对我国经济和社会发展的支撑和引领作用的必然要求。实践证明，科技成果转化涉及人才、资金、政策、体制和机制等诸多因素。为提高科技成果转化效率，国家应该建立和完善科技成果分类评价和管理体系，建立以市场为导向的产学联盟机制。科研机构和高校通过建立研究中心、科技创新园，加强与企业之间的合作，明确现实生产分工中迫切需要解决的问题，加以研究开发，并将其应用于生产分工，实现成果的转化，避免资源的浪费，促进技术进步转化为真正的生产力。此外，还需要加强对科研项目的过程控制和监督，将科研创新成果和市场需求相结合，避免企业、科研机构或高校重投入、轻产出或者投入和产出之间无法有效转化的情况。同时，还需要转变评价和奖励方式，从基础科研阶段到应用阶段实施不同的奖励机制，以科研机构或高校最终成果的实用性和产业化为目标，对科研成果进行评价考核，围绕科研成果的转化率实施奖励。

7.2.2 区域双重价值链分工的政策建议

根据技术进步对价值链嵌入的区域异质性影响可知，东部地区可充分利用自身的先发优势，基于自身经济实力，加大研发投入。不论是全球价值链分工还是国内价值链分工，东部地区应该集中于生产链条中相对上游的研发阶段的技术进步，充分发挥技术进步对东部地区单一 GVC 分工、单一 NVC 分工、NVC 和 GVC 双重分工向相对上游位置移动的推动力，促进东部地区更大程度地参与国内价值链分工。中部地区应该充分发挥自身的内在潜力，应该迅速承接中国在全球价值链分工中下游生产阶段的生产，发挥技术进步对中部地区单一 GVC 分工、单一 NVC 分工、NVC 和 GVC 双重分工向相对下游位置移动的推动力，使得中部地区从浅层生产分工向更深层次转移。西部地区应该充分发挥自身的资源禀赋优势，积极布局国内价值链分工，充分发挥技术进步对单一 NVC 分工更大程度参与价值链分工的促进作用。

根据技术进步对价值链嵌入的部门异质性影响可知，我国应该注重资源在不同部门之间的合理配置，在中低端产品供应过剩和中高端产品供应不足，中等收入群体需求不足和高等收入群体有效供给缺乏的现实背景之下，应该避免高技术制造业部门一味追求全球价值链的嵌入被锁定在全球生产链的中低端环节，而忽略国内市场需求。随着国内市场对中高端产品的市场需求逐渐增大，我国应该促进高技术制造业部门重新布局国内市场，结合国内市场特点优化产品设计，满足国内市场需求。其他部门应该积极寻求更深层次的价值链嵌入，充分发挥技术进步对 NVC 和 GVC 双重分工嵌入程度的促进作用，拓展国外市场，实现价值增值。针对中等收入人群需求不足的问题，从收入分配角度，我国还需要结合住房政策、教育政策、医疗政策等方面，合理优化中等收入人群在住房、教育、医疗、消费等方面的支出，同时促进其他部门提升产品质量，激发中等收入人群消费潜力。

对于国内价值链分工的完善，首先，我国需要更加重视国内资源整合，协调区域专业化分工，如深入推进长三角城市群、珠三角城市群、京津冀城市群、成渝城市群等区域一体化战略的实施，打破地方保护主义，实现国内市场一体化发展。推动区域基础设施建设一体化、区域市场一体化、公共服务一体化建设，鼓励各区域基础设施的互联互通，促进资源要素自由流动，教育卫生医疗资源共享，进而实现区域的政策协同，加快中国区域间的专业化分工。其次，鼓励内资企业融入国内专业化分工，通过国内前向配套和后向资源整合等途径挖掘国内各地区的市场潜力，打造自主品牌；对于存在核心技术的企业，提升其在国际分工体系中的重要地位。最后，重视区域关联，提升国内配套能力。区域之间的技术经济联系能够通过上下游配套产生技术溢出，进而推动国内整体技术水平的提升。因此，还需要重点培育高质量企业，提高企业自主研发能力，降少外部依赖。同时，在国内一体化建设的基础上，整合原材料供应、加工装配、物流仓储以及品牌研发等上下游资源，构建自主可控的制造业供应链。对于全球价值链分工的完善，在完善国内专业化分工的同时，随着发达国家制造业回流和经济增速放缓，中国还需要加快构建国内循环与国际循环相互促进的发展格局，改变低端嵌入全球价值链的发展模式，由单纯的制造业嵌入转变为制造业的服务化嵌入，通过政策支持、制度支持，推动制造业和服务业的融合发展，推动中国从生产型制造业向服务型制造业转型，深入嵌入全球价值链。

7.2.3　双重价值链视角下危机应对的政策建议

根据金融危机前后技术进步对价值链嵌入的异质性影响，为应对金融危机后的经济疲软和新的贸易格局，中国应该更加注重国内价值链分工可能为经济增长带来的潜在动力，打破区域壁垒，促进区域生产资料、人力、产品的流通，发挥国内价值链的多元化要素禀赋，通过单一 NVC 分工、NVC 和 GVC 双重分工，优化垂直供需链和横向协作链，形成跨区域联动的产业分工新格局，充分发挥先发地区的技术扩散效应和后发地区的资源禀赋优势，加快推进中西部地区参与专业化分工，改善区域发展不平衡现状。整合国内外产业链和创新链，发挥技术进步在金融危机后期对单一 NVC 分工、NVC 和 GVC 双重分工嵌入程度的促进作用，推动单一 NVC 分工向相对上游的研发阶段移动，增强国内循环动力。具体地，企业作为推动经济运行的主要微观经济体，其战略选择、生产制造以及管理活动均会受到宏观环境的影响。为降低金融危机冲击给企业活动带来的不确定性，企业可以通过服务拓展增加顾客黏性，巩固与顾客之间的关系。因此，在面对动荡不安的市场环境时，企业不仅需要关注产品和技术的更新迭代，还要拓展高附加值的服务业务，如产品相关的支持新服务、顾客解决方案等，创造独有的顾客价值，提升顾客忠诚度。同时，部分重要行业仍然面临产能过剩、生产率不高、创新不足等问题，因此还需要继续推动混合所有制经济改革，向国有企业中引入非国有资本，实现国有经济与市场经济结合，增强国有企业的市场活力和抗风险能力。此外，虽然经济冲击的突发性和偶然性难以预测，但政府可以通过制定宏观经济政策加以掌控。地方政府可以通过数字化手段，利用实体政务大厅、网上政务大厅、移动客户端等方式，建立信息集中公开制度和推送制度，强化政策落实责任考核和第三方评估机制，营造稳定、公开、透明的政策环境，提高政策实施效率。

7.3 研究展望

第一，突破数据时间范围的限制。本书的价值链嵌入相关指标是基于编制的区域嵌入国际的投入产出表进行测算的，因此区域嵌入国际的投入产出表的时间范围在一定程度上决定了本书的研究时限。本书在编制区域嵌入国际的投入产出表时采用了国际投入产出表、区域间投入产出表、中国海关进出口数据，其中，中国区域间投入产出表只有 2002 年、2007 年、2010 年、2012 年这四年的数据，因此本书编制的区域嵌入国际的投入产出表只能反映这四年的情况。由于数据有限，本书测算的相关指标无法反映近期的国内价值链和全球价值链分工情况，具有一定的时滞性。未来，笔者可以借鉴相关国际研究数据，如欧洲委员会资助编制世界投入产出数据库（WIOD），实现国内投入产出表和区域（或地区）投入产出表在时间上的连续编制，为后续更深入的研究提供数据基础。

第二，优化编制方法。本书编制的区域嵌入国际的投入产出表是以国际投入产出表和中国海关进出口数据为基础，对区域间投入产出表中的中间产品和最终产品出（进）口进行拆分，并通过凸优化技术进行优化平衡的结果。虽然本书对区域嵌入国际的投入产出表进行了分析，且结果也表明该表的基本特征与现实经济运行基本一致，具有一定的利用价值，但是该表难免会存在一定的估计误差，而这是无法避免的。未来随着相关技术的发展，笔者希望能够更新现有数据，得到更为精确的结果。

第三，将研究对象向微观主体转变。本书在测算价值链嵌入程度和嵌入位置时，测算的维度为省份-部门层面，虽然充分考虑了省份-部门层面的异质性，但是随着微观数据可得性的提高，未来可以将价值链嵌入程度和嵌入位置的测算和分析拓展到更为细化的微观企业层面，从企业视角真实地反映企业在参与价值链分工时的生产特征，充分发挥企业在国内市场和国外市场的重要作用。

参考文献

[1] 陈启斐, 刘志彪. 生产性服务进口对我国制造业技术进步的实证分析 [J]. 数量经济技术经济研究, 2014, 31 (3): 74-88.

[2] 段文奇, 景光正. 贸易便利化、全球价值链嵌入与供应链效率: 基于出口企业库存的视角 [J]. 中国工业经济, 2021 (2): 117-135.

[3] 段玉婉, 纪珽. 中国地区间收入差异变化的影响因素探究: 基于国内价值链视角的分析 [J]. 管理科学学报, 2018, 21 (12): 111-123.

[4] 段玉婉, 杨翠红. 基于不同贸易方式生产异质性的中国地区出口增加值分解 [J]. 世界经济, 2018, 41 (4): 75-98.

[5] 段玉婉, 祝坤福, 陈锡康, 等. 区分内外资企业和贸易方式的非竞争型投入产出模型 [J]. 系统工程理论与实践, 2013, 33 (9): 2204-2211.

[6] 范剑勇, 冯猛, 李方文. 产业集聚与企业全要素生产率 [J]. 世界经济, 2014, 37 (5): 51-73.

[7] 盖庆恩, 朱喜, 程名望, 等. 要素市场扭曲、垄断势力与全要素生产率 [J]. 经济研究, 2015, 50 (5): 61-75.

[8] 高翔, 黄建忠, 袁凯华. 价值链嵌入位置与出口国内增加值率 [J]. 数量经济技术经济研究, 2019, 36 (6): 41-61.

[9] 高翔, 刘啟仁, 黄建忠. 要素市场扭曲与中国企业出口国内附加值率: 事实与机制 [J]. 世界经济, 2018, 41 (10): 26-50.

[10] 高运胜, 郑乐凯, 惠丽霞. 融资约束与制造业 GVC 地位提升 [J]. 统计研究, 2018, 35 (8): 11-22.

[11] 耿晔强, 白力芳. 人力资本结构高级化、研发强度与制造业全球价值链升级 [J]. 世界经济研究, 2019 (8): 88-102, 136.

[12] 顾乃华, 夏杰长. 对外贸易与制造业投入服务化的经济效应: 基于 2007 年投入产出表的实证研究 [J]. 社会科学研究, 2010 (5): 17-

21.

[13] 郝楠, 李静. 技术进步、人力资本"侵蚀效应"与国际技术差距: 基于 2001—2015 年跨国面板数据的经验分析 [J]. 经济学家, 2018 (7): 55-62.

[14] 贺灿飞, 马妍. 市场分割与中国城市出口差异 [J]. 地理科学进展, 2014, 33 (4): 447-456.

[15] 胡小娟, 陈欣. 技术创新模式对中国制造业出口贸易影响的实证研究 [J]. 国际经贸探索, 2017, 33 (1): 47-59.

[16] 黄先海, 刘毅群. 物化性技术进步与我国工业生产率增长 [J]. 数量经济技术经济研究, 2006 (4): 52-60.

[17] 黄先海, 刘毅群. 设备投资、体现型技术进步与生产率增长: 跨国经验分析 [J]. 世界经济, 2008 (4): 47-61.

[18] 蒋仁爱, 冯根福. 贸易、FDI、无形技术外溢与中国技术进步 [J]. 管理世界, 2012 (9): 49-60.

[19] 黎峰. 国内专业化分工是否促进了区域协调发展? [J]. 数量经济技术经济研究, 2018, 35 (12): 81-99.

[20] 黎峰. 双重价值链嵌入下的中国省级区域角色: 一个综合理论分析框架 [J]. 中国工业经济, 2020 (1): 136-154.

[21] 黎峰. 增加值视角下的中国国家价值链分工: 基于改进的区域投入产出模型 [J]. 中国工业经济, 2016 (3): 52-67.

[22] 李跟强, 潘文卿. 国内价值链如何嵌入全球价值链: 增加值的视角 [J]. 管理世界, 2016 (7): 10-22, 187.

[23] 李跟强, 潘文卿. 价值链嵌入与经济周期联动: 增加值的视角 [J]. 统计研究, 2019, 36 (9): 18-31.

[24] 李胜旗, 毛其淋. 制造业上游垄断与企业出口国内附加值: 来自中国的经验证据 [J]. 中国工业经济, 2017 (3): 101-119.

[25] 李苏苏, 张少华, 周鹏. 中国企业出口生产率优势的识别与分解研究 [J]. 数量经济技术经济研究, 2020, 37 (2): 48-69.

[26] 李小平, 朱钟棣. 国际贸易、R&D 溢出和生产率增长 [J]. 经济研究, 2006 (2): 31-43.

[27] 李秀芳, 施炳展. 补贴是否提升了企业出口产品质量? [J]. 中南财经政法大学学报, 2013 (4): 139-148.

[28] 李焱, 原毅军. 中国装备制造业价值链升级与技术创新的协调发展研究 [J]. 国际贸易, 2017 (6): 52-56.

[29] 林毅夫, 蔡昉, 李周. 比较优势与发展战略: 对"东亚奇迹"的再解释 [J]. 中国社会科学, 1999 (5): 4-20, 204.

[30] 林毅夫, 任若恩. 东亚经济增长模式相关争论的再探讨 [J]. 经济研究, 2007 (8): 4-12, 57.

[31] 凌丹, 张小云. 技术创新与全球价值链升级 [J]. 中国科技论坛, 2018 (10): 53-61, 100.

[32] 刘斌, 王乃嘉, 屠新泉. 贸易便利化是否提高了出口中的返回增加值 [J]. 世界经济, 2018, 41 (8): 103-128.

[33] 刘慧, 彭榴静, 陈晓华. 生产性服务资源环节偏好与制造业出口品国内增加值率 [J]. 数量经济技术经济研究, 2020, 37 (3): 86-104.

[34] 刘美玲, 黄文军. 进出口贸易、对外直接投资和国际技术溢出效应: 基于我国 1999~2012 年省际面板数据的实证 [J]. 工业技术经济, 2015, 34 (2): 48-54.

[35] 刘啟仁, 铁瑛. 企业雇佣结构、中间投入与出口产品质量变动之谜 [J]. 管理世界, 2020, 36 (3): 1-23.

[36] 刘维刚, 倪红福. 制造业投入服务化与企业技术进步: 效应及作用机制 [J]. 财贸经济, 2018, 39 (8): 126-140.

[37] 刘维林. 中国式出口的价值创造之谜: 基于全球价值链的解析 [J]. 世界经济, 2015, 38 (3): 3-28.

[38] 刘奕, 夏杰长. 全球价值链下服务业集聚区的嵌入与升级: 创意产业的案例分析 [J]. 中国工业经济, 2009 (12): 56-65.

[39] 刘志彪, 吴福象. "一带一路"倡议下全球价值链的双重嵌入 [J]. 中国社会科学, 2018 (8): 17-32.

[40] 刘志彪, 张杰. 全球代工体系下发展中国家俘获型网络的形成、突破与对策: 基于 GVC 与 NVC 的比较视角 [J]. 中国工业经济, 2007 (5): 39-47.

[41] 刘志彪, 张少军. 中国地区差距及其纠偏: 全球价值链和国内价值链的视角 [J]. 学术月刊, 2008 (5): 49-55.

[42] 刘遵义, LEONARD K CHENG, K C FUNG. 非竞争型投入占用产出模型及其应用: 中美贸易顺差透视 [J]. 中国社会科学, 2007 (5):

91-103，206-207.

［43］鲁晓东，连玉君. 中国工业企业全要素生产率估计：1999—2007 ［J］. 经济学（季刊），2012，11（2）：541-558.

［44］罗长远，张军. 附加值贸易：基于中国的实证分析 ［J］. 经济研究，2014，49（6）：4-17，43.

［45］吕越，陈帅，盛斌. 嵌入全球价值链会导致中国制造的"低端锁定"吗？［J］. 管理世界，2018，34（8）：11-29.

［46］吕越，黄艳希，陈勇兵. 全球价值链嵌入的生产率效应：影响与机制分析 ［J］. 世界经济，2017，40（7）：28-51.

［47］吕越，盛斌，吕云龙. 中国的市场分割会导致企业出口国内附加值率下降吗 ［J］. 中国工业经济，2018（5）：5-23.

［48］马丹，何雅兴，张婧怡. 技术差距、中间产品内向化与出口国内增加值份额变动 ［J］. 中国工业经济，2019（9）：117-135.

［49］毛其淋，许家云. 贸易自由化与中国企业出口的国内附加值 ［J］. 世界经济，2019，42（1）：3-25.

［50］倪红福，夏杰长. 中国区域在全球价值链中的作用及其变化 ［J］. 财贸经济，2016（10）：87-101.

［51］潘文卿，李跟强. 垂直专业化、贸易增加值与增加值贸易核算：全球价值链背景下基于国家（地区）间投入产出模型方法综述 ［J］. 经济学报，2014，1（4）：188-207.

［52］潘文卿，李跟强. 中国区域的国家价值链与全球价值链：区域互动与增值收益 ［J］. 经济研究，2018，53（3）：171-186.

［53］齐俊妍，王岚. 贸易转型、技术升级和中国出口品国内完全技术含量演进 ［J］. 世界经济，2015，38（3）：29-56.

［54］邵朝对，李坤望，苏丹妮. 国内价值链与区域经济周期协同：来自中国的经验证据 ［J］. 经济研究，2018，53（3）：187-201.

［55］邵朝对，苏丹妮. 产业集聚与企业出口国内附加值：GVC 升级的本地化路径 ［J］. 管理世界，2019，35（8）：9-29.

［56］邵朝对，苏丹妮. 全球价值链生产率效应的空间溢出 ［J］. 中国工业经济，2017（4）：94-114.

［57］沈国兵，袁征宇. 互联网化对中国企业出口国内增加值提升的影响 ［J］. 财贸经济，2020，41（7）：130-146.

[58] 盛斌，毛其淋. 贸易开放、国内市场一体化与中国省际经济增长：1985—2008 年 [J]. 世界经济，2011（11）：44-66.

[59] 盛斌，毛其淋. 贸易自由化、企业成长和规模分布 [J]. 世界经济，2015，38（2）：3-30.

[60] 施炳展，张雅睿. 贸易自由化与中国企业进口中间品质量升级 [J]. 数量经济技术经济研究，2016，33（9）：3-21.

[61] 史本林，孟德友，万年庆. 高速公路网构建对河南城市辐射场空间格局的影响分析 [J]. 经济地理，2014，34（1）：75-81.

[62] 苏丹妮，盛斌，邵朝对，等. 全球价值链、本地化产业集聚与企业生产率的互动效应 [J]. 经济研究，2020，55（3）：100-115.

[63] 苏丹妮，盛斌，邵朝对. 国内价值链、市场化程度与经济增长的溢出效应 [J]. 世界经济，2019，42（10）：143-168.

[64] 苏志庆，陈银娥. 知识贸易、技术进步与经济增长 [J]. 经济研究，2014，49（8）：133-145，157.

[65] 唐未兵，傅元海，王展祥. 技术创新、技术引进与经济增长方式转变 [J]. 经济研究，2014，49（7）：31-43.

[66] 唐宜红，张鹏杨. 中国企业嵌入全球生产链的位置及变动机制研究 [J]. 管理世界，2018，34（5）：28-46.

[67] 田开兰，祝坤福，杨翠红. 中国出口比较优势分析：基于不同贸易方式生产异质性的研究 [J]. 中国管理科学，2017，25（9）：1-10.

[68] 田巍，余淼杰. 中间品贸易自由化和企业研发：基于中国数据的经验分析 [J]. 世界经济，2014，37（6）：90-112.

[69] 王兵，颜鹏飞. 技术效率、技术进步与东亚经济增长：基于 APEC 视角的实证分析 [J]. 经济研究，2007（5）：91-103.

[70] 王贵东. 1996—2013 年中国制造业企业 TFP 测算 [J]. 中国经济问题，2018（4）：88-99.

[71] 王杰，刘斌. 环境规制与企业全要素生产率：基于中国工业企业数据的经验分析 [J]. 中国工业经济，2014（3）：44-56.

[72] 王金照，王金石. 工业增加值率的国际比较及启示 [J]. 经济纵横，2012（8）：30-35.

[73] 王岚. 融入全球价值链对中国制造业国际分工地位的影响 [J]. 统计研究，2014，31（5）：17-23.

［74］王直，魏尚进，祝坤福. 总贸易核算法：官方贸易统计与全球价值链的度量［J］. 中国社会科学，2015（9）：108-127，205-206.

［75］王孝松，吕越，赵春明. 贸易壁垒与全球价值链嵌入：以中国遭遇反倾销为例［J］. 中国社会科学，2017（1）：108-124，206-207.

［76］王小霞，蒋殿春，李磊. 最低工资上升会倒逼制造业企业转型升级吗？：基于专利申请数据的经验分析［J］. 财经研究，2018，44（12）：126-137.

［77］王玉燕，林汉川，吕臣. 全球价值链嵌入的技术进步效应：来自中国工业面板数据的经验研究［J］. 中国工业经济，2014（9）：65-77.

［78］王章名. 技术进步与环境变化交互作用的空间计量分析［D］. 成都：西南交通大学，2018.

［79］王振国，张亚斌，单敬，等. 中国嵌入全球价值链位置及变动研究［J］. 数量经济技术经济研究，2019，36（10）：77-95.

［80］王志刚，龚六堂，陈玉宇. 地区间生产效率与全要素生产率增长率分解（1978—2003）［J］. 中国社会科学，2006（2）：55-66，206.

［81］王志平. 生产效率的区域特征与生产率增长的分解：基于主成分分析与随机前沿超越对数生产函数的方法［J］. 数量经济技术经济研究，2010，27（1）：33-43，94.

［82］魏悦羚，张洪胜. 进口自由化会提升中国出口国内增加值率吗：基于总出口核算框架的重新估计［J］. 中国工业经济，2019（3）：24-42.

［83］文东伟. 全球价值链分工与中国的贸易失衡：基于增加值贸易的研究［J］. 数量经济技术经济研究，2018，35（11）：39-57.

［84］吴楚豪，王恕立. 省际经济融合、省际产品出口技术复杂度与区域协调发展［J］. 数量经济技术经济研究，2019，36（11）：121-139.

［85］吴小康，于津平. 进口国通关成本对中国出口的影响［J］. 世界经济，2016，39（10）：103-126.

［86］夏明，张红霞. 跨国生产、贸易增加值与增加值率的变化：基于投入产出框架对增加值率的理论解析［J］. 管理世界，2015（2）：32-44.

［87］肖宇，夏杰长，倪红福. 中国制造业全球价值链攀升路径［J］. 数量经济技术经济研究，2019，36（11）：40-59.

［88］谢锐，王菊花，王振国. 全球价值链背景下中国产业国际竞争力动态变迁及国际比较［J］. 世界经济研究，2017（11）：100-111，137.

[89] 徐淑丹. 中国城市的资本存量估算和技术进步率：1992—2014 年 [J]. 管理世界, 2017 (1)：17-29, 187.

[90] 徐长生. 要素价格市场化与供给侧结构性改革 [J]. 经济评论, 2020 (6)：3-10.

[91] 许和连, 成丽红, 孙天阳. 制造业投入服务化对企业出口国内增加值的提升效应：基于中国制造业微观企业的经验研究 [J]. 中国工业经济, 2017 (10)：62-80.

[92] 颜鹏飞, 王兵. 技术效率、技术进步与生产率增长：基于 DEA 的实证分析 [J]. 经济研究, 2004 (12)：55-65.

[93] 杨飞. 南北贸易与技能偏向性技术进步：兼论中国进出口对前沿技术的影响 [J]. 国际经贸探索, 2014, 30 (1)：4-16.

[94] 杨振兵. 有偏技术进步视角下中国工业产能过剩的影响因素分析 [J]. 数量经济技术经济研究, 2016, 33 (8)：30-46.

[95] 于斌斌, 陈露. 新型城镇化能化解产能过剩吗？ [J]. 数量经济技术经济研究, 2019, 36 (1)：22-41.

[96] 于春海, 常海龙. 再论我国制造业增加值率下降的原因：基于 WIOD 数据的分析 [J]. 经济理论与经济管理, 2015 (2)：20-30.

[97] 余丽丽, 彭水军. 中国区域嵌入全球价值链的碳排放转移效应研究 [J]. 统计研究, 2018, 35 (4)：16-29.

[98] 余淼杰. 中国的贸易自由化与制造业企业生产率 [J]. 经济研究, 2010, 45 (12)：97-110.

[99] 余淼杰, 金洋, 张睿. 工业企业产能利用率衡量与生产率估算 [J]. 经济研究, 2018, 53 (5)：56-71.

[100] 余淼杰, 袁东. 贸易自由化、加工贸易与成本加成：来自我国制造业企业的证据 [J]. 管理世界, 2016 (9)：33-43, 54.

[101] 余泳泽, 张妍. 我国高技术产业地区效率差异与全要素生产率增长率分解：基于三投入随机前沿生产函数分析 [J]. 产业经济研究, 2012 (1)：44-53.

[102] 余泳泽. 异质性视角下中国省际全要素生产率再估算：1978—2012 [J]. 经济学（季刊）, 2017, 16 (3)：1051-1072.

[103] 袁凯华, 彭水军. 中国加工贸易的价值攀升：嵌入 NVC 会优于 GVC 吗 [J]. 统计研究, 2017, 34 (8)：32-43.

[104] 张鹏杨, 唐宜红. FDI 如何提高我国出口企业国内附加值?: 基于全球价值链升级的视角 [J]. 数量经济技术经济研究, 2018, 35 (7): 79-96.

[105] 张红霞, 夏明. 分工和技术进步对增加值率的影响: 基于投入产出技术的分析 [J]. 管理评论, 2018, 30 (5): 29-38, 46.

[106] 张会清, 翟孝强. 中国参与全球价值链的特征与启示: 基于生产分解模型的研究 [J]. 数量经济技术经济研究, 2018, 35 (1): 3-22.

[107] 张杰, 陈志远, 刘元春. 中国出口国内附加值的测算与变化机制 [J]. 经济研究, 2013, 48 (10): 124-137.

[108] 张杰, 郑文平, 陈志远, 等. 进口是否引致了出口: 中国出口奇迹的微观解读 [J]. 世界经济, 2014, 37 (6): 3-26.

[109] 张杰, 郑文平, 陈志远. 进口与企业生产率: 中国的经验证据 [J]. 经济学 (季刊), 2015, 14 (3): 1029-1052.

[110] 张少军, 刘志彪. 互动全球价值链和国内价值链 [N]. 中国社会科学报, 2013-04-03.

[111] 赵桐, 宋之杰. 中国装备制造业的双重价值链分工: 基于区域总产出增加值完全分解模型 [J]. 国际贸易问题, 2018 (11): 74-89.

[112] 赵志耘, 吕冰洋, 郭庆旺, 等. 资本积累与技术进步的动态融合: 中国经济增长的一个典型事实 [J]. 经济研究, 2007 (11): 18-31.

[113] 周黎安, 张维迎, 顾全林, 等. 企业生产率的代际效应和年龄效应 [J]. 经济学 (季刊), 2007 (4): 1297-1318.

[114] 周琢, 祝坤福. 外资企业的要素属权结构与出口增加值的收益归属 [J]. 中国工业经济, 2020 (1): 118-135.

[115] 诸竹君, 黄先海, 余骁. 进口中间品质量、自主创新与企业出口国内增加值率 [J]. 中国工业经济, 2018 (8): 116-134.

[116] ACKERBERG D, CAVES K, FRAZER G. Structural identification of production functions [J]. MPRA Paper, 2006, 88 (453): 411-425.

[117] ACS Z J, AUDRETSCH D B. Innovation in large and small firms: an empirical analysis [J]. The American economic review, 1988 (12): 678-690.

[118] AGHION P, BLUNDELL R, GRIFFITH R, HOWITT P, et al. The effects of entry on incumbent innovation and productivity [J]. The Review of E-

conomics and Statistics, 2009, 91 (1): 20-32.

[119] AIGNER D, LOVELL C K, SCHMIDT P. Formulation and estimation of stochastic frontier production function models [J]. Journal of Econometrics, 1997, 6 (1): 21-37.

[120] ALFARO L, CHARLTON A. Intra-industry foreign direct investment [J]. American Economic Review, 2009 (5): 99-102.

[121] ALFARO L, ANTRàS P, CHOR D, ET AL. Internalizing global value chains: a firm-level analysis [J]. Journal of political economy, 2019, 127 (2): 509-559.

[122] ALVIAREZ V. Multinational production and comparative advantage [J]. Journal of international economics, 2019 (119): 1-54.

[123] AMIGHINI A. China in the international fragmentation of production: evidence from the ict industry [J]. KITeS working papers, 2004 (2): 203-219.

[124] AMITI M, KHANDELWAL A. Does import competition improve the quality of domestic goods? [J]. Federal reserve bank of New York, 2013 (4): 8.

[125] AMITI M, KHANDELWAL A K. Import competition and quality upgrading [J]. Review of Economics and Statistics, 2013, 95 (2): 476-490.

[126] ANTRÀS P, CHOR D, FALLY T, ET AL. Measuring the upstreamness of production and trade flows [J]. American economic review, 2012, 102 (3): 412-416.

[127] ANTRÀS P, CHOR D. Organizing the global value chain [J]. Econometrica, 2013, 81 (6): 2127-2204.

[128] ANTRÀS P, CHOR D. On the measurement of upstreamness and downstreamness in global value chains [J]. National bureau of economic research, 2018 (24): 185.

[129] ANTRÀS P, GORTARI A. On the geography of global value chains [J]. Econometrica, 2020, 88 (4): 1553-1598.

[130] ARNDT S W, KIERZKOWSKI H. Fragmentation: New production patterns in the world economy [J]. OUP Oxford, 2001.

[131] ARKOLAKIS C, RAMONDO N, RODRíGUEZ-CLARE A, ET AL. Innovation and production in the global economy [J]. American economic review, 2018, 108 (8): 2128-2173.

[132] BANKER R D, CHARNES A, COOPER W. Some models for estimating technical and scale inefficiencies in data envelopment analysis [J]. Management science, 1984, 30 (9): 1078-1092.

[133] BAS M, STRAUSS-KAHN V. Input-trade liberalization, export prices and quality upgrading [J]. Journal of international economics, 2015, 95 (2): 250-262.

[134] BASU S, FERNALD J G, KIMBALL M S. Are technology improvements contractionary? [J]. American economic review, 2006, 96 (5): 1418-1448.

[135] BECKER S O, EGGER P H. Endogenous product versus process innovation and a firm's propensity to export [J]. Empirical economics, 2013, 44 (1): 329-354.

[136] BEVERELLI C, STOLZENBURG V, KOOPMAN R B. National value chains as stepping stones to global value chain integration [J]. World economy, 2019, 42 (5): 1467-1494.

[137] BEVERELLI C, NEUMUELLER S, TEH R. Export diversification effects of the WTO trade facilitation agreement [J]. World development, 2015 (76): 293-310.

[138] BORIN A, MANCINI M. Follow the value added: Tracking bilateral relations in global value chains [J]. MPRA Paper, 2017.

[139] BRADY D, KAYA Y, GEREFFI G. Stagnating industrial employment in Latin America [J]. Work and occupations, 2011, 38 (2): 179-220.

[140] CHARNES A, COOPER W., RHODES E. Measuring the efficiency of decision making units [J]. European journal of operational research, 1978, 2 (6): 429-444.

[141] CHEN X, CHENG L K, FUNG K C, ET AL. Domestic value added and employment generated by chinese exports: A quantitative estimation [J]. China Economic Review, 2012, 23 (4): 850-864.

[142] CHEN X, CHENG L, FUNG K C, ET AL. The estimation of domestic value-added and employment induced by exports: An application to Chinese exports to the United States [J]. In China and Asia: Economic and financial interactions, 2008.

[143] COE D T, HELPMAN E, HOFFMAISTER A W. North-south R & D spillovers [J]. The economic journal, 1997, 107 (440): 134-149.

[144] CONCONI P, GARCÍA-SANTANA M, PUCCIO L, ET AL. From final goods to inputs: The protectionist effect of rules of origin [J]. American Economic Review, 2018, 108 (8): 2335-2365.

[145] GIOVANNI J, LEVCHENKO A. Country size, international trade, and aggregate fluctuations in granular economies [J]. Journal of Political Economy, 2012, 120 (6): 1083-1132.

[146] DIETZENBACHER E, ROMERO I. Production chains in an interregional framework: identification by means of average propagation lengths [J]. International Regional Science Review, 2007, 30 (4): 362-383.

[147] DIETZENBACHER E, ROMERO I, BOSMA N S, ET AL. Using average propagation lengths to identify production chains in the Andalusian Economy [J]. Estudios De Economía Aplicada, 2005.

[148] DIETZENBACHER, ERIK, ROBERT, ET AL. The construction of world input-output tables in the wiod project [J]. Economic Systems Research, 2013.

[149] DRAPER D. Assessment and propagation of model uncertainty [J]. Journal of the Royal Statistical Society, 1995, 57 (1): 31-35.

[150] EATON J, KORTUM S, NEIMAN B, ET AL. Trade and the global recession [J]. American Economic Review, 2016, 106 (11): 3401-3438.

[151] EDMOND C, MIDRIGAN V, XU D Y. Competition, markups, and the gains from international trade [J]. American Economic Review, 2015, 105 (10): 3183-3221.

[152] ESCAITH H, INOMATA S. The evolution of industrial networks in East Asia: Stylized facts and role of trade facilitation policies [J]. Production Networks and Enterprises in East Asia: Industry and Firm-level Analysis, 2016: 113-138.

[153] ETHIER W J. National and international returns to scale in the modern theory of international trade [J]. The American Economic Review, 1982, 72 (3): 389-405.

[154] EVENSON R E, SINGH L. Economic growth, international technological spillovers and public policy: theory and empirical evidence from asia [J]. Working Papers, 1997.

[155] FALLY T. On the Fragmentation of Production in the US [M]. University of Colorado mimeo, 2011.

[156] FALLY T. Production staging: measurement and facts [J]. Boulder, Colorado, University of Colorado Boulder, 2012 (5): 155-168.

[157] FAN H, LI Y A, YEAPLE S R. Trade liberalization, quality, and export prices [J]. The Review of Economics and Statistics, 2015, 97 (5): 1033-1051.

[158] FÄRE R, GROSSKOPF S. Malmquist productivity indexes and Fisher ideal indexes [J]. The Economic Journal, 1992, 102 (410): 158-160.

[159] FARRELL M J. The measurement of productive efficiency [J]. Journal of the Royal Statistical Society: Series A (General), 1957, 120 (3): 253-281.

[160] GARCIA-MARIN A. Exporting and plant-level efficiency gains: It's in the measure [J]. Journal of Political Economy, 2019, 127 (4): 1777-1825.

[161] GEREFFI G. Global commodity chains: New forms of coordination and control among nations and firms in international industries [J]. Competition & Change, 1996, 1 (4): 427-439.

[162] GEREFFI G. International trade and industrial upgrading in the apparel commodity chain [J]. Journal of International Economics, 1999, 48 (1): 37-70.

[163] GEREFFI G, KAPLINSKY R. Introduction: Globalisation, value chains and development [J]. IDS Bulletin, 2001, 32 (3): 1-8.

[164] GOLDBERG P K, KHANDELWAL A, PAVCNIK N, ET AL. Imported intermediate inputs and domestic product growth: Evidence from India

[J]. The Quarterly Journal of Economics, 2010, 125 (4): 1727-1767.

[165] GOLDSMITH R W. A perpetual inventory of national wealth [J]. In Studies in Income and Wealth, 1951 (14): 5-73.

[166] GROSSMAN, HELPMAN. Trade, knowledge spillovers, and growth [J]. European Economic Review, 1991, 35 (2-3): 517-526.

[167] HASHMI A R. Competition and innovation: The inverted-U relationship revisited [J]. Review of Economics and Statistics, 2013, 95 (5): 1653-1668.

[168] HECKSCHER E F. The effect of foreign trade on the distribution of income [M]. Ekonomisk Tidskrift, 1919: 497-512.

[169] HSIEH C T, KLENOW P J. Misallocation and manufacturing TFP in China and India [J]. The Quarterly Journal of Economics, 2009, 124 (4): 1403-1448.

[170] HU A G, JEFFERSON G H. A great wall of patents: What is behind China's recent patent explosion? [J]. Journal of Development Economics, 2009, 90 (1): 57-68.

[171] HUMMELS D, ISHII J, YI K M. The nature and growth of vertical specialization in world trade [J]. Journal of International Economics, 2001, 54 (1): 75-96.

[172] ISLAM N. Growth empirics: A panel data approach [J]. The Quarterly Journal of Economics, 1995, 110 (4): 1127-1170.

[173] JAMES L, AMIL P. Estimating production functions using inputs to control for unobservables [J]. Review of Economic Studies, 2010 (2): 317-341.

[174] JOHNSON R C, NOGUERA G. Accounting for intermediates: Production sharing and trade in value added [J]. Journal of International Economics, 2012, 86 (2): 224-236.

[175] KEE H L, TANG H. Domestic value added in exports: Theory and firm evidence from china [J]. American Economic Review, 2016, 106 (6): 1402-1436.

[176] KELLER W. International technology diffusion [J]. Journal of Economic Literature, 2004, 42 (3): 752-782.

[177] KOGUT B. Designing global strategies: Comparative and competitive value-added chains [J]. Sloan Management Review, 1985, 26 (4): 15.

[178] KOOPMAN R, WANG Z, WEI S J. How much of Chinese exports is really made in China? Assessing domestic value-added when processing trade is pervasive [J]. National Bureau of Economic Research, 2008.

[179] KOOPMAN R, POWERS W, WANG Z, ET AL. Give credit where credit is due: tracing value added in global production chains [J]. NBER Working Papers, 2010.

[180] KOOPMAN R, WANG Z, WEI S J. Estimating domestic content in exports when processing trade is pervasive [J]. Journal of Development Economics, 2012, 99 (1): 178-189.

[181] KOOPMAN R, WANG Z, WEI S J. Tracing value-added and double counting in gross exports [J]. American Economic Review, 2014, 104 (2): 459-94.

[182] KRUGMAN P. The myth of Asia's miracle [J]. Foreign Affairs, 1994: 62-78.

[183] KRUGMAN P R. Increasing Peturns and the Theory of International Trade, 1985.

[184] KRUGMAN P R. The return of depression economics [M]. WW Norton & Company, 2000.

[185] KUMBHAKAR S C, LOVELL C K. Stochastic frontier analysis [M]. Cambridge university press, 2003.

[186] LAU L J, TANG J. The impact of U.S. imports from china on U.S. consumer prices and expenditures [J]. SSRN Electronic Journal, 2018.

[187] LEAMER E E. Let's take the con out of econometrics [J]. American Economic Review, 1983: 73.

[188] LEVINE R E, RENELT D. A sensitivity analysis of cross-country growth regressions [J]. American Economic Review, 1992, 82 (4): 942-963.

[189] LOPRESTI J. Multiproduct firms and product scope adjustment in trade [J]. Journal of International Economics, 2016 (100): 160-173.

[190] LOS B, TIMMER M P. Tracing value-added and double counting in

gross exports: comment [J]. American Economic Review, 2016, 106 (7): 58-66.

[191] LUCAS. On the mechanics of economic development [J]. Journal of Monetary Economics, 1988, 22 (1): 3-42.

[192] MA H, WANG Z, ZHU K. Domestic content in China's exports and its distribution by firm ownership [J]. Journal of Comparative Economics, 2015, 43 (1): 3-18.

[193] MADSEN J B. Technology spillover through trade and TFP convergence: 135 years of evidence for the OECD countries [J]. Journal of International Economics, 2007, 72 (2): 464-480.

[194] MALMQUIST S. Index numbers and indifference surfaces [J]. Trabajos De Estadística, 1953, 4 (2): 209-242.

[195] MCCAIG B, PAVCNIK N. Export markets and labor allocation in a low-income country [J]. American Economic Review, 2018, 108 (7): 1899 -1941.

[196] MEEUSEN W, JULIEN V. Efficiency estimation from cobb-douglas production functions with composed error [J]. International Economic Review, 1977: 18.

[197] MELITZ M J. The impact of trade on intra-industry reallocations and aggregate industry productivity [J]. Econometrica, 2003, 71 (6): 1695 - 1725.

[198] MENG B, WANG Z, KOOPMAN R. How are global value chains fragmented and extended in china's [J]. Domestic Production Networks?. IDE Discussion Papers, 2013.

[199] MENG B, FANG Y, GUO J, ET AL. Measuring China's domestic production networks through trade in value-added perspectives [J]. Economic Systems Research, 2017, 29 (1): 48-65.

[200] MILLER R E, TEMURSHOEV U. Output upstreamness and input downstreamness of industries/countries in world production [J]. Social Science Research Network, 2015.

[201] MIROUDOT, SéBASTIEN, YE M. Decomposition of value-added in gross exports: Unresolved issues and possible solutions [J]. MPRA Paper,

2017.

[202] MUDAMBI R. Location, control and innovation in knowledge-intensive industries [J]. Journal of Economic Geography, 2008, 8 (5): 699-725.

[203] MUDAMBI R, PUCK J. A global value chain analysis of the "regional strategy" perspective [J]. Journal of Management Studies, 2016, 53 (6): 1076-1093.

[204] MURADOV K. Determinants of country positioning in global value chains [J]. In 25th International Input-Output Conference, 2017 (6): 19-23.

[205] OHLIN B. Interregional and international trade [M]. Harvard University Press, 1935.

[206] OLLEY G S, PAKES A. The dynamics of productivity in the telecommunications equipment industry [J]. Econometrica, 1996, 64 (6): 1263.

[207] PARSLEY D C, WEI S J. Convergence to the law of one price without trade barriers or currency fluctuations [J]. The Quarterly Journal of Economics, 1996, 111 (4): 1211-1236.

[208] PARSLEY D C, WEI S J. Limiting currency volatility to stimulate goods market integration: A price based approach [J]. National Bureau of Economic Research, 2001.

[209] PASCALI L. The wind of change: Maritime technology, trade, and economic development [J]. American Economic Review, 2017, 107 (9): 2821-2854.

[210] PERKINS C, HODSON O, HARDMAN V. A survey of packet loss recovery techniques for streaming audio [J]. IEEE Network, 1998, 12 (5): 40-48.

[211] PERLA J, TONETTI C, WAUGH M E. Equilibrium technology diffusion, trade, and growth [J]. American Economic Review, 2021, 111 (1): 73-128.

[212] PETRIN L A. Estimating production functions using inputs to control for unobservables [J]. The Review of Economic Studies, 2003, 70 (2): 317-341.

[213] PORTER M E. Competitive advantage: Creating and sustaining superior performance [M]. Free Press, 1985.

[214] PORTER M E, STERN S. Ranking national innovative capacity: Findings from the national innovative capacity index [J]. The Global Competitiveness Report, 2004: 91-115.

[215] QING L, LU. Firm investment and exporting: Evidence from china's value-added tax reform [J]. Journal of international economics, 2015.

[216] RESTUCCIA D, ROGERSON R. Policy distortions and aggregate productivity with heterogeneous establishments [J]. Review of economic dynamics, 2008, 11 (4): 707-720.

[217] RICARDO D. Principles of political economy and taxation [M]. G. Bell, 1913.

[218] RIVERA B, CURRAIS L. Public health capital and productivity in the Spanish regions: A dynamic panel data model [J]. World development, 2004, 32 (5): 871-885.

[219] RIVERA B, L A, ROMER P M. Economic integration and endogenous growth [J]. The Quarterly Journal of Economics, 1991, 106 (2): 531-555.

[220] ROMER P M. Increasing returns and long-run growth [J]. Journal of political economy, 1986, 94 (5): 1002-1037.

[221] ROMER P M. Beyond the Knowledge [J]. Knowledge and strategy, 2009: 69.

[222] SCHUMPETER J A. Business cycles [M]. New York: McGraw-Hill, 1939 (1): 161-174.

[223] SCHUMPETER J A. Capitalism, socialism, and democracy [J]. American economic review, 1942, 3 (4): 594-602.

[224] SMITH A. The wealth of nations [M]. New York: The Modern Library, 1776.

[225] SOLOW R M. Technical change and the aggregate production function [J]. The review of Economics and Statistics, 1957: 312-320.

[226] STURGEON T J. How do we define value chains and production networks? [J]. IDS bulletin, 2001, 32 (3): 9-18.

[227] TOMBE T. The Missing Food Problem: Trade, Agriculture, and International Productivity Differences [J]. American economic journal: macroeconomics, 2015, 7 (3): 226-258.

[228] UPWARD R, WANG Z, ZHENG J. Weighing China's export basket: The domestic content and technology intensity of Chinese exports [J]. Journal of comparative economics, 2013, 41 (2): 527-543.

[229] WANG Z, WEI S J, ZHU K. Quantifying international production sharing at the bilateral and sector levels [J]. Social Science Electronic Publishing, 2013 (7): 12.

[230] WANG Z, WEI S J, YU X, ET AL. Characterizing global value chains: Production length and upstreamness [J]. National bureau of economic research, 2017.

[231] WANG Z, WEI S J, YU X, ET AL. Measures of participation in global value chains and global business cycles [J]. Social science electronic publishing, 2017.

[232] YANG C, DIETZENBACHER E, PEI J, ET AL. Processing trade biases the measurement of vertical specialization in China [J]. Economic systems research, 2015, 27 (1): 60-76.

[233] ZELLNER A. On assessing prior distributions and bayesian regression analysis with g-prior distributions [J]. Bayesian inference & decision techniques, 1986 (6): 233-243.

附 录

附录1 国内区域间投入产出表18部门对应表

2002年21部门编号	2002年21部门名称	18部门	2007年、2010年30部门编号	2007年、2010年30部门名称	18部门	2012年42部门编号	2012年42部门名称	18部门
1	农业	1	1	农林牧渔业	1	1	农林牧渔产品和服务	1
2	采矿业	2	2	煤炭开采和洗选业	2	2	煤炭采选产品	2
3	食品加工业	3	3	石油和天然气开采业	2	3	石油和天然气开采产品	2
4	纺织业	4	4	金属矿采选业	2	4	金属矿采选产品	2
5	木材加工及家具制造业	5	5	非金属矿及其他矿采选业	2	5	非金属矿和其他矿采选产品	2
6	造纸、印刷及文化用品、玩具制造业	5	6	食品制造及烟草加工业	3	6	食品和烟草	3
7	石油加工业及炼焦	6	7	纺织业	4	7	纺织品	4
8	化学工业	7	8	纺织服装鞋帽皮革羽绒及其制品业	4	8	纺织服装鞋帽皮革羽绒及其制品	4
9	水泥、玻璃和陶瓷	8	9	木材加工及家具制造业	5	9	木材加工品和家具	5
10	钢铁及有色金属冶炼加工	9	10	造纸印刷及文教体育用品制造业	5	10	造纸印刷和文教体育用品	5
11	金属制品业	10	11	石油加工、炼焦及核燃料加工业	6	11	石油、炼焦产品和核燃料加工品	6
12	锅炉及其他专用设备制造业	11	12	化学工业	7	12	化学产品	7
13	运输设备制造业	12	13	非金属矿物制品业	8	13	非金属矿物制品	8
14	电机及家电制造业	13	14	金属冶炼及压延加工业	9	14	金属冶炼和压延加工品	9
15	通信设备、电子计算机制造业	14	15	金属制品业	10	15	金属制品	10
16	仪器仪表文化、办公用机械制造业	14	16	通用、专用设备制造业	11	16	通用设备	11
17	其他工业	14	17	交通运输设备制造业	12	17	专用设备	11
18	电力、热力、燃气、水的生产和供应业	15	18	电气机械及器材制造业	13	18	交通运输设备	12
19	建筑业	16	19	通信设备、计算机及其他电子设备制造业	14	19	电气机械和器材	13
20	运输业	17	20	仪器仪表及文化办公用机械制造业	14	20	通信设备、计算机和其他电子设备	14
21	服务业	18	21	其他制造业	5	21	仪器仪表	14
			22	电力、热力的生产和供应业	15	22	其他制造产品	5
			23	燃气及水的生产与供应业	15	23	废品废料	5

2002年 21部门 编号	2002年21部门名称	18 部门	2007年、 2010年 30部门 编号	2007年、2010年30部门名称	18 部门	2012年 42部门 编号	2012年 42部门 名称	18 部门
			24	建筑业	16	24	金属制品、机械和设备修理服务	14
			25	交通运输及仓储业	17	25	电力、热力的生产和供应	15
			26	批发零售业	18	26	燃气生产和供应	15
			27	住宿餐饮业	18	27	水的生产和供应	15
			28	租赁和商业服务业	18	28	建筑	16
			29	研究与试验发展业	18	29	批发和零售	19
			30	其他服务业	18	30	交通运输、仓储和邮政	17
						31	住宿和餐饮	18
						32	信息传输、软件和信息技术服务	18
						33	金融	18
						34	房地产	18
						35	租赁和商务服务	18
						36	科学研究和技术服务	18
						37	水利、环境和公共设施管理	18
						38	居民服务、修理和其他服务	18
						39	教育	18
						40	卫生和社会工作	18
						41	文化、体育和娱乐	18
						42	公共管理、社会保障和社会组织	18

附录2　世界投入产出表（WIOD）18部门对应表

WIOD 部门编号	WIOD 部门名称	18部门
1	Crop and animal production, hunting and related service activities	1
2	Forestry and logging	1
3	Fishing and aquaculture	1
4	Mining and quarrying	2
5	Manufacture of food products, beverages and tobacco products	3
6	Manufacture of textiles, wearing apparel and leather products	4
7	Manufacture of wood and of products of wood and cork, except furniture; manufacture of articles of straw and plaiting materials	5
8	Manufacture of paper and paper products	5

WIOD 部门编号	WIOD 部门名称	18 部门
9	Printing and reproduction of recorded media	5
10	Manufacture of coke and refined petroleum products	6
11	Manufacture of chemicals and chemical products	7
12	Manufacture of basic pharmaceutical products and pharmaceutical preparations	7
13	Manufacture of rubber and plastic products	7
14	Manufacture of other non-metallic mineral products	8
15	Manufacture of basic metals	9
16	Manufacture of fabricated metal products, except machinery and equipment	10
17	Manufacture of computer, electronic and optical products	14
18	Manufacture of electrical equipment	13
19	Manufacture of machinery and equipment n. e. c.	11
20	Manufacture of motor vehicles, trailers and semi-trailers	12
21	Manufacture of other transport equipment	12
22	Manufacture of furniture; other manufacturing	5
23	Repair and installation of machinery and equipment	14
24	Electricity, gas, steam and air conditioning supply	15
25	Water collection, treatment and supply	15
26	Sewerage; waste collection, treatment and disposal activities; materials recovery; remediation activities and other waste management services	5
27	Construction	16
28	Wholesale and retail trade and repair of motor vehicles and motorcycles	19
29	Wholesale trade, except of motor vehicles and motorcycles	19
30	Retail trade, except of motor vehicles and motorcycles	19
31	Land transport and transport via pipelines	17
32	Water transport	17
33	Air transport	17
34	Warehousing and support activities for transportation	17
35	Postal and courier activities	17

WIOD 部门编号	WIOD 部门名称	18 部门
36	Accommodation and food service activities	18
37	Publishing activities	18
38	Motion picture, video and television programme production, sound recording and music publishing activities; programming and broadcasting activities	18
39	Telecommunications	18
40	Computer programming, consultancy and related activities; information service activities	18
41	Financial service activities, except insurance and pension funding	18
42	Insurance, reinsurance and pension funding, except compulsory social security	18
43	Activities auxiliary to financial services and insurance activities	18
44	Real estate activities	18
45	Legal and accounting activities; activities of head offices; management consultancy activities	18
46	Architectural and engineering activities; technical testing and analysis	18
47	Scientific research and development	18
48	Advertising and market research	18
49	Other professional, scientific and technical activities; veterinary activities	18
50	Administrative and support service activities	18
51	Public administration and defence; compulsory social security	18
52	Education	18
53	Human health and social work activities	18
54	Other service activities	18
55	Activities of households as employers; undifferentiated goods- and services-producing activities of households for own use	18
56	Activities of extraterritorial organizations and bodies	18

附录3 区域嵌入国际的投入产出表的编制

第一，初值的确定。假设，ZC_{kL}^i 和 $YC_{kL}^{i, F}$ 分别表示海关统计中区域 k 部门 i 向国家 L 出口的中间产品和最终产品，ZC_{Kl}^j 和 $YC_{Kl}^{j, F}$ 分别表示海关统计中区域 l 部门 j 从国家 K 进口的中间产品和第 F 类最终产品，$F = \{F_1, F_2\}$，F_1 表示消费品，F_2 表示资本品。EZC_k^i 和 EYC_k^i 分别表示海关统计中区域 k 部门 i 出口的中间产品和最终产品，$EYC_k^i = EYC_k^{i, F1} + EYC_k^{i, F2}$。$MZ_l^j$ 和 $MYC_l^{j, F}$ 分别表示海关统计中区域 l 部门 j 进口的中间产品和第 F 类最终产品。ZW_{KL}^{ij} 表示 WIOD 中国家 K 部门 i 向国家 L 部门 j 出口的中间产品，$YW_{i, F}^{KL}$ 表示 WIOD 中国家 K 部门 i 向国家 L 出口的第 F 类最终产品。E_k^i 表示区域投入产出表中区域 k 部门 i 的总出口，MZ_l^j 表示区域 l 部门 j 进口的中间产品。$Z0_{kL}^{ij}$、$Y0_{kL}^{i, F}$ 分别表示区域 k 部门 i 向世界主要国家 L 部门 j 出口的中间产品和第 F 类最终产品的估算初值；$Z0_{ij}^{k, ROW}$、$Y0_{k, ROW}^{i, F}$ 分别表示区域 k 部门 i 向剩下的其他国家部门 j 出口的中间产品和第 F 类最终产品的估算初值。$Z0_{Kl}^{ij}$ 和 $Y0_{Kl}^{i, F}$ 分别表示区域 l 部门 j 从世界主要国家 K 进口的部门 i 的中间产品和第 F 类最终产品的估算初值；$Z0_{ROW, l}^{ij}$、$Y0_{ROW, l}^{i, F}$ 分别表示区域 l 部门 j 从剩下的其他国家进口的部门 j 的中间产品和第 F 类最终产品的估算初值。o_k^i 为其他项，X_k^i 为总产出，$X_k^{i'}$ 为 X_k^i 的倒数，V_k^i 为增加值，N 表示部门数，除区域外投入产出表还包含 $G-1$ 个国家或地区，假定中国为第 1 个国家，那么第 G 个国家为世界其他国家。S 表示中国的区域数。具体地，区域进出口以及国际间的数据初值计算如下：

①地区出口数据初值的确定。区域投入产出表能够提供中国各区域各部门的出口总值，若要进一步将其拆分为中国内部各地区对其他国家的中间产品和最终产品出口数据，则需要乘以海关统计的出口部门比例系数和 WIOD 的国家部门比例系数。第一步，利用海关数据得到中国各区域各部门向世界主要国家出口的中间产品和最终产品。第二步，利用第一步中得到的中国各区域各部门向世界主要国家出口的中间产品，按照 WIOD 中中国各部门向世界主要国家各部门出口的中间产品比重，进一步拆分得到中国各区域各部门向世界主要国家各部门出口的中间产品（见表1）。

表 1　地区出口部分初值的确定

项目			中间产品				最终产品			
			国家 2		国家 3		国家 2		国家 3	
			1	2	1	2	F1	F2	F1	F2
中间投入	地区 1	1	地区 i 部门 j 出口额×海关地区 i 部门 j 向国家 k 出口的中间产品比重×WIOD 中国向国家 k 部门 l 出口比重				地区 i 部门 j 出口额×海关地区 i 部门 j 向国家 k 出口的最终产品比重			
		2								
	地区 2	1								
		2								

$$ZO_{kL}^{ij} = \frac{EZC_k^i}{EZC_k^i + EYC_k^i} \times E_k^i \times \frac{ZC_{kL}^i}{EZC_k^i} \times \frac{ZW_{CHN, L}^{ij}}{\sum\limits_{j=1}^{N} ZW_{CHN, L}^{ij}} \qquad (1)$$

$$YO_{kL}^{i, F} = \frac{EYC_k^{i, F}}{EZC_k^i + EYC_k^i} \times E_k^i \times \frac{YC_{kL}^{i, F}}{EYC_k^{i, F}} \qquad (2)$$

$$ZO_{ij}^{k, ROW} = \frac{EZC_k^i}{EZC_k^i + EYC_k^i} \times E_k^i \times \frac{EZC_k^i - \sum\limits_{L=2}^{G-1} ZC_{kL}^i}{EZC_k^i} \times \frac{ZW_{CHN, ROW}^{ij}}{\sum\limits_{j=1}^{N} ZW_{CHN, ROW}^{ij}} \qquad (3)$$

$$YO_{k, ROW}^{i, F} = \frac{EYC_k^{i, F}}{EZC_k^i + EYC_k^i} \times E_k^i \times \frac{EYC_k^{i, F} - \sum\limits_{L=2}^{G-1} YC_{kL}^{i, F}}{EYC_k^{i, F}} \qquad (4)$$

②地区进口数据初值的确定。同样地，区域投入产出表能够提供中国各区域各部门从其他国家进口的中间产品，进口部分需要确定中国各区域各部门从其他国家各部门进口的中间产品，以及中国各区域从其他国家各部门进口的最终产品。对于进口的中间产品和最终产品，本书采用海关进口国和产品类型比例数据以及 WIOD 中国进口部门比例数据进行计算（见表 2）。

表 2　地区进口部分初值的确定

项目			中间产品				最终产品			
			地区 1		地区 2		地区 1		地区 2	
			1	2	1	2	F1	F2	F1	F2
中间投入	国家 2	1	地区 i 部门 j 的中间产品进口额× 海关地区 i 部门 j 从国家 k 进口的 中间产品比重×WIOD 中国向国家 k 部门 l 进口比重				海关地区 i 部门 j 从国家 k 的进口 最终产品			
		2								
	国家 3	1								
		2								

$$ZO_{Kl}^{ij} = MZ_l^j \times \frac{ZC_{Kl}^j}{\sum\limits_{j=1}^{N} ZC_{Kl}^j} \times \frac{ZW_{K,\,CHN}^{ij}}{\sum\limits_{j=1}^{N} ZW_{K,\,CHN}^{ij}} \qquad (5)$$

$$YO_{Kl}^{i,\,F} = YW_{k,\,CHN}^{i,\,F} \times \frac{\sum\limits_{j=1}^{N} YC_{Kl}^{j,\,F}}{\sum\limits_{l=1}^{s} \sum\limits_{j=1}^{N} YC_{Kl}^{j,\,F}} \qquad (6)$$

$$ZO_{ROW,\,l}^{ij} = MZ_l^j \times \frac{MZC_l^j - \sum\limits_{K=2}^{G-1} ZC_{Kl}^j}{\sum\limits_{j=1}^{N} \left(MZC_l^j - \sum\limits_{K=2}^{G-1} ZC_{Kl}^j \right)} \times \frac{ZW_{ROW,\,CHN}^{ij}}{\sum\limits_{j=1}^{N} ZW_{ROW,\,CHN}^{ij}} \qquad (7)$$

$$YO_{ROW,\,l}^{i,\,F} = YW_{ROW,\,CHN}^{i,\,F} \times \frac{\sum\limits_{j=1}^{N} \left(MYC_l^{j,\,F} - \sum\limits_{K=2}^{G-1} YC_{Kl}^{j,\,F} \right)}{\sum\limits_{l=1}^{s} \sum\limits_{j=1}^{N} \left(MYC_l^{j,\,F} - \sum\limits_{K=2}^{G-1} YC_{Kl}^{j,\,F} \right)} \qquad (8)$$

③国际部分初值的确定。由于其他国家之间的国际部分不涉及任何划分，因此相应数值直接采用经价格和汇率调整后的国际投入产出数据（见表3）。

表 3　国际部分初值的确定

项目			中间产品				最终产品				总产出
			国家 2		国家 3		国家 2		国家 3		
			1	2	1	2	F1	F2	F1	F2	
中间投入	国家 2	1	价格调整后的其他国家的原始值								
	国家 3	2									
初始投入											
总投入											

$$ZO_{KL}^{ij} = ZW_{KL}^{ij} \tag{9}$$

$$YO_{KL}^{i,\,F} = YW_{KL}^{i,\,F} \tag{10}$$

第二，行列关系的再平衡。利用海关数据和国际投入产出数据确定比例关系后，将区域投入产出表的进出口部分，国际间贸易部分进行补充，得到拓展的投入产出初值表。但该表并不完全满足投入产出表的行列平衡关系，因此，还需要通过约束优化算法进行优化平衡。本书采用二次规划进行优化，由于区域间的中间使用和最终使用数据为原始区域投入产出表数据，其他国家间的中间使用和最终使用数据为 WIOD 价格调整后的原始数据，这两部分能够准确反映区域之间、其他国家之间的投入产出联系，因此这两部分不做调整。区域进口和出口数据均源于海关和 WIOD 的比例推算，存在一定误差，因此对进出口最终和中间使用进行约束优化。

目标方程：

$$\min F = \underbrace{\sum_j \sum_i \sum_l \sum_K \frac{(Z_{Kl}^{ij} - ZO_{Kl}^{ij})^2}{ZO_{Kl}^{ij}}}_{\text{进口中间产品}} + \underbrace{\sum_j \sum_i \sum_k \sum_L \frac{(Z_{kL}^{ij} - ZO_{kL}^{ij})^2}{ZO_{kL}^{ij}}}_{\text{出口中间产品}}$$

$$\underbrace{\sum_F \sum_i \sum_l \sum_K \frac{(Y_{Kl}^{i,\,F} - YO_{Kl}^{i,\,F})^2}{YO_{Kl}^{i,\,F}}}_{\text{进口最终产品}} + \underbrace{\sum_F \sum_i \sum_k \sum_L \frac{(Y_{kL}^{i,\,F} - YO_{kL}^{i,\,F})^2}{YO_{kL}^{i,\,F}}}_{\text{出口最终产品}}$$

$$\tag{11}$$

约束条件：

①总投入＝总产出。投入产出表最基本关系为总投入等于总产出。从行来看，k 区域 i 部门生产的产品存在 4 种去向：供本区域和国内其他区域的中间使用和最终使用，供其他国家的中间使用和最终使用，这四部分加上其他项构成了区域部门层面的总产出。从列来看，k 区域 i 部门的中间使

用有三种来源：初始投入，本区域和国内其他区域对 k 区域 i 部门的中间投入，其他国家各部门对 k 区域 i 部门的中间投入。这三部分之和构成了总投入。其中，o_i^k 为其他项。

$$\sum_l \sum_j Z_{kl}^{ij} + \sum_L \sum_j Z_{kL}^{ij} + \sum_F \sum_l Y_{kl}^{i,\,F} + \sum_F \sum_L Y_{kL}^{i,\,F} + o_k^i = X_k^i$$

$$\sum_l \sum_j Z_{lk}^{ji} + \sum_L \sum_j Z_{Lk}^{ji} + V_k^i = X_k^{i\,'} \tag{12}$$

②总出口约束。区域投入产出表提供了中国各个区域各个部门的总出口数据，为保证新编制的区域嵌入国际的投入产出表总出口数据与原始区域表一致，本书约束中间产品出口和最终使用出口之和与原始区域表中间产品出口和最终使用出口之和相等。

$$\sum_L \sum_j Z_{kL}^{ij} + \sum_F \sum_L Y_{kL}^{i,\,F} = \sum_L \sum_j Z0_{kL}^{ij} + \sum_F \sum_L Y0_{kL}^{i,\,F} \tag{13}$$

③中间产品进口约束。区域投入产出表提供了中国各个区域各个部门的中间产品进口数据，为保证新编制的区域嵌入国际的投入产出表区域部门层面中间产品进口数据与原始区域表一致，本书约束各区域各部门进口的中间产品与原始区域表区域部门层面进口的中间产品相等。

$$\sum_L \sum_j Z_{Lk}^{ji} = \sum_L \sum_j Z0_{Lk}^{ji} \tag{14}$$

④最终消费品非负约束。最终消费包括居民和政府消费，反映了常住单位在一定时期内对于货物和服务的全部最终消费支出。因此消费支出应大于0。

$$Y_{kL}^{i,\,F_1} \geq 0, \quad Y_{Lk}^{i,\,F_1} \geq 0 \tag{15}$$

⑤中间产品非负约束。中间产品的投入使用反映了区域和国家之间的生产联系，如 k 区域 i 部门生产1单位产品，消耗的国家 L 部门 j 产品的数量，这一数值必然非负。因此约束进口和出口的中间产品大于等于0。

$$Z_{kL}^{ij} \geq 0, \quad Z_{Lk}^{ji} \geq 0 \tag{16}$$

附录4　区域嵌入国际的投入产出表的有效性检验
——基本特征分析

1. 区域分工特征

（1）整体层面。

本书以四年人均 GDP 的均值为横坐标，增加值率的均值为纵坐标，分别以各地区人均 GDP 和增加值率的均值对区域进行划分。所构成的散点图（见图 1）表明，30 个区域主要集中在第二、第四象限。贵州、云南、青海等西北地区主要集中在第二象限，经济发展水平较低，但增加值率较高，多属于西北地区。安徽、河北、河南等地区集中在第三象限，经济发展水平较低且增加值率较低，多属于中部地区；北京、天津、上海、江苏、浙江、广东等区域聚集在第四象限，经济发展水平较高但增加值率较低，多属于东部及沿海地区。这与张红梅等对出口省内增加值率和发展水平之间关系的研究具有相似之处。各区域增加值率与经济发展水平之间的关系表明，增加值率与经济发展水平之间并不存在同向关系。西北地区经济虽然落后，但具有较高的增加值率，东部等沿海发达地区经济发达，但增加值率较低。这说明，西北地区中间投入比重较少，主要依靠原材料等初始投入带动经济发展，更多地处于生产链条的上游，扮演着原材料提供者的角色。东部沿海等发达地区，虽然占据较好的地理优势，是中国参与国际生产分工的主力军。但自然资源并不具有优势，因此初始投入比重较小，中间投入比重较大。

从各区域的中间使用占比来看（见表 4），各区域总产出中用于本区域的中间使用占比在 39.27%~59.44%，平均占比为 46.47%，所有区域中新疆最低，山东最高，从不同区域来看，山东、江西、河南、四川、辽宁、湖北等区域中间产品供自身使用的比重较高。其次是供其他区域的中间使用，占比为 5.81%~21.25%，平均占比为 12.67%，其中四川最低，内蒙古最高，比较不同区域来看，陕西、内蒙古、河北、山西、新疆、天津、黑龙江等经济欠发达区域自身生产的中间产品用于其他区域进一步生产使用的比重较高，但经济发达的东部及沿海区域这一比重较小。中间使用中占比最小的为各区域出口的中间产品占比，范围在 1.39%~16.27%，平均占比为4.44%，青海最低，上海最高，所有区域中上海、广东、江苏、浙江、天津、福建、北京等经济发达的东部和沿海地区出口占比相对较大，东北及中西部区域出口中间产品占比较小。

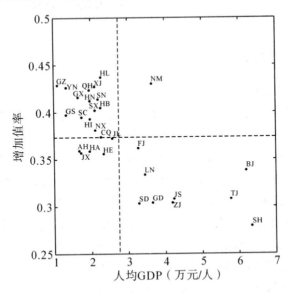

图1 增加值率与人均GDP

从各区域的最终使用占比来看（表4），各区域总产出中用于本区域的最终使用占比在18.63%~38.16%，平均占比为29.33%，青海、云南、湖北、甘肃、四川、广西、宁夏等区域自身最终使用比重较高，浙江、山东、河北、广东、江苏、天津、上海等区域自身使用比例则较低。各区域总产出中用于区域间的最终使用占比在0.99%~9.54%，平均占比为5.49%，吉林、陕西、安徽、重庆、天津、北京、湖南、上海等区域最终使用中用于区域间最终使用的比重较大，广东、山东、湖北、江西、山西、青海等地供区域间最终使用比重较小。各区域总产出中用于出口的最终使用占比在0.4%~6.1%，平均占比为1.65%，广东、福建、浙江、上海、北京、江苏、天津、山东等区域出口最终使用的比重较大，陕西、河南、青海、贵州、山西、宁夏、内蒙古等区域出口最终使用占比较小。

上述分析表明，不论是中间使用还是最终使用，供区域内、区域间和出口的中间使用和最终使用满足"区域内>区域间>出口"。平均来看，本区域生产供区域内的中间使用和最终使用比重超过70%，呈现出具有明显的本地偏好特征，特别是湖北、山东、四川等地区。东部沿海等经济发达区域的中间使用比重较小，中西部及东北地区区域间中间使用比重较大，但区域间最终使用并非如此，经济较发达的北京、天津、上海等区域共区域间最终使用比重较大，而同样是经济发达区域的广东，这一比重较小。出口的中间使用和最终使用呈现出东部及沿海经济发达区域出口比重较高而中西部及东北部地区出口比重较小的特征。这说明，即使经济发展水平相当，区域参与生产分工的模式也会存在较大差异。中西部及东北部地区更多地参与区域间的中间产品和最终产品贸易，表现出高区域间贸易和低出口贸易比重的特征。而东部及沿海区域更多的是参与国际贸易，特别是广东，参与区域间贸易的比重非常小，但参与国际贸易的比重很大，表现出低区域间贸易和高出口贸易比重的特征。不同的是，对于最终产品贸易，北京、天津和上海对其他区域的最终使用供给也排在前列，表现出高区域间最终使用和高出口最终使用比重的特征。

表4　区域层面：拓展的投入产出表各部分四年平均占比情况 单位:%

省份	增加值率	中间使用占比			最终使用占比		
		区域内	区域间	出口	区域内	区域间	出口
安徽	34.767 8	45.187 4	13.055 9	2.482 3	28.731 5	8.625 9	1.212 9
北京	33.565 2	45.398 3	10.586 7	8.238 8	26.492 3	7.423 6	2.703 8
福建	36.378 1	49.437 3	7.321 4	7.509 1	27.043 0	4.642 3	5.035 9
甘肃	38.911 6	42.468 2	15.790 7	1.914 5	34.873 3	4.408 4	0.735 4
广东	31.349 2	45.510 2	7.267 3	15.290 5	22.286 7	4.043 7	6.100 8
广西	41.225 8	43.600 7	12.117 4	2.142 3	34.993 1	6.001 3	1.057 0
贵州	43.151 2	41.923 2	15.327 0	1.947 9	34.210 9	5.716 7	0.569 2
海南	37.990 4	40.878 6	14.119 1	2.501 6	34.506 2	6.533 6	1.805 6
河北	35.173 2	48.304 2	18.715 3	2.643 2	23.198 4	6.214 6	0.718 5
河南	34.728 0	53.857 8	11.347 2	1.591 5	27.371 4	4.762 2	0.610 4
黑龙江	43.851 3	39.851 1	16.105 1	2.190 8	33.111 6	6.443 0	1.363 5
湖北	40.463 7	50.864 9	6.425 1	2.447 0	35.431 6	3.579 8	0.680 4
湖南	41.287 5	48.291 8	8.520 9	1.722 2	33.207 4	7.212 6	0.631 7
吉林	36.914 5	44.675 7	15.286 3	1.471 6	28.875 4	9.542 0	0.754 1
江苏	31.199 9	50.853 6	8.140 3	10.508 7	22.119 9	5.940 0	2.567 5

表4(续)

省份	增加值率	中间使用占比			最终使用占比		
		区域内	区域间	出口	区域内	区域间	出口
江西	33.440 6	54.103 2	9.945 8	2.433 3	28.383 4	3.261 8	1.057 3
辽宁	32.930 4	51.962 9	9.754 0	4.681 5	26.057 1	5.077 0	1.857 6
内蒙古	42.136 1	44.415 0	21.248 9	1.564 0	26.495 6	6.005 6	0.399 5
宁夏	37.991 4	43.292 1	16.427 8	2.241 8	34.065 3	3.510 1	0.397 7
青海	42.278 7	45.645 5	14.552 6	1.388 1	37.575 9	0.985 1	0.463 9
山东	29.132 3	59.444 4	6.157 7	4.062 7	23.524 4	4.192 0	2.147 8
山西	40.214 7	46.686 1	19.836 6	2.388 0	29.429 1	1.790 6	0.467 9
陕西	41.160 8	41.269 6	20.260 0	2.041 8	28.923 1	7.662 3	0.569 0
上海	28.236 9	43.857 0	10.846 8	16.267 3	18.631 9	6.875 9	4.234 6
四川	38.504 5	52.605 6	5.814 4	2.828 8	34.123 1	3.757 4	0.708 0
天津	31.600 4	44.382 3	16.753 7	8.616 9	20.602 1	8.001 7	2.249 2
新疆	42.613 7	39.268 3	17.426 1	3.855 5	33.150 7	4.027 7	2.118 6
云南	42.350 5	40.756 9	12.453 5	2.093 6	38.155 6	5.405 9	1.014 2
浙江	30.476 3	51.048 9	7.632 7	9.677 9	23.011 9	4.509 3	4.228 3
重庆	38.261 8	44.172 8	10.948 6	4.307 4	31.315 1	8.404 8	1.074 6

（2）区域间联系。

进一步从区域双边贸易层面，探索区域间中间产品的流动路径。表5显示了区域间中间产品的主要流向，表格的第1~5列分别表示行所对应的区域向其他区域流出中间产品时排在前五的区域，反映了行所对应的区域作为上游供应者其生产的中间产品的主要去向。结果表明，对大部分区域而言，区域间中间产品贸易的最主要目的地为江苏，部分区域则呈现地理聚集特征，北京生产的中间产品最主要的去向为与它地理相近的河北，黑龙江生产的中间产品流向辽宁的比重最大，浙江流向上海的中间产品比重最大。综合各区域中间产品流出比重最大的前五个区域可以发现，浙江、广东、上海、山东等地区也是各区域中间产品的主要流出地。结果表明，东部及沿海等经济发达地区是区域间中间产品的主要流出地，一方面原因在于经济发达地区具有较强的政策和区位优势，是中国各个区域对外贸易的桥梁，能够促进不具有地理优势的西北地区和东北部地区间接地参与国际贸易。此外，相对于经济发达地区，经济落后区域本身所具有的技术水平相对更低，自身较低的技术水平不足以进行更高技术水平的生产，因此西北地区等落后区域更多地处于生产分工的上游，生产后的中间产品将提供给经济发达区域进行进一步生产。

表5 2012年区域间中间产品主要流向 单位:%

省份	1	2	3	4	5
安徽	江苏(3.08)	广东(1.39)	浙江(1.35)	山东(1.27)	上海(1.15)
北京	河北(1.82)	河南(1.73)	江苏(1.71)	山东(1.66)	浙江(1.21)
福建	江苏(1.03)	浙江(0.79)	广东(0.79)	上海(0.68)	山东(0.6)
甘肃	江苏(2.99)	浙江(2.45)	上海(1.61)	山东(1.55)	广东(1.26)
广东	江苏(0.96)	浙江(0.65)	上海(0.65)	北京(0.55)	安徽(0.54)
广西	江苏(2.3)	广东(1.82)	浙江(1.57)	山东(1.52)	河南(0.95)
贵州	江苏(2.91)	浙江(2.22)	广东(1.94)	山东(1.73)	上海(1.28)
海南	山东(3.68)	广东(2.99)	上海(2.82)	内蒙古(2.79)	河南(2.37)
河北	江苏(3.26)	浙江(2.35)	山东(1.46)	广东(1.27)	安徽(1.11)
河南	江苏(2.5)	浙江(1.41)	上海(1.04)	广东(0.99)	北京(0.81)
黑龙江	辽宁(3.17)	上海(2.75)	江苏(2.59)	广东(2.34)	山东(2.18)
湖北	江苏(1.26)	广东(0.75)	浙江(0.62)	山东(0.59)	安徽(0.54)
湖南	江苏(1.5)	广东(1.41)	浙江(1)	山东(0.97)	河南(0.74)
吉林	江苏(1.52)	广东(1.39)	山东(0.82)	上海(0.77)	浙江(0.77)
江苏	广东(1.16)	上海(0.94)	安徽(0.88)	浙江(0.77)	河南(0.68)
江西	江苏(2.07)	浙江(1.48)	广东(1.05)	安徽(0.83)	山东(0.78)
辽宁	江苏(1.52)	上海(1.03)	浙江(0.94)	广东(0.75)	内蒙古(0.57)
内蒙古	江苏(5.1)	浙江(3.25)	广东(2.51)	山东(2.14)	上海(1.69)
宁夏	江苏(4.21)	浙江(3.06)	广东(2.29)	上海(1.81)	安徽(1.62)
青海	江苏(1.95)	浙江(1.84)	辽宁(1.38)	河南(1.35)	山东(1.3)
山东	江苏(0.89)	河南(0.84)	广东(0.8)	上海(0.68)	安徽(0.6)
山西	江苏(5.57)	浙江(3.3)	广东(2.63)	河北(2.34)	山东(2.31)
陕西	江苏(3.77)	浙江(2.39)	山东(2.36)	广东(2.13)	上海(1.93)

表5(续)

省份	1	2	3	4	5
上海	江苏(2.1)	浙江(2.08)	河南(1.66)	广东(1.65)	安徽(1.62)
四川	江苏(1.02)	广东(0.73)	浙江(0.46)	上海(0.37)	河南(0.35)
天津	江苏(2.82)	北京(2.05)	山东(1.74)	浙江(1.62)	河北(1.47)
新疆	江苏(3.42)	山东(2.98)	广东(2.88)	浙江(2.75)	上海(2.68)
云南	江苏(3.14)	浙江(2.52)	广东(1.73)	山东(1.52)	安徽(1.18)
浙江	上海(0.99)	江苏(0.9)	广东(0.73)	安徽(0.63)	河南(0.51)
重庆	江苏(2.1)	浙江(1.51)	广东(1.51)	山东(1.21)	上海(1.04)

注：括号中数值为 i（行）区域向 j（列）区域流出中间产品占 i 区域向所有区域流出的中间产品的比重（单位:%）。

2. 产业结构特征

（1）整体层面。

表 6 显示了 2002—2012 年各个部门增加值率以及总产出各部分的平均占比情况。由结果可知，服务业（56.31%）、农林牧渔业（58.73%）、采掘业（46.58%）、运输仓储邮政业（41.55%）等服务业部门和初级产品供应部门的增加值率较高，原因在于上述行业的中间投入比例较少，这些行业的高增加值率是由初始投入而非中间投入增长推动的产出增加（王燕飞，2018）。由表 6 可知，制造业部门的增加值率普遍较低，排在后几位的制造业有：金属制品业（22.91%）、运输设备业（22.81%）、金属加工业（20.53%）、电气机械业（20.65%）、电子通信业（19.94%）、燃料加工业（17.33%）。原因主要在于，相对于服务业和初级产品部门而言，制造业部门的中间投入比例较高，这使得制造业增加值率较服务业偏低，从现实情况和已有文献来看，不仅国内各区域如此，中国整体以及世界其他国家亦是如此，这属于普遍现象。

从总产出的不同构成所占比重来看，对于大部分行业的中间使用和最终使用占比而言，也满足"区域内>区域间>出口"。从中间产品占比来看，非金属制品业、金属加工业、化学制品业等行业的区域内和区域间中间使用比例较高，而通专用设备业、运输设备业、电气机械业、电子通信业等行业的区域内和区域间中间使用比例较低。相反，从出口占比来看，电子通信业（40.45%）、电气机械业（19.65%）、通专用设备业（11.01%）、金属制品业（10.80%）、纺织服装业（10.20%）等行业的出口占比较高，农林牧渔业（0.51%）、采掘业（0.48%）、食品加工业（0.19%）中间产品出口比重则较低。

从总产出的最终使用占比来看，建筑业（89.89%）、服务业（44.03%）的区域内最终使用占比较高，特别是建筑业具有很强的本地偏好属性。燃料加工业（1.92%）、非金属制品业（2.00%）等行业大部分以中间产品的形式供区域内使用，因此最终使用占比较低。区域间最终使用占比较高的行业主要集中在运输设备业（14.00%）、食品加工业（11.82%）、通专用设备业（11.29%）、农林牧渔业（7.60%）。出口的最终产品主要集中在纺织服装业（15.95%）、木制品业（11.36%）等技术含量较低的制造业部门，而电子通信业等技术含量较高的高技术制造业，以最终产品形式出口的比重几乎为0。

上述分析表明，非金属制品业、燃料加工业、采掘业等技术含量不高的制造业部门供区域内和区域间中间使用的比重在所有部门中相对较高，而类似于电子通信业、电气机械业、通专用设备业等技术含量较高的行业，生产的中间产品用于出口的比重在所有部门中相对较高。从最终产品来看，区域内最终使用集中在建筑业和住宿餐饮业这样的天然具有本地偏好属性的行业。区域间最终使用则集中在运输设备业、食品加工业等行业。出口的最终产品则主要集中在技术含量较低的纺织品和木材家具制造业等部门，高技术产品的出口比重极低。

表6　部门层面：拓展的投入产出表各部分四年平均占比情况 单位：%

部门简称	增加值率	中间使用占比			最终使用占比		
		区域内	区域间	出口	区域内	区域间	出口
农林牧渔业	58.728 7	52.624 7	11.449 4	0.507 4	26.485 4	7.959 9	0.667 1
采掘业	46.578 3	64.794 0	31.805 3	0.476 6	2.026 5	1.557 7	0.817 5
食品加工业	26.760 8	42.471 0	8.667 6	0.189 9	32.507 2	11.817 4	3.199 7
纺织服装业	23.462 4	46.245 2	9.182 0	10.194 7	11.841 7	6.031 5	15.947 0
木制品业	25.865 9	59.669 8	12.534 7	4.337 2	7.636 2	4.241 4	11.363 2
燃料加工业	17.332 3	66.729 3	24.041 7	0.494 3	1.921 5	4.566 3	2.626 8
化学制品业	23.462 3	72.080 2	11.424 1	5.879 0	4.541 4	2.936 4	3.283 5
非金属制品业	26.419 5	76.065 9	16.243 7	2.607 2	2.009 7	1.194 4	2.654 7
金属加工业	20.532 9	73.800 5	21.335 7	4.399 0	-0.279 4	0.931 2	0.636 3

表6(续)

部门简称	增加值率	中间使用占比			最终使用占比		
		区域内	区域间	出口	区域内	区域间	出口
金属制品业	22.908 7	61.603 7	15.864 3	10.800 6	4.559 3	3.959 8	3.949 7
通专用设备业	24.702 6	38.610 0	8.305 8	11.009 9	29.156 8	11.291 3	1.872 2
运输设备业	22.813 2	36.679 4	9.084 1	7.849 4	30.979 4	14.001 8	0.789 3
电气机械业	20.653 0	41.676 4	8.957 9	19.648 2	21.506 4	6.652 3	0.709 6
电子通信业	19.935 5	39.085 2	7.453 2	40.452 0	9.888 5	3.731 5	0.000 1
水电等能源业	27.756 7	78.497 9	9.243 7	0.144 7	9.878 2	1.477 7	0.000 3
建筑业	25.881 5	4.892 1	0.198 1	0.665 3	89.892 2	4.423 2	0.007 4
运输仓储邮政业	41.546 1	61.635 2	12.675 1	8.357 4	14.290 5	3.498 8	0.110 0
服务业	56.305 7	39.810 7	5.250 0	3.671 9	44.031 8	5.455 9	1.664 6

（2）部门间联系。

部门间的中间产品流动能够反映部门间的生产分工联系。本书进一步构建了2012年部门间的区域间中间产品流向（见表7）和区域出口中间产品流向（见表8）。由区域间中间产品流向可知，几乎对所有部门而言，区域间中间产品流动主要发生在行业内部的流动，这表明区域间中间产品流动以产业内分工为主。从各个行业来看，除行业内中间产品流动外，初级产品部门中的农林牧渔业的中间产品主要流向了其他区域的食品加工业，为其提供基础材料。初级产品部门中采掘业的中间产品主要流向了燃料加工业、金属加工业以及水电等能源业。初级产品部门作为这些部门生产的上游环节，为相对下游环节提供了原材料和中间产品。对于制造业部门，生产出的中间产品除供其他区域本行业使用外，很大一部分流向了其他区域的建筑业和服务业部门，因为建筑业和服务业部门距离消费者的距离较近，在这些部门生产之前需要大量利用其他部门的中间产品进行生产。

表7　2012年部门间的区域间中间产品流向　　　单位:%

部门编码①	1	2	3	4	5	6	7	8	9	10	11	12	13	14	15	16	17	18
1	17.31	0.19	47.77	10.99	6.63	0.02	6.33	0.02	0.10	0.04	0.03	0.06	0.01	0.00	0.30	2.17	0.54	7.50
2	0.10	7.06	0.48	0.56	1.31	27.46	8.65	8.96	17.84	0.43	0.52	0.18	0.33	0.18	23.35	2.35	0.05	0.20
3	19.44	0.15	43.65	1.96	0.91	0.21	7.38	0.04	0.08	0.03	0.09	0.06	0.06	0.07	0.06	0.42	0.65	24.65
4	0.27	2.20	0.52	66.05	6.89	0.41	5.00	1.04	0.64	0.67	0.62	1.65	0.33	0.35	0.59	3.08	2.48	7.20
5	0.50	1.81	3.37	1.17	22.02	0.22	4.87	2.78	10.04	1.01	1.88	2.03	1.46	1.58	0.70	11.73	2.36	30.47
6	2.22	5.98	0.35	0.36	0.75	12.16	6.71	3.02	8.85	0.43	1.32	0.93	0.42	0.30	2.61	5.67	33.34	14.27
7	7.76	4.07	2.16	3.11	4.67	2.17	38.96	3.02	2.04	1.01	1.87	2.86	3.42	3.02	0.47	7.89	0.86	10.64
8	0.15	0.72	0.74	0.11	0.53	0.11	1.77	14.40	1.75	1.23	1.10	0.92	2.89	4.32	0.24	68.27	0.22	0.54
9	0.02	0.81	0.03	0.11	2.23	0.03	1.02	1.05	27.90	9.52	13.00	9.14	11.56	2.80	0.13	20.51	0.11	0.04
10	1.27	4.27	1.82	0.26	3.01	0.36	2.75	2.40	4.40	10.37	10.44	6.24	5.41	3.43	1.00	29.99	1.79	10.81
11	2.21	12.52	1.02	0.80	1.71	0.91	3.75	2.02	3.92	1.37	29.56	10.38	7.35	4.65	2.16	6.91	1.21	7.56
12	0.70	4.04	0.53	0.06	0.19	0.48	0.26	0.68	0.97	0.41	6.14	65.52	0.15	0.53	0.95	1.45	11.31	5.64
13	0.49	3.53	0.26	0.09	1.04	0.53	0.78	0.57	1.39	0.51	8.91	5.49	20.33	9.47	7.46	26.17	1.38	11.60
14	0.19	2.45	0.31	0.19	0.87	0.49	0.90	0.61	1.26	0.43	5.65	5.24	5.90	40.85	2.56	3.56	2.02	26.53
15	1.10	7.95	2.27	1.89	2.53	2.35	8.92	5.97	11.06	1.70	2.59	2.13	1.22	1.22	26.80	5.17	4.54	10.56
16	0.75	3.67	0.80	0.61	0.82	0.28	1.19	0.63	1.41	0.42	0.61	0.61	0.36	0.49	2.20	57.83	5.32	22.19
17	1.72	4.76	3.07	2.03	2.63	3.15	6.09	4.50	5.08	1.34	3.22	2.26	1.95	1.62	3.84	9.33	21.07	22.34
18	2.32	4.67	3.85	3.18	3.04	2.57	5.29	3.22	5.34	1.58	4.56	3.23	2.59	2.58	3.14	10.52	4.65	33.68

注:表中数值表示 i（行）行业向 j（列）行业流出中间产品占 i 行业向所有部门流出的中间产品的比重（单位:%）。

从 2012 年部门间的出口中间产品流向来看，中间产品出口仍然主要集中在行业内贸易，所有部门出口中间产品的主要去向仍然是其他国家的对应行业。制造业部门中间产品部门间流向与区域间中间产品路径基本一致。

表8　2012年部门间的区域出口中间产品流向　　　单位:%

部门编码	1	2	3	4	5	6	7	8	9	10	11	12	13	14	15	16	17	18
1	20.53	0.02	60.42	3.73	1.17	0.00	3.32	0.01	0.01	0.01	0.01	0.01	0.01	0.01	0.02	0.73	0.60	9.37
2	0.36	6.15	0.56	0.60	1.50	33.67	4.68	2.12	14.14	1.72	2.75	2.65	0.90	1.51	14.47	6.41	0.53	5.28
3	13.45	0.58	35.85	1.53	0.96	0.25	4.28	0.21	0.50	0.32	0.45	0.64	0.29	0.68	0.40	1.00	0.84	37.80
4	0.86	1.14	0.60	60.21	4.15	0.10	4.56	0.58	0.66	0.54	0.72	3.05	0.54	0.58	0.44	2.95	1.85	16.47
5	0.65	2.72	3.20	1.17	28.24	0.14	3.14	0.98	1.67	1.21	1.76	2.35	0.93	1.91	0.88	17.67	1.81	29.55
6	4.47	6.65	0.99	0.98	1.66	6.63	18.76	1.81	4.02	0.63	0.53	0.77	0.54	0.74	6.90	5.96	23.02	14.95
7	5.22	2.54	2.90	3.18	4.40	1.29	38.74	1.37	1.04	1.33	1.89	4.47	2.43	3.16	0.92	7.25	2.06	15.81

---

① 表头数字对应的部门如下：1 为农林牧渔业，2 为采掘业，3 为食品加工业，4 为纺织服装业，5 为木制品业，6 为燃料加工业，7 为化学制品业，8 为非金属制品业，9 为金属加工业，10 为金属制品业，11 为通专用设备业，12 为运输设备业，13 为电气机械业，14 为电子通信业，15 为水电等能源业，16 为建筑业，17 为运输仓储邮政业，18 为服务业。下同。

表8(续)

部门编码	1	2	3	4	5	6	7	8	9	10	11	12	13	14	15	16	17	18
8	0.52	1.27	1.95	0.15	1.23	0.41	2.20	10.18	2.26	0.98	1.01	2.54	1.66	4.30	0.56	61.96	0.40	6.43
9	0.18	3.00	0.34	0.24	2.11	0.28	1.50	0.66	26.09	12.97	8.00	9.24	7.39	2.47	0.53	21.59	0.44	2.96
10	0.73	4.59	2.54	0.40	3.45	0.30	2.64	1.27	3.01	11.77	8.83	9.40	4.06	3.58	0.90	29.44	1.53	11.58
11	1.77	10.73	1.19	0.70	3.10	0.49	2.40	1.08	2.39	2.91	28.63	11.66	3.47	3.89	1.93	8.93	2.65	12.07
12	0.77	1.16	0.54	0.29	1.85	0.11	0.89	0.26	0.59	0.83	4.78	52.68	0.71	1.80	0.37	3.34	10.53	18.49
13	0.30	1.49	0.39	0.16	1.75	0.11	0.95	0.21	1.05	1.98	8.78	9.00	17.49	10.56	6.69	19.75	1.56	17.79
14	0.11	1.25	0.16	0.11	1.19	0.13	0.62	0.13	0.28	0.51	4.56	3.82	5.15	56.53	2.91	2.42	0.49	19.65
15	2.18	11.84	1.21	1.20	1.42	0.63	5.10	2.11	3.84	1.50	1.02	0.85	0.79	0.85	48.53	3.57	2.34	11.04
16	2.16	4.76	1.46	0.92	2.55	0.41	3.69	0.80	0.85	1.18	2.66	3.82	0.90	1.53	2.63	34.05	3.76	31.88
17	1.84	5.45	3.86	1.44	3.12	1.16	4.24	1.43	2.94	1.38	1.97	2.77	1.22	1.96	2.42	5.77	18.74	38.30
18	3.21	4.35	6.27	3.60	2.41	0.86	4.73	1.00	1.45	1.20	2.23	4.02	1.87	3.94	2.59	7.78	4.75	43.74

注：表中数值表示 i（行）行业向 j（列）行业出口中间产品占 i 行业向所有部门出口的中间产品的比重（单位:%）。

总体来看，不论是区域间中间产品流动还是区域与国家的中间产品出口，均以产业内贸易为主。产业间贸易流动路径具有以下特征：初级产品部门的中间产品主要流向了下游的中低技术制造业部门，制造业部门的中间产品又进一步流向了更为下游或者技术含量更高的制造业部门。建筑业和服务业部门作为最靠近消费者的部门，是大部分部门中间产品的接受者。

3. 国际分工特征

（1）区域出口中间产品主要流向。

区域与世界主要国家之间的中间产品流动能够反映中国各区域参与国际分工的情况。表 9 显示了 2012 年中国各区域出口的中间产品的前五大贸易伙伴国。由表 9 可知，安徽、福建、甘肃、广东、贵州、河北、湖北、湖南、江苏、江西、宁夏、山西、陕西、上海、四川、天津、新疆、浙江、重庆等区域的中间产品的最大出口国为美国，在这些区域中，出口至美国的中间产品占比均超过 10%，特别是陕西，该比重最大，超过 20%；北京、广西、吉林、辽宁、内蒙古、青海等区域的中间产品的最大出口国为日本，其中，辽宁、内蒙古、青海向日本出口的中间产品占总出口的比重超过 20%；山东中间产品的最大出口国为韩国，比重达 13.01%，云南的中间产品的最大出口国为印度，黑龙江的中间产品的最大出口国为俄罗斯，出口为 25.97%。综合各区域出口中间产品的前五大贸易伙伴国来看，对于大部分区域，出口中间产品的第二、三大出口国为日本、韩国、德国等国家。辽宁、黑龙江、青海、河南、天津、宁夏、山东、江苏、内蒙古、上海、陕西、福建、重庆等区域中间产品出口目的地较为集中，这些区域向前五大贸易伙伴国出口占比之和超过 30%，集中度最高的辽宁，该比值达到了 46.47%，集中度最低的区域为新疆，前五大贸易伙伴国出口占比不足 5%。

表9　2012 年出口中间产品主要流向

单位:%

省份	国家(或地区)排名①				
	1	2	3	4	5
安徽	USA(13.01)	KOR(4.59)	JPN(3.99)	DEU(2.75)	IND(2.72)
北京	JPN(10.72)	USA(8.16)	IND(5.75)	TWN(4.43)	KOR(4.1)
福建	USA(16.68)	JPN(5.72)	TWN(4.78)	KOR(3.78)	BRA(3.12)
甘肃	USA(16.89)	NLD(4.52)	JPN(3.72)	DEU(3.41)	KOR(3.31)
广东	USA(8.2)	JPN(4.4)	TWN(1.96)	DEU(1.87)	IND(1.26)
广西	JPN(18.17)	AUS(4.86)	USA(4.27)	KOR(2.45)	IND(2.27)
贵州	USA(11.6)	IND(6.92)	IDN(3.98)	FRA(2.6)	AUS(2.5)
海南	DEU(6.5)	NLD(4.76)	USA(3.19)	AUS(2.08)	JPN(1.65)
河北	USA(11.79)	KOR(7.71)	DEU(4.35)	IND(4.06)	JPN(3.55)
河南	NLD(18.76)	USA(9.87)	JPN(6.22)	DEU(3.98)	BEL(3.28)
黑龙江	RUS(25.97)	IND(5.92)	USA(5.54)	KOR(5.34)	JPN(2.75)
湖北	USA(10.14)	IND(5.37)	JPN(4.59)	TWN(4.51)	MEX(3.37)
湖南	USA(10.76)	KOR(5.99)	JPN(5.72)	CAN(3.63)	ITA(3.33)
吉林	JPN(7.82)	USA(7.32)	KOR(4.92)	BRA(4.27)	DEU(3.63)
江苏	USA(13.73)	KOR(6.64)	JPN(6.3)	TWN(6.2)	NLD(4.45)
江西	USA(11.32)	JPN(5.43)	KOR(4.32)	DEU(3.3)	IND(3.18)
辽宁	JPN(22.16)	USA(12.42)	KOR(8.95)	DEU(3.04)	MEX(2.83)
内蒙古	JPN(24.17)	KOR(3.34)	USA(2.5)	ITA(2.13)	IND(1.6)

①　共43个国家或地区包括澳大利亚(AUS)、加拿大(CAN)、德国(DEU)、法国(FRA)、英国(GBR)、意大利(ITA)、日本(JPN)、韩国(KOR)、奥地利(AUT)、中国台湾(TWN)、保加利亚(BGR)、塞浦路斯(CYP)、捷克(CZE)、爱沙尼亚(EST)、希腊(GRC)、克罗地亚(HRV)、匈牙利(HUN)、印度尼西亚(IDN)、印度(IND)、立陶宛(LTU)、拉脱维亚(LVA)、波兰(POL)、罗马尼亚(ROU)、俄罗斯(RUS)、斯洛伐克(SVK)、斯洛文尼亚(SVN)、土耳其(TUR)、比利时(BEL)、瑞士(CHE)、丹麦(DNK)、西班牙(ESP)、芬兰(FIN)、爱尔兰(IRL)、卢森堡(LUX)、荷兰(NLD)、挪威(NOR)、葡萄牙(PRT)、瑞典(SWE)、巴西(BRA)、墨西哥(MEX)、马耳他(MLT)、其他经济体(ROW)。

表 9(续)

省份	国家(或地区)排名				
	1	2	3	4	5
宁夏	USA(12.67)	JPN(9.04)	IND(6.58)	ITA(5.46)	KOR(4.97)
青海	JPN(21.99)	DEU(7.61)	USA(6.15)	ITA(4.06)	KOR(2.07)
山东	KOR(13.01)	USA(11.27)	JPN(5.76)	IND(3.02)	DEU(2.83)
山西	USA(6.97)	JPN(3.67)	KOR(3)	AUS(2.54)	FRA(2.31)
陕西	USA(20.55)	JPN(4.19)	KOR(3.28)	TWN(3.21)	IDN(2.38)
上海	USA(12.2)	JPN(8.19)	TWN(7.53)	KOR(4.04)	DEU(3.78)
四川	USA(10.09)	JPN(3.29)	DEU(2.82)	IND(2.6)	TWN(2.19)
天津	USA(11.11)	KOR(11.07)	JPN(9.92)	BRA(5.92)	DEU(4.15)
新疆	USA(1.4)	RUS(0.93)	IND(0.67)	JPN(0.62)	DEU(0.33)
云南	IND(5.8)	IDN(4.82)	USA(4.14)	JPN(3.25)	BEL(2.26)
浙江	USA(12.38)	DEU(4.03)	IND(3.44)	JPN(3.41)	RUS(2.99)
重庆	USA(15.94)	BRA(6.28)	DEU(4.4)	TWN(3.75)	KOR(2.94)

（2）部门出口中间产品主要流向。

行业的中间产品流动情况能够反映中国各个行业与世界主要国家之间的产业分工情况。表 10 显示了 2012 年行业层面出口中间产品主要流向。由结果可知，农林牧渔业、采掘业等初级产品部门的中间产品最大出口贸易伙伴国为日本，其次为韩国、美国等国家或地区。大部分制造业部门中间产品的最大贸易伙伴国为美国，也有部分行业例外，如金属加工业中间产品的最大出口国为韩国。从行业层面来看，各部门中间产品的主要贸易伙伴为美国、日本、韩国、印度等国家或地区，采掘业、食品加工业、运输设备业的出口中间产品的集中度较高，出口至前五大贸易伙伴的中间产品占比均超过 40%，特别是采掘业这一比值高达 75.32%。制造业中纺织服装业、水电等能源业以及服务业中间产品出口的集中度较低，出口至前五大贸易伙伴的比重不足 20%。特别是水电等能源业的该比值仅占 0.12%。

表 10　2012 年行业层面出口中间产品主要流向　　单位:%

行业	国家(或地区)排名				
	1	2	3	4	5
1	JPN(12.69)	USA(7.44)	KOR(7.2)	DEU(5.97)	TWN(5.3)
2	JPN(36.6)	KOR(23.58)	USA(10.68)	TWN(4.46)	NLD(3.25)
3	JPN(19.02)	KOR(10.5)	USA(10.09)	MEX(4.34)	IDN(3.4)
4	USA(4.72)	IND(3.52)	KOR(3.15)	IDN(3.14)	RUS(2.89)
5	USA(22.39)	JPN(4.52)	GBR(3.91)	DEU(2.98)	AUS(2.96)
6	USA(8.16)	MEX(5.3)	IND(5.19)	KOR(4.33)	JPN(3.95)
7	USA(14.01)	IND(7.77)	JPN(6.81)	KOR(4.83)	DEU(3.24)
8	USA(12.56)	JPN(7.64)	KOR(6.84)	IND(3.16)	DEU(3.11)
9	KOR(13.99)	USA(6.31)	JPN(6.25)	IND(3.87)	TWN(3.23)
10	USA(15.77)	JPN(8.35)	KOR(5.4)	AUS(4.32)	RUS(3.41)
11	USA(19.62)	JPN(7.25)	KOR(3.46)	DEU(3.29)	BRA(2.64)
12	USA(25.04)	JPN(8.87)	KOR(4.7)	RUS(4.54)	DEU(3.96)
13	USA(18.14)	JPN(9.17)	IND(3.37)	KOR(3.37)	DEU(2.74)
14	TWN(6.97)	JPN(6.38)	USA(5.06)	KOR(4.96)	NLD(3.56)
15	USA(0.11)	KOR(0.01)	GBR(0)	JPN(0)	IDN(0)
16	USA(28.49)	IDN(4.22)	AUS(3.72)	IND(1.92)	JPN(1.4)
17	USA(13.27)	JPN(8.85)	IND(5.94)	TWN(5.53)	BRA(3.11)
18	DEU(4.41)	USA(2.27)	NLD(2.11)	SWE(1.86)	KOR(1.46)

综上,不论是区域层面还是行业层面,中间产品的主要出口目的地为美国、日本、韩国、印度等地区,中国各个区域和行业对这些国家或地区的中间产品需求具有很大的依赖。辽宁等区域的中间产品出口集中度较高,从行业层面初级产品部门的中间产品出口集中度较高,出口目的地均集中于美国、日本、韩国、印度等地区。

本书从整体层面和区域间联系分析中国的区域分工特征,从整体层面和部门间联系层面分析中国的产业结构特征,从区域出口中间产品主要流向和部门出口中间产品主要流向分析中国的国际分工特征。基于本书编制的区域嵌入国际的投入产出表分析出的中国区域分工、产业结构、国际分工等特征与中国现实情况相符,这在一定程度上验证了本书编制的区域嵌入国际的投入产出表的有效性。

附录5 嵌入程度和位置的国际比较

1. 嵌入程度的国际比较

对于其他国家(或地区)而言,由于数据限制,本书没有进行次区域的细化,因此无法将其国内生产分工部分像中国一样划分为最终产品需求、单一NVC分工、NVC和GVC融合的双重分工。对于全球价值链,由于无法剥离出其国内价值链分工的部分,因此本书测算了完整的全球价值链分工部分对于国际比较的补充,本书依据价值链嵌入程度测算方法(参与某一类型价值链分工带来的国内增加值占总产出的比重),采用国内各区域和其他国家(或地区)完整的GVC分工嵌入程度进行比较,结果如图2和图3所示。

对比不同国家(或地区)全球价值链嵌入程度,可以发现挪威(NOR)、卢森堡(LUX)、爱尔兰(IRL)等发达国家的全球价值链嵌入程度较高,而巴西(BRA)、印度(IND)、中国(CHN)、意大利(ITA)、日本(JPN)、美国(USA)等的全球价值链嵌入程度较低,这表明这些国家向其他国家(或地区)提供中间产品用于进一步的生产为本国带来的增加值较少,而更多地集中于国内市场需求或国家间的最终产品贸易。

从不同国家(或地区)全球价值链嵌入度的时间趋势来看,主要有三种情况:一是以中国(CHN)、日本(JPN)为代表,全球价值链嵌入度在金融危机前上升,在金融危机中和金融危机后持续下降;二是以美国(USA)、韩国(KOR)为代表,全球价值链嵌入度整体位于较低水平,但在金融危机前后不断提高;三是以其他经济体为代表,如加拿大(CAN)、挪威(NOR)等,全球价值链嵌入度在金融危机前发展到较高水平,金融危机中下降,在金融危机后所回升。

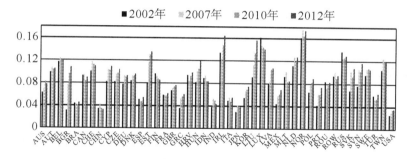

图 2　不同国家（或地区）全球价值链嵌入程度

进一步从中国内部各个地区来看,广东、江苏、上海、浙江等东部沿海地区全球价值链的嵌入度较高,特别是 2007 年,相较于 2002 年具有较大幅度的提升,达到了最高水平。而甘肃、河南、湖南、青海、四川等内陆地区全球价值链的嵌入度较低。

从不同地区全球价值链嵌入度的时间趋势来看,也存在类似的三种情况:一是以安徽、甘肃、广西、贵州、河南、宁夏、内蒙古、陕西、云南等地区为代表,全球价值链嵌入度在金融危机前上升,金融危机中和金融危机后持续下降;二是以四川、重庆为代表,全球价值链嵌入度整体位于较低水平,但在金融危机前后不断提高;三是以北京、广东、上海为代表,全球价值链嵌入度在金融危机前发展到较高水平,金融危机中下降,金融危机后所回升。

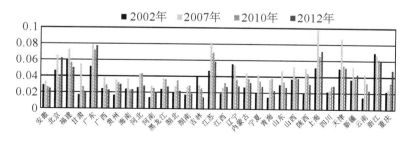

图 3　中国各地区全球价值链嵌入程度

2. 嵌入位置的国际比较

从各国（或地区）总体平均嵌入位置来看,俄罗斯（RUS）、挪威（NOR）、澳大利亚（AUS）、瑞士（CHE）、德国（DEU）等国家（或地区）的平均相对位置大于1,处于相对上游的位置。而中国（CHN）、匈牙利（HUN）、马耳他（MLT）等国家（或地区）的平均相对位置小于1,处于相对下游的位置,与

Wang 等的测算结果一致。按照各国(或地区)平均相对位置的时间变化趋势,可以将这些国家(或地区)分为四类:一是以比利时(BEL)、印度尼西亚(IDN)、中国台湾(TWN)等国家(或地区)为代表,平均相对位置始终大于1,在金融危机前上升,金融危机中和金融危机后持续下降;二是以中国(CHN)、法国(FRA)、马耳他(MLT)为代表,平均相对位置在金融危机前后不断降低;三是以挪威(NOR)、为代表,平均相对位置在金融危机前后不断提升;四是以加拿大(CAN)为代表,平均相对位置在金融危机前发展到较高水平,金融危机中下降,金融危机后所回升(见图4)。

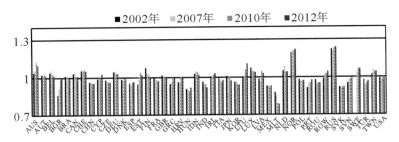

图4 不同国家(或地区)总体平均嵌入位置

从中国各地区总体平均嵌入位置来看,内蒙古、山西、新疆等地区的平均相对位置大于1,处于相对上游的位置。而云南、重庆等地区的平均相对位置小于1,处于相对下游的位置。按照各地区平均相对位置的时间变化趋势,可以将这些地区分为两类:一是河南、江苏、山西、云南等地区为代表,平均相对位置在金融危机前上升,金融危机中和金融危机后持续下降;二是以黑龙江、辽宁、新疆、宁夏为代表,平均相对位置在金融危机前不断提升,金融危机中下降,金融危机后所回升(见图5)。

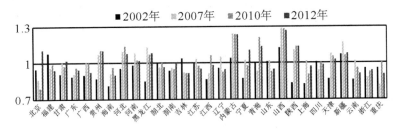

图5 中国各地区总体平均嵌入位置

附录6 区域嵌入国际的投入产出表的文献比较

本书选取同样编制了区域嵌入国际的投入产出表的研究——倪红福和夏杰长于2016年撰写的文章进行比较,该文章测算了出口和流出中的国内增加值率(DVAR)。为便于对比,本书依据编制的投入产出表,也测算了DVAR((出口和流出中的国内增加值)/(流出和出口)),对比结果如表11所示。对比发现,2007年,本书的测算结果与倪红福和夏杰长的测算结果差距较小。存在差异的原因主要有两点:第一,由于倪红福和夏杰长并没有说明各个地区所包含的地区,所以本书按照普遍的地理划分规则将中国各省级地区划分为与文献对应的区域。第二,由于本书编制区域嵌入国际的投入产出表时所使用的中国区域间投入产出表与文献存在差异,所以测算结果存在较小差异。

表11 本书测算结果与倪红福和夏杰长(2016)的对比

年份	区域	DVAR-本书	DVAR-倪红福和夏杰长(2016)
2007	平均	0.57	0.59
	北部沿海地区	0.60	0.61
	东部沿海地区	0.51	0.53
	南部沿海地区	0.47	0.48
	东北地区	0.62	0.68
	西北地区	0.68	0.66
	西南地区	0.67	0.68
	中部地区	0.70	0.64

注:北部沿海地区包括:北京、河北、山东、天津;东部沿海地区包括:江苏、上海、浙江;南部沿海地区包括:福建、广东、广西、海南;东北地区包括:黑龙江、吉林、辽宁;西北地区包括:甘肃、内蒙古、宁夏、青海、陕西、新疆;西南地区包括:贵州、四川、云南、重庆;中部地区包括:安徽、河南、湖北、湖南、江西、山西。